卑微的智者
诸葛亮

回首妖氛未扫 问人间英雄何处 奇谋报国 可怜无用 尘昏白羽

柯胜雨
张怀珍 ◎著

天津出版传媒集团
天津人民出版社

图书在版编目（CIP）数据

卑微的智者——诸葛亮 / 柯胜雨, 张怀珍著. --
天津：天津人民出版社, 2014.1(2015.3 重印)
ISBN 978-7-201-08517-3

Ⅰ. ①卑… Ⅱ. ①柯… ②张… Ⅲ.①诸葛亮(181~
234)-人物研究 Ⅳ.①K827=362

中国版本图书馆 CIP 数据核字(2013)第 296305 号

天津人民出版社出版
出版人：黄　沛
(天津市西康路 35 号　邮政编码：300051)
邮购部电话：(022) 23332469
网址：http://www.tjrmcbs.com
电子信箱：tjrmcbs@126.com
高教社(天津)印务有限公司印刷　　新华书店经销

2014 年 1 月第 1 版　2015 年 3 月第 2 次印刷
787×1092 毫米　16 开本　19.5 印张
字　数：300 千字
定　价：29.80 元

目　录

第一章 | 少年之梦

皇帝、女人和驴
悲催的童年时光
背井离乡
躬耕于陇亩
诸葛四友
襄阳教父

1.皇帝、女人和驴

东汉帝都洛阳皇城外的西园，与皇宫内那殿楼成群、巍峨栉比、人来人往、流水般繁忙的景象完全不同。西园山水环绕，郁郁葱葱的绿树之中，几条金黄色的铜龙喷激出水柱，显示出皇家园林的豪华气派。精美的廊庑，蜿蜒曲折。翠幕之下，宫女们红袖绿裙，散发出银铃般的笑声，一切都是那么闲适，那么美好。

可是从东汉光和四年（公元181）开始，西园驴声鼎沸，犬叫猖猖。花红柳绿之间，突然奔窜出无数只狗，它们头戴着只有朝中的达官贵人才有资格披戴的绶带和官帽，在宽敞的大道上趾高气扬地漫步着，仿佛它们才是整个西园的主人。

而后就是一大群装扮得光彩夺目的驴，浑身锦罗绸缎。它们高高地昂起涂得鲜艳异常的脑袋，鼻孔里哼出傲视一切的轻蔑，此起彼伏地响起的铿锵驴叫声，令人叹为观止。驴车之上，汉灵帝奇服怪饰，打扮得比驴还像驴。他手执缰绳，神气昂扬地鞭打着四头驴，让它们拉着小车在宫中溜达。

虽然驴的形象很不雅，但是在洛阳城中，驴价不菲，甚至远远超过了千里马。东汉皇帝跟驴的结缘发轫于开国皇帝刘秀，早在他还是青春年少、在长安求学的时候，就跟同窗好友韩子合伙做过生意，买了头驴，然后租赁出去，以此来维持高昂的学费。可以这么说，光武帝的伟大事业，就是从一头驴开始的。

就连至高无上的光武帝都做过生意，甚至跟驴打交道。话说光和四年，二十五岁的汉灵帝决心重操老祖宗的旧业，做一个别具一格的皇帝。朝政就拜托给了老爹（太监张让）、老妈（太监赵忠），自己则尽情地放纵，享受每一天骄奢淫逸的生活。

汉灵帝爱钱财不爱江山，除了遛狗和遛驴，还脱下华丽的龙袍，穿上商人的服装，叫宫女们在西园摆设商铺，做起贩卖的生意来。一时搞得皇宫里乌烟瘴气，鸡飞狗跳。可是小本生意让汉灵帝很不过瘾，干脆开鸿都门榜卖官爵。只要你有钱，什么官都可以买。

在暗无天日的封建专制时代，类似汉灵帝这般昏庸荒唐的皇帝并不少见。悠悠数千载，令人啼笑皆非的白痴皇帝比比皆是。晋惠帝司马衷就亲自操起屠刀卖猪肉，史书上留下了两条有关他的非典型性笑料。一条是说这个痴呆怎么也想不通为什么那些饿死的灾民不弄点肉粥充饥？另一个则说他怎么也听不懂那些呱呱叫的青蛙为谁而鸣？结果呢，八个对皇位虎视眈眈的王爷敲响了为晋惠帝而鸣的丧钟。

明熹宗朱由校更绝，威风凛凛的皇帝不当，非得去做一个木匠，拿起斧头、铁锯、墨斗，天天在紫禁城里头叮叮当当敲个不停。祖师爷鲁班泉下有知，面对这么一个传人，不知道会发出何等的感叹？

失败的男人背后总会有愚蠢的女人。这些白痴皇帝不但造成国运不济，而且自身的家庭生活也是一团糟，根本就没有幸福可言。司马衷一天到晚都要面对悍妇贾南风的颐指气使，而朱由校整天痴迷于木工活，完全沦为乳母客氏和阉人魏忠贤的玩偶。

汉灵帝刘宏也难逃这一劫数。十三年之前，年仅十二岁的刘宏顺利地登上了帝位，并非因他是先帝汉桓帝的太子，而是完全由一个热衷于政治的女人——窦妙一手所操纵的。

一部中国古代史完完全全是一部男人专制的历史，一个小脚女人恐怕连自己的立锥之地也是岌岌可危，更遑论能够撑起半边天了。

在古代，要是女人掌控了政治，那是国家的大忌，甚至被视为极凶的兆头。这个观点早在三四千年前就刻骨铭心，犹如铁块牢牢地被烙焊在所有人的心头上。周武王攻屠殷商之时，在朝歌的郊外牧野上进行了一次震撼人心的演说，里头有一句发人深思的警语，"牝鸡无晨。牝鸡之晨，惟家之索。"这个警语被后世的历代统治者奉为圭臬。

在所有男人的眼里，女人唯一的功能就是跟母鸡一样，不断地孵化出下一代。除此之外，所有的事都由男人一手包揽。从邈远的上古，腰间扎着树叶围捕野兽，让全族的人充饥，到进入文明时代之后，整天高举着手中的利刃在厮杀之中流血飘杵。政治与战争，只能让女人远远走开。

但是并非所有的女人都心甘情愿远离政治、远离战争。总有那么一些体内雄性激素异常发达的女人，她们就像山洞里饥饿不堪的母老虎，瞪圆双眼，只要眼前有猎物经过，她们就会毫不犹豫地伸出雪藏的利爪，猛扑过去。

窦妙就是这样一个可怕的女人，她禀性残忍，猜忌心极强。这样的女人命中

汉灵帝遛驴

汉桓帝

注定不会风平浪静地过日子。

汉桓帝延熹八年（公元165）窦妙嫁入宫中，为贵人。同年十月，被立为至高无上的皇后。

虽然贵为皇后，物质上丰盈，精神上却极度空缺。窦皇后感到极大的痛苦，因为她不久就发现，皇帝根本就不喜欢她。一个来自民间低贱的宫女田圣以其妖媚和冶艳，让身处壮年的汉桓帝如痴如醉，完全把窦妙抛到爪哇国之外。

欲望极其旺盛的窦妙再也无法忍受这一痛彻心扉的耻辱，整天在寂寞的宫中摩拳擦掌，时刻准备着将情敌田圣碎尸万段。

永康元年（公元167）冬，窦妙冷眼看着汉桓帝将他最宠爱的田圣等人赐封为贵人。窦妙咬牙切齿，暗自向苍天祈祷，赐给我一个机会吧，让我心中的怒火喷薄而出，将眼前的一切不满之事焚为灰烬。

十二月二十八日，年仅三十五岁的汉桓帝精尽人亡，终于在德阳前殿撒手而去。这个荒淫无度的皇帝虽然临幸过数不清的女人，四处播种，却没有一个生根发芽。在田圣等女人哀号声的包围之中，他孤零零地离开了这个即将覆灭的繁华世界。

汉桓帝一死，田圣等人的处境大为不妙，整日里提心吊胆，尽管她们没日没夜地跪在汉桓帝的灵柩之前哭得多么凄切，但还是未能阻止高悬在她们头上的利剑落下。现在是窦妙肆无忌惮地为所欲为的时候了，当她步入德阳前殿，田圣等人吓得浑身发抖。

窦妙却发出一丝冷笑，既然皇帝生前那么喜欢你们，为什么不随着他到另一个世界去继续寻欢作乐？

随着几声惨叫，田圣等人头颅滚地，鲜血涂满了汉桓帝的灵柩。窦妙郁结心中多年的忿恨也消散了一大半。

泄了心头大恨之后，窦妙看到汉桓帝缺乏合法的继承人，于是开始把贪婪的目光转向攫取政权上来。她眯起双眼，暗下决心，必须找一个能够让自己随意操纵的皇室成员来继承大统。

可是该选谁呢？

光禄大夫刘儵似乎猜透了这个野心勃勃的女人的心思，建议把敦厚的刘宏扶上皇位。

这个刘宏时年十二岁，正是汉桓帝的亲堂侄，说他敦厚那是抬举他了。实际上，刘宏顽劣、愚蠢，跟白痴无异。

窦妙眼睛猛地张开，本宫就要此人做皇帝。

于是阴差阳错，一位东汉史上最为糟糕的皇帝——汉灵帝从此粉墨登场，四百年的大汉帝国也由此进入了最黑暗的时光。

汉灵帝自即位以来，形同走尸，一直在荒唐与谬误之中虚度光阴。在位的头半年，窦妙终于如愿以偿，以汉高祖的吕后为榜样，公然"临朝称制"，过足了女人的专政瘾。

当然窦妙执政时，也并非毫无建树。首先就起用了在第一次党锢之祸中惨遭迫害的名臣陈蕃，当然，她的父亲窦武被委以重任也是情理之中的事。窦武倒也算得上是一位正直的外戚。他很是看不惯权倾朝野的太监集团，摩拳擦掌的时刻准备着与其决一死战。

那些太监虽然失去了男性的标志，但是他们的谋略和勇气却非同寻常。大太监曹节等人趁着窦妙的优柔寡断、犹豫不决，于永康元年（公元168）九月初七先发制人，劫持汉灵帝，发动宫廷政变。窦氏一族溃不成

窦 妙

7

军，窦武被杀，窦妙也被软禁在南宫云台，直到四年后病死。

从此，太监的势力更加炽烈，汉灵帝在"十常侍"的操纵之下，过着连傀儡也不如的窝囊日子。这位荒谬的皇帝几乎不理朝政，整天泡在女人堆里醉生梦死，不断地发明出骇人听闻的淫技奇巧，诸如让宫女穿上开裆裤、大造裸游馆等等，简直令人发指。

汉灵帝的皇后何氏也是一个少见的妒妇。何皇后的老爹是南阳城里一个胸口长满浓毛的屠夫，由于出身低贱，这个嫉妒心极强的皇后绝对不允许世界上有一个女人过上幸福的日子。偏偏汉灵帝喜欢上了一个官宦家庭出身的倾城绝色美女——王美人，没几天就让她怀上了龙种。

何皇后看在眼里，恨在心里。王美人的肚子渐渐变大，何皇后的眼神也日益恶毒。王美人实在受不了这种整天担惊受怕的日子，赶紧买来一剂打胎药，奇怪的是服下去之后，不但没有流产，胎儿反而更加安固。王美人愁眉苦脸地说：我服下去的哪里是打胎药，分明是安胎药啊！

眼见就要瓜熟蒂落，王美人寝食不安，不知道孩子生下来是福是祸？更让她害怕的是，晚上睡觉一闭上眼睛，就会梦见身上背着一个红彤彤的太阳，在原野上蹒跚而行。

孩子啊，你把为娘害苦了！王美人躲在洛阳皇宫幽暗的密室里，整天以泪洗脸，终于在光和四年三月初一，生下了一个健康活泼的男孩——刘协。王美人喝下何皇后送来的毒药之后，无比怜悯地看着襁褓里乱踢、哇哇啼哭的男婴，泪汪汪的双眼中闪着几丝幽幽的快乐。

善良懦弱的王美人在惨死之前绝对料不到，儿子的命运将比自己凄苦千万倍，并且作为四百年大汉帝国的终结者而遗恨千古。

刘协出生的年代正是一个兵荒马乱的时期。统治阶层上自皇帝，下到地方官吏，腐败无能。宦官专权，外患不断。在南方，桀骜不驯的交趾人屡屡作乱。在北方，强悍的鲜卑骑兵无情地踩躏着边疆。瘟疫到处流行，老百姓困苦不堪，各种反对势力暗潮涌动。一个叫张角的领袖正密谋着一场前所未有的大暴动，企图将腐朽的大汉帝国一举推翻，重新建立一个光明灿烂的太平世界。

在这么一个风雨飘摇的年代，人们的命运与大汉帝国的命运息息相关。大家都生活在恐惧与迷茫之中，度日如年，不知所措。就在刘协出生之后的几个月,洛阳一千五百里之外的山东琅琊国阳都,在一户姓诸葛的官宦家庭中,一个婴儿呱呱坠地。这个婴儿的降临并没有像刘协那样出现异兆——一轮红日当空高照,更没有什么火光冲天、长虹贯日,甚至连刮风下雨的气象也没有出现,可以说是普通得不能再普通了。但是他的未来却像神一般,两千多年来一直被世人所膜拜。他就是大名垂宇宙的诸葛亮。

冥冥之中自有定数,诸葛亮跟刘协同年生,又同年逝。在以后的半个世纪中,这两个人从未谋过面,但是他们同呼吸、共命运,似乎心有灵犀,为了把劫难之中的大汉帝国拯救出来,上演了三国时期一出最为悲催的历史大戏。

2.悲催的童年时光

自黄巾大起义之后,华夏大地陷入了空前的浩劫之中。烽火连天,干戈四起,短短的八十年间,人口由六千万锐减到三千五百万。生灵涂炭,异常惨烈,史上少见。在那个只顾着仓皇逃命的时代,饿殍遍野,人们一天到晚就只关心项上的头颅和干瘪的肚子,谁有心思去书写历史?史书记录,如同那个时代的军阀混战,一片狼藉,杂乱无章。人们只能靠着战祸之中侥幸存留下来的残简烂牍,去追忆依稀可见的历史痕迹。就像战国七雄混战时代,许多历史大事,根本就不知道到底发生在哪一天。

纵然有大史学家陈寿之才,在追述各次大战之时也只能惜墨如金,含含糊糊地轻描淡写。官渡、赤壁、夷陵之战,百万大军驰骋纵横,惊天动地,演绎了一次又一次气吞山河的惨烈大绞杀,可是谁也不清楚到底发生在哪一天?就连皇帝的出生日期都无法留下,更何况王侯将相?曹操的生日是哪一天?刘备的生日是哪一天?犹如司马迁笔下田横五百壮士的真实姓名,永远沉淀在历史的最深处,再也无从详考了。

但是诸葛亮的诞辰日期却有据可查,生于光和四年七月二十三日,即公历181年8月20日。这个日期出自近代江苏常熟藏书家孙雄辑录的一本书《名人生日表》,再经过旧上海命学三大家之一——袁树珊,利用玄学命相八字原理发明阐微、精心推理,竟然破天荒地算出诸葛亮生于当日巳时(上午十时许)。如此精确的三国名人出生时间实在是匪夷所思,至于准不准,那只有去问问诸葛亮了。

诸葛亮神话一般的人生，就这样从他诞生的那一刻开始了。

诸葛亮的父亲诸葛珪，本为山东青州泰山郡丞。郡丞，是太守的助手，年薪六百石。诸葛珪有一个温柔贤淑的妻子——章氏。诸葛亮呱呱坠地之时，家中已经有了一个八岁的哥哥诸葛瑾，还有两个姐姐。诸葛珪与弟弟诸葛玄哥俩儿情深，也算上家庭美满幸福了。

诸葛珪

次年，章氏又怀孕了。眼见家中又要增添新的成员，一家人喜气洋洋，日子火红得像秋天的枫叶。不料天有不测风云，章氏生下第三个儿子——诸葛均后，在诸葛亮三岁时便染上瘟疫，撒手西归。

一下子从云端掉落到地面上，悲痛、忧愁笼罩在全家人的头顶上。

嗷嗷待哺的诸葛均，泪流涟涟的诸葛瑾和诸葛亮，让诸葛珪苦恼不已。于是诸葛珪续弦了，后妻也是一个贤惠的女人，让诸葛亮兄弟们的心灵总算得到了些许的安慰。特别是诸葛瑾，视继母如亲娘，母子俩感情颇深。一家人经历过一场磨难之后，仿佛是渐渐复圆的明月，重新散发出皎洁的光亮。全家其乐融融，欢笑声不断。

日子平静得像一弯缓缓往前流淌的小河，孩提时代的诸葛亮沐浴在幸福的阳光里，扑闪扑闪的双眼惊奇地看着世间的每一项事物。但诸葛亮的欢乐时光很快就过去了。

中平元年（公元184），大汉帝国正面临着一场前所未有的浩劫。这一年二月底，太平道教主张角振臂一呼，数十万头上缠着黄巾的信徒揭竿而起，如同海啸般席卷全国，殃及华北大地。

张角的这一举动，如同打开了动物园的囚笼，无数只凶猛的野兽，双眼闪着寒光，张牙舞爪地扑出来。各路豪杰蜂拥而起，在镇压黄巾大起义的烟幕下，趁火打劫，肆无忌惮地扩充了自己的势力。大汉帝国顿时天崩地裂一般，混乱不堪，那位只顾遛驴、做买卖的汉灵帝已经彻底丧失了对政权的控制。他只好眼睁睁地看着群雄们，不断地吞噬着庞大帝国身上的每一块肉。

阉党后人、骑都尉曹操在战乱之中崭露头角，颍川之战中率领一支精锐的骑兵大破黄巾军，斩获数万。有中山靖王正宗血统的刘备此时也在河北涿郡，扔下手中的草鞋，跟着拜把子兄弟关、张二人扯起大旗，跃跃欲试，准备在这顿无比丰盛的美餐中分得一杯羹。佐军司马孙坚虽然身微却怀有一颗天地雄心，在他的身上流淌着大统帅兵圣孙武的血液，所以他绝不甘心于做一个低级的军官，于是跑到淮、泗去，招兵买马，准备轰轰烈烈地大干一场。

张 角

而此时的诸葛亮才四岁，光着小脚丫在泥地中跟着弟弟诸葛均跑来跑去，除了嬉闹之外，就是张大眼睛，恐惧地看着一队队骑着高头大马的士卒，不断地从身边疾驰而过。诸葛亮就这样在远离风暴中心的琅琊阳都家中，度过了浑浑噩噩的四年。

中平五年（公元188），黄巾余波渐渐平息，各路诸侯复归原位，似乎什么事都没有发生过。但在这平静的背后，孕育着更多的凶险。

这年二月，一颗怪异的彗星掠过北极星，一时间引得人人恐慌。占星家们预测说对皇帝不利，也许京城将有一场血光之灾，闹得洛阳城内人心惶惶，汉灵帝更是坐立不安，于是把太尉（国防部长）曹嵩罢免了。这个曹嵩正是在镇压黄巾起义时声名鹊起的曹操的生父，有关他的出身不堪回首，据称是一个乞丐的私生子，后来阴差阳错成了大太监曹腾的养子，从此翻身了，太尉的官职是他六个月前耗费一亿钱买来的。

冀州刺史王芬心怀不轨，准备拉拢曹操，阴谋发动叛乱，以废掉汉灵帝。但是一向愚昧的汉灵帝忽然间精明起来，很快就粉碎了王芬的政变计划。

同年八月，汉灵帝设立了一支中央军，由西园八校尉统领，为首的是上军校尉太监蹇硕，以确保自身的安危。为了安慰财大气粗的曹家，汉灵帝任命曹操为八校尉之一——典军校尉。

曹　操

汉灵帝的这一举措表明，他决心把军权紧紧地抓在手中，以对抗何皇后之兄何进和地方不断滋长的各种势力，免得自己从摇摇欲坠的皇帝宝座上跌落下来。

从人们惶恐不安的眼神中，年仅八岁的诸葛亮似乎看到世界正慢慢沉沦下去。然而，更为不幸的事发生了，父亲诸葛珪倒在了泰山郡丞任上，这对诸葛亮一家来说，真如天塌一般。诸葛亮的兄弟姐妹们紧紧拥抱痛哭，为什么老天爷这么残忍，相继夺取了最疼爱他们的亲人？往后的日子将会是何等的黑暗。

天终究没有塌下来，叔父诸葛玄无比同情小侄儿们的遭遇，义无反顾地挑起了重担，把诸葛兄弟们抚养成人。诸葛兄弟现在什么都不敢奢望了，只求填饱肚子，在阳都老家好好地活下去，以苟且此生。但是更残酷的还在后头，诸葛兄弟们发现，自己连在家乡生存下去的权利也被剥夺了。大太监曹腾的孙子曹操率领数万人马，杀气腾腾地直奔过来，齐鲁大地陷入一片火海，鸡犬不宁，田园荒废，哀鸿遍野，流民成群结队。

3.背井离乡

话还得从诸葛珪去世后第二年说起。

中平六年(公元189)，四月十一日，那个整天忙于遛狗遛驴的汉灵帝在洛阳南宫嘉德殿上双腿一蹬，翻起白眼儿西去了。汉灵帝一死，留下了一个大难题：谁来继承皇位？

汉灵帝有两个儿子，一个是何皇后生的刘辩，寄养于道人史之眇家，人们称之为史侯。另一个是刘协，生母王美人被何皇后毒杀之后，董太后可怜刘协幼孤无助，把他收养在自己的宫中，号称董侯。这时候，宫中有两股水火不相容的势力，一股是以何皇后、大将军何进为核心的外戚集团，另一股是以蹇硕、张让等人为首的太监集团。何进先下手为强，等不到汉灵帝的尸骨变冷，就把十三岁的刘辩拱上皇位，并对太监集团大开杀戒。蹇硕猝不及防，很快就呜呼丧命，汉灵帝苦心经营的西园军顿时树倒猢狲散，土崩瓦解了。

张让等十常侍不甘心就这么败下阵来，于是纠集宫中的大大小小太监，对何氏外戚集团展开猛烈的反攻。残酷的火并让双方两败俱伤，一时间洛阳城内血雨腥风，尸堆如山，肉弹飞溅。

鹬蚌相争，渔翁得利。洛阳城内的这一切，本来就让地方上那些野心勃勃的军阀们看得心里痒痒的。这时候的情形就好比一场令人窒息的夺宝大战。面对着眼前一堆堆唾手可得的金银财宝，利令智昏，谁都没有办法忍住那种冲动。原西园八校尉的两位同志袁绍和曹操早已按捺不住，各自率领一支队伍，加入了洛阳城的大混战之中。

眼看外戚集团渐渐招架不住了，何进不惜打破坛坛罐罐，把来自大西北的一匹野狼——凉州大军阀董卓招进洛阳城。董卓望着洛阳城这块大肥肉，早就贪婪得直流口水。一接到何进的求援信，董卓就毫不犹豫地挪动着硕大的屁股，率领手下如狼似虎的西北兵，一窝蜂似的拥入洛阳城。

董卓一来，洛阳城完全变了天。他废去汉少帝刘辩，杀掉何皇后，把九岁的刘协扶上帝座，成了东汉末代皇帝——汉献帝。董卓从此独霸京师，嚣张一时，气焰冲天。董卓进京，让本来就千疮百孔的大汉帝国更是不堪重负，痛苦地呻吟着。四面八方，到处兵荒马乱，战火纷飞。无辜的老百姓流离失所，而那些嗜杀成性的军阀们尔虞我诈，勾心斗角。他们打着"诛杀董贼"的旗

董　卓

号,肆无忌惮地相互残杀。四百年的刘氏王朝进入了前所未有的黑暗时代。

函谷关以东的十三路诸侯结成华丽的讨董同盟,推举豪族袁绍为盟主,浩浩荡荡地向西开往洛阳城。

刘备以其中山靖王后裔的金字招牌和谦虚仁慈的风格,吸引了一大批矢志不渝的忠义之士,战神关羽、黑旋风张飞、常山赵子龙,以及谋士糜竺、简雍、孙乾等等,此时刘备虽然只是一个高唐的七品芝麻官,但也是热血沸腾,为讨董盟军摇旗呐喊。

这时候全国形势一片大好,只要齐心协力,彻底剿灭董卓逆贼指日可待。可惜诸侯们同床异梦,盟军很快就哗哗啦啦分散开来。

既然合作不成,那就各自为政吧。于是群雄们忙着抢占山头,不断地扩充自己的实力。这当中以一代枭雄曹操发展最为迅猛,短短的两三年时间,东征西讨,收青州兵,几乎把触角伸到了海边。又借口父亲曹嵩被徐州牧陶谦杀害,一路疯狂东进,横扫山东半岛。

曹操所经之处,充分显示出了人性的残忍,别说什么活人、牲畜,就连原野上的野草、树木也不放过。曹操一路凯歌东进,身后留下的是累累白骨、尸骸遍地,无数的房屋瞬间成为一堆残垣断壁,千里赤地、荒草杂生,处处都是半夜萧索鬼唱歌的无人区。

诸葛亮的家乡琅琊阳都,本来远离中原的风暴中心,随着曹操的到来,美好的家园一夜之间变成血流漂杵之地,别说找点吃的充饥,就连能不能再看到明天的太阳也成问题了。于是诸葛玄决定带领诸葛亮等侄儿们背井离乡,寻找存活之地了。

要往哪里去?北方是断断不行。南方倒是一片安宁,战火尚未烧到。

这时候恰逢豫章太守周术病死,荆州牧刘表爱民养士,听说诸葛玄是一个难得的名士,发邀请函一封,诸葛玄仁兄,快来豫章(今江西南昌)吧。这里的老百姓需要一位仁慈、有名望的太守。

于是在汉献帝兴平元年(公元194),诸葛亮十四岁,跟弟弟诸葛均,还有两个姐姐,随同叔父诸葛玄南下了。诸葛亮的哥哥诸葛瑾此时年过二十,知书达理,识得大体。家乡虽然残破,但究竟是自己出生、成长之地。年迈的继母虽然不比生母,可是几年的相处早已舐犊情深。再说家族的香火总得有人承继,于是诸葛瑾不走了,甘愿留下来,誓与家园共存亡。

依依不舍地告别了哥哥和母亲,诸葛亮回头望了望满目疮痍的故土,烧焦的残垣断壁之间,甚至还可以闻到淡淡的烟味。诸葛亮读过《左传》,但以前只是在文字上感受到战争的恐惧,这几年却是亲身体会到饱受战火洗劫之后的凄惨,心中的忿恨之情油然而生。诸葛亮紧握双拳,怒目圆睁,曹贼!可恶的阉党余孽,此生跟你没完!

4.躬耕于陇亩

从山东来到南方的豫章之后,诸葛玄的太守位置还没有坐稳,朝廷就来了一道诏书,要他立即滚蛋。另外派遣了大司农(农业部长)朱隽的儿子朱皓来做豫章太守。

那个时候谁的胳膊粗,谁就是强者。诸葛玄也不是一盏省油的灯,好不容易千里迢迢南下,捞了个太守的位置,现在却要无偿让出,说什么心里也不乐意。既然不乐意,那就打吧。于是诸葛玄带领豫章的老百姓紧闭城门,死活不让朱皓进来。

朱皓没辙了,只好向扬州刺史刘繇求救。这个刘繇是已故兖州刺史刘岱的弟弟,本来是一个侍御史(副检察长),颇有声望,朝廷让他去做扬州刺史。刘繇一接到诏书,正准备起身去寿春赴任。可是一看,立刻犯愁了。寿春城早已被大军阀袁术霸占了,自己往后要在哪里办公啊?于是刘繇准备把州府迁到长江以南的曲阿(今江苏丹阳)。

可是刘繇来到了曲阿之后,又碰得头破血流。这里的地头蛇吴景是江东大佬孙策的表叔,一向跟袁术的关系不错,于是吴景怂恿孙策跟刘繇作对。再加上野心家袁术一直想造反做皇帝,干脆自领

刘繇

扬州刺史，与孙策东西夹击，让刘繇无立锥之地。

建安元年（公元196），刘繇跟东渡而来的孙策打了一个窝囊的败仗，几乎无家可归，只得南退到彭泽（今江西彭泽）。这时候东汉末年最著名的人物鉴定家许劭（曾经评价曹操为"治世之能臣，乱世之奸雄"）给他支招，建议刘繇逃亡豫章，投靠荆州刘表。

刘繇接到朱皓的求援正中下怀，于是想出了一个歪主意。他让部将笮融假惺惺地支援朱皓，然后取而代之。在朱皓与笮融的双重打击之下，诸葛玄溃不成军，不得不抛弃豫章，携带着诸葛亮等侄儿们躲到西城去。于是朱皓大摇大摆地进入了豫章城。不过朱皓高兴的太早了，没等屁股坐稳，马上人头吧嗒落地，笮融不费吹灰之力就窃取了豫章城。

诸葛玄逃到西城后，日子也不好过。第二年正月，刘繇的奸细混入西城，割下诸葛玄的头颅，送给刘繇。

诸葛玄之死，无疑是诸葛亮一生中最悲惨的事件之一。诸葛亮带着弟弟诸葛均、两个姐姐，就像几片寒冬里飘零的落叶，心惊胆战地流落在危机四伏的他乡异地。

诸葛玄

诸葛亮站在长江边上，眺望着浩渺的江水，就像是一个饱经沧桑的老人，在呜呜地悲咽着。

天下大乱，各路诸侯尔虞我诈，时不时地捉对儿厮杀。年仅十七岁的诸葛亮就像一只被猎人追逐的驯鹿，惊慌失措，不知道要往哪儿躲？

留守琅琊阳都家园的哥哥诸葛瑾和母亲杳无音讯，齐鲁大地，先是被阉党余孽曹操糟踏得残破不堪，现在又成了大军阀袁绍的地盘。回到山东老家，成为难以企及的奢望。

　　在东边，刘繇的追兵就像一群凶残的鳄鱼，血口大张，沿着长江溯流而上。要回山东，纵然能够逃出刘繇的虎口，还要穿越战火绵绵的淮河地区。那有一个叫袁术的逆贼，高举叛旗，在寿春悍然称帝，建立起被万人唾骂的伪仲家帝国。夹在袁绍、袁术、曹操之间的是徐州，此时三国第一猛男吕布和自称有汉室纯正血统的皇叔刘备正打得难分难解。

　　南方蛮荒之地，人迹罕至。于是诸葛亮决定带着姐弟们北上南阳。荆州之主——镇南将军、荆州牧刘表，仁慈爱民，境内安然。"北地枪王"张绣割据宛城，刚刚击退了曹操的侵犯，与刘表结盟，成了南阳的土皇帝。

　　那时候的荆州所辖地盘非常之大，从河南一直到两广，有南阳、南郡、江夏、武陵、长沙、零陵、桂阳七郡。但是刘表实际上只控制着两个半郡：南郡、江夏郡，还有半个南阳郡（新野以南）。郡治本来设在南郡的江陵，刘表一瞧，江陵地处偏僻，于是搬到靠近中原的襄阳去了。

　　在诸葛亮看来，荆州一带远离战火，百姓士民，安居乐业。刘繇的追兵再厉害，也断断不敢窜进刘表的统治腹地。

　　果然不出所料，北渡淮河，一望无际的平原，丘陵此起彼伏，人们在田野里尽情欢唱，愉快地自由耕作着，简直就是世外桃源！诸葛亮再也不走了，干脆就在南阳卧龙岗上搭起草棚混日子吧。

　　放下手中的笔和书，操起从未拿过的锄头和镰刀，诸葛亮真正领略到了农桑的艰辛。但诸葛亮天生就是一个乐天派的人物，绝不会因为一点点艰辛就垂头丧气，愁眉苦脸。人生的最大快活就是逍遥自在！除了种粮种菜，说不定还养猪养鸡、磨面榨油，一切生活都是那么充满了情趣，充满了自由。诸葛亮不由得对着晴朗的老天发出惬意的感叹！

　　当然，诸葛亮绝不会甘心做个狭隘的小农生产者。毕竟操起锄头是被生活所逼迫，他的老本行还是读书。读什么书呢？诸葛亮什么书都读。兵书、史书、诗书、天文书，甚至巫术之书、奇门遁甲等等，三教九流，无所不读，样样精通。

　　书读多了，思想也开阔了。此时的诸葛亮虽然仅仅十七岁，但他的心胸广阔得足以容纳下整个天地。他夜观天象，日察世情，采集天地之精华，汲取人间之荟萃。他坚信自己绝不是卧龙岗土里的一条蚯蚓，而是潜龙在渊，有朝一日，终能飞龙在天，腾云驾雾，翱翔九霄。

　　读书人最大的缺点就是有点傲气。诸葛亮不但才学出众，而且有着山东人高大威猛的体型特征，身长八尺，按现在的话说就是一米八以上的典型帅哥。所以诸葛亮有点飘飘然，整日摇头晃脑，哼着最喜欢的曲调《梁父吟》，竟然把自己比作春秋战国时代的两位大名臣：辅佐齐桓公称霸的管仲，以及辅佐燕昭王振兴的一代名将乐毅。南阳人对此嗤之以鼻，一个连自己的肚子都无法填饱的流亡者，竟然妄自尊大，跟古代的圣人相提并论，简直就是恬不知耻。诸葛亮却不以为然，依旧我行我素，摇着鹅毛扇子，到处逍遥。

　　农桑空闲之余，诸葛亮苦中找乐，除了读书，就是四处访亲寻友，足迹踏遍了南阳与襄阳之间广大地区。东起叶县平山，西至淅川顺阳，南至新野、襄阳，诸葛亮随遇而安，居无定所。他对人生所求甚少，随便插上几根木桩，覆盖些茅草，就可以解决住房问题。只要能够遮雨避日，诸葛亮就感到莫大的满足。于是在顺阳石口峡，在新野野白岗，甚至在襄阳城西二十余里的隆中深山密林中，一座座简陋不堪的茅草小庐拔地而起，成了当地一道独特的风景。

5. 诸葛四友

　　但是诸葛亮很快就沮丧地发现，搭建茅庐并不是自己的专利。在自己到来之前，从全国各地逃亡在此的人就已经纷纷搭起草房子，而且许多逃亡者的才干一点也不亚于自己，而且他们的出身不一，有的甚至系出豪门，令诸葛亮自惭形秽。

　　人外有人，天外有天。诸葛亮大为收敛，立即成了一个谦谦君子，虚怀若谷，虔诚地向别人请教。同是天涯沦落人，高山流水遇知音。结果有四个人与诸葛亮一拍即合，于是朝夕相处，惺惺相惜，遂结为金兰之好，史称诸葛四友。

　　是哪四友？

　　第一个叫崔钧，字州平。此人甚有来历，乃是河北大豪族博陵崔氏的佼佼者。他的老爹崔烈可是大汉帝国威名赫赫的一个大人物，历任地方郡守，朝中九卿。

　　汉灵帝为了捞钱，不择手段，打起卖官鬻爵的馊主意。纵然你劳苦功高，可是要想坐上三公九卿之座，对不起，汉灵帝板起脸孔，伸出一双贪婪的大手，先给我拿钱来。

诸葛四友

于是那些整天梦想往上爬的人争先恐后，竞相献出财宝，孝敬汉灵帝，谋求高官厚爵。看着身边的人都趋之若鹜，崔烈也不甘落后，头脑一热，心里一横，决心买一个司徒（财政部长）的大官来过过瘾。因为买官的人实在太多，三公九卿的职位就那么几个，僧多粥少，官爵的价钱水涨船高，每天都在刷新纪录。崔烈就委托中介人——大太监程璜，秘密与汉灵帝经过了几回艰苦的拉锯战，终于把价钱定在五百万钱。

到了任命崔烈的那一天，汉灵帝有点后悔了，恨恨地说道，如今司徒这个职位至少也得一千万，我亏大了。

在旁的大太监程璜随口应了一声，想不到崔烈这样的河北一代名士，也会买官？更想不到崔烈竟然跟婆娘般吝啬，要不是本公公竭力杀价，他哪里来的那么便宜？

崔烈买官的丑闻东窗事发，一下子颜面扫地，引以为耻。崔烈心里也是惴惴不安，招来二儿子崔钧，问道，老父身居三公，外人是怎么说的？

崔钧回答，以爹爹的资历，早晚都会坐上三公之座。可是如今爹爹做了司徒，世人深感失望。

崔烈拄着拐杖的右手有点发抖了，悻悻问道，为什么要这么说？

崔钧直言不讳，世人都说铜钱实在太臭了！

崔烈脸上青一阵紫一阵，怒气冲冲地抡起手中拐杖，呼呼地朝着崔钧劈头打去。这时候崔钧担任虎贲中郎将（皇家警卫队队长），浑身上下金盔银甲，闪闪发亮。他看到拐杖劈头而至吓得屁滚尿流，一溜烟躲开，脑后还拖着一条野雉的尾巴，五光十色，光彩夺目，在半空中胡乱地摇晃着。

崔烈气得破口大骂，不孝的死丘八！老爹在打你，你还敢跑！

崔钧心神未定，仍引经据典，气喘吁吁地回敬，就连大孝子、大圣人舜也说过，挨了老子的揍，小打受之，大打逃之！说得崔烈哑口无言。

两年之后，崔烈又做了太尉（国防部长），可是只做了半年就被曹操的老爹大司农（农业部长）曹嵩所代。这一回三公的价钱早已涨破了天，汉灵帝狠狠地宰了曹嵩一刀，太尉的职位卖了一亿钱，汉灵帝总算赚翻了天。再之后，这位嗜钱如命的皇帝死了。董卓进京，把汉献帝扶上台，倒行逆施，搞得天怒人怨。

这时候，崔钧外任西河太守，不满董卓的暴行，于是献计袁绍，联合各路军阀,起兵反董。董卓一怒之下,把崔烈抓进长安城外郿坞的监狱里。

董卓被义子吕布杀死之后,崔烈也从大牢里出来了,并做了城门校尉。可惜好景不长,董卓的死党李傕攻进长安城,负责守城的崔烈也被乱兵所杀。崔钧的哥哥议郎崔均(字元平)也郁郁而终。崔钧再也活不下去,就逃到南阳来,终于跟诸葛亮邂逅了。

交了这么一个生平坎坷、经历颇丰的年长挚友,诸葛亮受益匪浅,日后回忆起在南阳的那些日子,常常感叹道,当初跟州平老兄交往,这才让我知道了天下兴亡的得失。

可以说,崔钧是诸葛亮一生中第一个良师益友。

第二个叫石韬,字广元。第三个叫徐庶,字元直。这两个人都是河南颍川人。这一对老乡应该年龄相仿,都比诸葛亮年长十来岁。有关石韬的生平所知甚少,只知道诸葛亮出山以后,各为其主,石韬日后做了魏国的典农校尉。

徐庶可是身负一桩人命案的逃犯,其杀人原因不管是仗义为人雪耻,还是替自己报仇,总之徐庶的双手沾满了血腥味,故而流亡到这里以求逃生。但是诸葛亮并没有把徐庶当作一个杀人犯,反而把他看作一个完人,是自己学习的楷模。

第四个叫作孟建,字公威,河南汝南人。这个孟公威南下荆州之后,有点患得患失,一直有故乡情结,很想北返汝南。诸葛亮规劝他,北方的人才多如牛毛,即使公威老兄回去了,也不一定就能够鹏程万里。好男儿当四海为家,遨游天下,回去做什么呢?

诸葛亮与这四友真正是意气相投,只恨相见太晚。至于年龄大小、出身贵贱、学问深浅等等,一切都是浮云,只有感情是真实的。

这五人每天必定聚会两次,晨起一杯茶,月下一壶酒,谈笑甚欢。有时说到兴奋点,抚掌大笑。甚至放荡不羁地像猿猴一般,肆无忌惮地高声啸叫,无比潇洒地挥霍着美好的时光。

他们留着长长的头发,蓄着浓密的胡须,衣裳虽然有点破旧,却异常整洁。身处乱世,英雄却无用武之地,于是他们每日借酒浇愁,喝得醉醺醺的,在乡村的小道上边走边放肆地引吭高歌,如同疯子一般。

但是,在他们每个人心中,都有一颗蠢蠢欲动的心,甚至比天还高。虽然身份低贱,但是他们的理想长出了翅膀,翱翔蓝天,心系天下。

在一次聚会时，尽情疯狂之后，诸葛亮冷冷地看着石韬、徐庶、孟建，缓缓说道，以你等三人之才，做到州郡太守、刺史，那是绝对没有问题的。

崔钧只顾喝酒，对他来说，什么太守、刺史，甚至三公九卿，都是身外之物，过眼云烟。

石韬、徐庶、孟建三人却有点不服气，我们都只做了太守、刺史，那孔明老弟自以为能做什么呢？

诸葛亮却诡异地淡淡一笑，默然不语。在他的心中，九百年前那个老乡——春秋第一相，辅佐齐桓公第一个称霸的管仲，就是他的榜样。

诸葛亮真的可以成为第二个管仲，辅佐贤主，问鼎中原吗？谁知道呢？

6.襄阳教父

一个叫庞德公的襄阳隐士知道。

庞德公，应该是名德，字尚长，因年老而见识颇多，故被人们尊称为庞公。荆州牧刘表也是个爱才之人，他闻得庞德公的盛名，多次邀请他赴襄阳高就。只要庞德公肯踏入襄阳城半步，什么官都可以做。但是庞德公把做官看得连粪土也不如，在他看来，做官就是罪恶之源。更何况刘表是个阴暗懦弱之人，在他手下做官，简直就是柿子配虾子，不会有好结果。

庞德公

庞德公一点也不客气地回绝刘表，假如周公、管叔、蔡叔都像我们这些穷苦的老百姓，住在破败不堪的茅屋里，整天咀嚼着草根过日子，那么兄弟之间怎么会相残呢？听得刘表口呆目瞪。连大圣人周公都骂了，这样的闲云野鹤还是不招惹为好。

但在诸葛亮的心目中，这个庞德公不但是自己的师长，还是自己的知己。诸葛亮有多大的能耐,庞德公比对自己还清楚。庞德公所敬重的只有三个人,第一个就是诸葛亮,美其名曰"卧龙";第二个就是自己的侄儿庞统,呼之为"凤雏";最后一个就是司马徽,号之曰"水镜"。

这个司马徽是河南颖川人氏,虽满腹经纶,但在乱世之中不愿充当诸侯争霸战争的炮灰,隐于襄阳的山林之中。那时荆州虽是一片乐土,但是司马徽却深知刘表的个性,为人糊涂,常常让好人遭殃。刘表糊涂,我比你更糊涂,如此我就不会死得糊里糊涂。凡是跟政治有关的话题,司马徽一律免谈。

于是司马徽彻底成了一个大糊涂,不但避谈政治,甚至也不随便说话。无论是对是错,开口闭口就两个字"好好",故而落个"好好先生"的雅称。

路上碰到了一个朋友,热乎乎地向司马徽打招呼,老兄最近身体好啊!

司马徽点点头,好好!那人心满意足地告辞了。

又有一人脸上挂着悲伤,哭哭啼啼地跑过来,希望获得这位高人的一丝安慰,司马大兄,我的儿子前天死了!

司马徽把头点得鸡啄米一般,好好!气得那人嘴里骂咧咧地走开了。

司马徽的老婆实在是看不下去了,埋怨道,人家是看你道德高尚,所以掏出心事相告,你怎么就这么不近人情呢?

不料司马徽仍旧是满脸的不在乎,慢条斯理地回答,好好好!你这个老太婆的话说得太好了!气得司马老太太直翻白眼,就要呕血。

司马徽那是假痴不癫,他的心中就如庞德公赠与的雅号"水镜"一般,像水一样清澈,像镜子一样明亮。庞德公让他的侄儿——"凤雏"庞统去请教司马徽,司马徽一眼就瞧出来他是个通天彻地的大才,赞誉庞统为"南州冠冕",也就是说在南方人才济济,如树林一般茂盛,排在第一位的就是庞统。

司马徽更是对诸葛亮大加推崇,据说他就是诸葛亮的老师。司马徽的得意门生除了诸葛亮、庞统之外,还有向朗、刘廙、李仁、尹默等,个个日后都是挑大梁的重量级人物。如此说来,司马徽简直就是三国时代荆襄地区的大教父。

向朗后来追随刘备入川,官任巴西太守。诸葛亮在《前出师表》中盛赞一个叫向宠的官员,"将军向宠,晓畅军事,试用于昔日,先帝称之曰能",这个向宠就是向朗的侄儿。只可惜好友马谡兵败街亭,畏罪潜逃,向朗知情不报。诸葛亮一怒之下,不顾老同学的情谊,摘了向朗的官帽。

此间自有"卧龙"、"凤雏"

刘廙可是曹魏的大牌人物。七岁时在课堂上捣蛋，司马徽正在讲《易经》，又气又急，摸了摸刘廙的头，骂道，小子，小子！"黄中贯里"，难道你不知道吗？意思是骂刘廙不懂事。归附曹操之后，受到重用。曹丕篡位之时，刘廙扬言要以死相抗，可谓是大汉帝国的纯臣。

尹默博学多才，在诸葛亮北伐之时，担任过军师祭酒（参谋长）。

当时的南阳，人才荟萃，巨星闪耀，谋士密集。在司马徽的身边周围，竟然齐聚着三国时代最拔尖的三大谋士。除了"卧龙"诸葛亮、"凤雏"庞统之外，我们不应当忘记了，还有一个日后驰骋中原、主宰天下的"冢虎"司马懿。

庞 统

司马懿与司马徽，一个在黄河以北的温县，一个在黄河以南的颍川，隔水相望。两人同饮黄河水，不禁令人浮想联翩，司马懿与司马徽是否亲族？如今更有人振振有辞，说司马徽竭力吹捧"卧龙"诸葛亮、"凤雏"庞统，却对"冢虎"司马懿只字不提，是有政治深意的。意在让世人防范诸葛亮、庞统，转移焦点，为司马懿日后顺利争夺天下做伏笔。说得天花乱坠，简直就是天马行空！

司马徽虽与司马懿同姓，但他们是八竿子打不着，硬生生地将两人扯到一块儿来，也未免太天真了，甚至有点二。但是诸葛亮、庞统、司马懿三星齐聚南阳，那却是完全有可能的。

正史《三国志》记载，司马懿十六七岁时曾经与魏国大臣杨俊相遇过。司马懿十六七岁时值建安初年，那时的南阳太守正是杨俊，诸葛亮也刚刚从豫章来到南阳邓县，躬耕于陇亩。至于诸葛亮与司马懿这两颗最耀眼的星辰轨道是否交集过，那就不得而知了。

可是联系到日后这一对冤家对手在祁山杀得天昏地暗，诸葛亮竟然还有心情委托司马懿，代为问候在魏国做官的昔日好友孟建。难免让世人想入非非，诸葛亮与司马懿在年轻之时，曾经有过一段温馨之情。

历史存在着太多的隐情，犹如一团厚厚的迷雾，尽管历经一千六七百年，仍然无法弥散。但是可以确定的是，"水镜先生"司马徽这么一个教父级的大佬，虽隐身于深山老林之中，埋没了一代英才，却深深地影响了三国时代众多的风云人物。

第二章 | 初出茅庐

告别快乐的单身生活
刘皇叔流浪记
新野抗曹
我很需要一个伴
三顾茅庐的疑云
都是舅舅惹的祸

1.告别快乐的单身生活

建安二年(公元 197)之后,原本是一片乐土的南阳地区,渐渐被大枭雄曹操的马蹄踏得七零八落。曹操与张绣的战争如火如荼,狼烟四起,生灵再遭涂炭。司马徽和他的弟子们、诸葛亮和他的朋友们,不得不重新考虑自己的人生。

司马徽遁入深山,石韬、孟建、刘廙等人往北走,诸葛亮、庞统、尹默等宁可死,也不愿投奔曹操,更不愿效忠于荆州牧刘表。这么一个窝囊货,早晚会成了他人的猎物。覆巢之下,安有完卵?他们学起西周的姜子牙,就像抱窝孵化小鸡的老母鸡,一动不动地耐心等待着。等待着有朝一日,心目中的周文王能够忽然从天而降,把他们挖走,去共创一番轰轰烈烈的伟大事业。一年、两年,甚至像姜子牙那样等到两鬓苍白,长须飘胸,他们也愿意。

就像诸葛亮在《凤翔轩》中所写的那样:"凤翱翔于千仞兮,非梧不栖。士伏处于一方兮,非主不依。乐躬耕于陇亩兮,吾爱吾庐。聊寄傲于琴书兮,以待天时。"

等待是最痛苦的。几年之间,诸葛亮也由一个懵懵懂懂、浑浑噩噩的小伙子,转眼间就成了一个朝气蓬勃、奋发向上、年轻有为的青年俊才。诸葛亮的两个姐姐,早已过了待字闺中的年龄。伊人已作他人妇,诸葛大姐嫁给了荆襄望族子弟蒯祺。蒯祺及其哥哥蒯良、蒯越可是荆州响当当的人物。蒯良、蒯越都是荆州牧刘表帐下的红人,蒯良是主簿(秘书),蒯越是章陵太守。刘表单骑入荆州时,就是在蒯良两兄弟以及襄阳蔡瑁的辅佐下,平定叛乱,才成为荆襄的主宰。诸葛二姐则嫁给庞德公的儿子庞山民。

两个姐姐相继出嫁了,对诸葛亮来说,无异于甩了两个大包袱。但是诸葛亮很快又背上了一个大包袱,自己也告别了单身,成了襄阳沔南名士黄承彦的乘龙快婿。妻子黄氏(传说名字叫作黄月英,但那仅仅是传说而已)可是百里一见的大丑女,满头棕黄色的头发,肤色黝黑发亮。乍一瞧,还以为是尼格罗人种。左邻右舍见了无不摇头连连叹息,甚至暗下捂住嘴巴嗤嗤发笑,靓仔诸葛郎配上黄脸婆,简直就是一朵鲜花插在牛粪上。于是一条告诫年轻后生的谚语不胫而走,广为流传,"莫作孔明择妇,正得阿承丑女"。

29

诸葛亮却敝帚自珍，如获至宝，敬慕之情，远胜过忽地从天降落一个仙女般的娇娘。在诸葛亮看来，娶老婆就是娶未来。把黄氏带回家，等同于把一个无限美好的未来带进家门。

诸葛亮目光远大，理想宏伟，管仲与乐毅就是他的楷模与最高理想。尽管满腹经纶，有天地鬼神之才，可是诸葛亮地位卑微，仅仅是荆州的一个外来移民，能不能拿到荆州的绿卡也成问题，更遑论跃升为军事统帅，驰骋天下。幸运的是，在教父司马徽的精心包装、广为宣传之下，诸葛亮声名鹊起。这不，连襄阳沔南名士黄承彦也骑着驴，晃悠悠地走到诸葛亮草庐前，放低身价，主动找上门为自己的闺女求亲。

这个黄承彦的背景非同一般，他可是荆襄第一豪门蔡讽的女婿。在荆州大地，蔡讽可是如雷贯耳，大名鼎鼎，不压死人也会吓死人。

在那个纵横捭阖、谋略至上的年代，婚姻有时候成了合纵连横、笼络人心的最有效工具。东汉第一位在野的三公、曾经是大牛人董卓、孙坚、陶谦的顶头上司——太尉张温是蔡讽的姐夫，荆州牧刘表是蔡讽的二女婿，而在幕后操控着刘表的军师蔡瑁就是蔡讽的儿子。另外，蔡讽的侄儿蔡琰是巴郡太守，蔡瓒是郿相。简单一句话，全荆襄的真正主宰者不是刘表，而是蔡氏。所以在荆州，只要跟蔡氏攀上关系的，哪怕是细微如藕丝一般的关系，也足以让你身价翻倍。

这其中的利害关系诸葛亮一清二楚。所以黄承彦一提亲，诸葛亮心上便有几分中意了。再说诸葛亮早就闻得那黄承彦的闺女可是一个远近闻名的大才女，除了外表不可人之外，不但饱读诗书，而且心灵手巧，工于发明，尤其精通器械制作，也算得上匹世罕见的奇才。如果在今日，仅仅专利费一项就足以让她成了亿万富婆。若能与这样的奇女子结为连理，除了视觉上要忍受疲劳之外，简直就是无本万利，占尽人间便宜。所以诸葛亮毫不思索，没等黄承彦把话说完，便扭扭捏捏地轻叫一声，岳父大人！于是诸葛亮就这样顺利地告别了快乐的单身汉生活！

成家之后就要立业，小两口总不能老是蜗居在草庐里。再也不能像过去那样，四处游荡，过着粗茶淡饭的生活。要想有车有房子，你得必须用自己的双手去奋斗，才能够活得像爷们。

这时候诸葛亮收到了哥哥诸葛瑾从东吴来的家书，说诸葛亮等姐弟南下后

襄阳沔南名士黄承彦

不久，家园彻底被战火毁坏了，再也活不下去了，于是他带上母亲南下东吴寻找活路了。建安五年（公元200）来到东吴之后，恰逢江东小霸王孙策被刺客所暗杀，继位的是弟弟孙权。孙权的姐夫弘咨与诸葛瑾一见如故，向孙权推荐，如今跟一位叫鲁肃的临淮人同在东吴供职。诸葛瑾无比热忱地招手，孔明老弟，快来江东吧！不但能混口饭吃，一家人还可以团聚，其乐融融也！

诸葛亮感慨不已，亲兄弟一别快十年了，如今哥哥事业有成，自己还在人生路上迷茫着。诸葛亮非常想念继母与哥哥，一时冲动，还真想投奔江东。但是他忍住了，去了东吴，岂不成了寄人篱下？况且孙权比自己还小一岁，做自己的小弟还差不多。嘴上没毛，办事不牢，不知道孙权能有多大的出息？

诸葛亮听说老丈人的内兄蔡瑁在荆州可是个叱咤风云的大人物，何不求他在刘表跟前说句话，随便做一个官算了，然后再徐徐图之？于是他去见司马徽。这时候司马徽简直成了一个泥腿子庄稼汉，在自家的菜园子里正埋头干活呢。

司马徽很清楚诸葛亮的意思，他告诉诸葛亮，为什么我整天装疯卖傻，被人称作好好先生？刘表儿子刘琮都快要把那个木门踏烂了，为什么我宁愿在这里锄草刨土？就是想好好地活下去，不想糊里糊涂地死在刘表的手下。你可是一条卧龙，只要耐心等待，早晚就会有一个英主找上门来，让你畅快淋漓地舞动乾坤，尽显英雄本色。

2.刘皇叔流浪记

大教父司马徽所说的一代英主很快就来到了荆州。

建安六年（公元201）九月的一天，有三个疲惫不堪的北方人风尘仆仆地抵达了襄阳城外。其中一个耳朵奇长，几乎要垂到肩膀上；另一个是彪形大汉，就像一棵高大挺拔的松树，拔地倚天；最后一个眉清目秀，文质彬彬，举止优雅。他们衣裳破败，如同在泥巴里打过滚。

这三人一到，荆州的官员立即就紧张得透不过气来。因为他们虽然衣衫褴褛，却不是乞丐，更像是强盗，不是来讨饭吃，而是来抢饭吃。这三个人是谁，为什么一来就引起人们的极大恐慌呢？

只要看一看那个大耳朵的独特生理标志，想都不用想，他就是传说中的中山靖王刘胜之后、当今皇帝汉献帝的叔叔——刘备。这个刘备可是世上的第一等好人,胸怀博大,乐善好施,受到无数人的爱戴,具有极大的感召力。在担任平原国相时,甚至连心狠手辣的杀手也不忍心加害。刘备所过之处,犹如刮起一阵旋风,倾倒了数不清的粉丝。其中有两个人更是死心塌地、誓死相随。这两个人就是幽州涿郡土绅张飞、河东郡解县亡命之徒关羽。刘、关、张三人初一见面就黏在一起,一分开便觉得天塌地陷。在飘摇乱世,刘备三人就像生命力旺盛的蒲公英,随风飞到哪里,就在哪里落地生根。

论起刘备的经历,只能用颠沛流离四个字来形容。

刘备的发迹起家是从镇压黄巾起义开始的,最初只是安喜县尉(公安局局长)。刘备雄心勃勃,小孩子时就梦想坐上皇帝的羽葆盖车。做一个低微的县尉,对刘备来说简直就是暴殄天物。

可是不久刘备甚至连小小的县尉也做不成了,朝廷下令,凡是因军功提拔上来的都面临着下岗的危险。幻想破灭了,变成失望,失望到极点了,就是绝望。于是刘备破罐子破摔,把前来炒他鱿鱼的涿郡督邮(地方特派员)五花大绑,狂揍一顿以泄恨,然后弃官而逃,扯上关、张两兄弟成了暴走一族。

弃官之后,功劳簿上的积分清空为零,一切只得从头开始。刘备南逃不久,就遇到大将军何进派往南方招兵买马的毌丘毅,刘备中途插队,在下邳击退黄巾余党,被提拔为下密县丞(副县长)。没做几天县丞,刘备在这个偏僻的小县城又待不下去,二度弃官暴走。大概是朝廷看透了刘备的心思,把他调到大县城高唐去做官,先是县尉,然后是县令,刘备总算当上了一个百里侯。可惜没过多久,刘备又暴走了。这回并非嫌弃官职小,而是县城被黄巾余党攻破了,刘备被赶出了高唐。

几经挫折,让刘备意识到单干是没有前途的,弱者只有依附强者才能够生存下来。于是刘备北奔幽州,投靠公孙瓒。公孙瓒那时正跟冀州的大军阀袁绍拼得很凶,一瞧刘备三人的模样,相貌堂堂,有一定的利用价值。于是让刘备做了一个别部司马,率领一支千余人的队伍,让他与青州刺史田楷南下去对付袁绍。

打袁绍简直就是以卵击石,但要是打了败仗,那刘备就真的走投无路了。刘备硬着头皮,想不到竟然接连取得了几个小胜利,官也越做越大,从平原县令一直做到平原国的国相,总算混出点模样出来。

再之后，曹操的老爹曹嵩在泰山死于非命，传闻凶手是徐州牧陶谦的部下张闿。曹操完全失去了理性，不分青红皂白，一口咬定陶谦是曹嵩血案的背后主谋，从兖州一路疯狂杀向徐州。

这件事是东汉末年最为重要的历史事件之一。它导致了两个后果，一是诸葛亮南下。曹操南攻陶谦，取道山东，东海、琅琊等地惨遭荼毒。无数的田园村庄被毁坏，人们只得背井离乡，流徙他乡。诸葛亮正是在这时候跟着叔叔诸葛玄逃到豫章的。二是刘备占据徐州。曹操的攻势实在太猛烈了，杀得陶谦毫无招架之力，只好向青州的田楷和刘备求救。仗义疏才、急人所难，一直是刘备的处世准则。刘备连眼皮都不眨一下，就风风火火地慨然南赴。跟曹操交手，刘备这才真正尝到了惨败的滋味。

曹操青州兵的超强战斗力打得刘备几乎喘不过气来。正当刘备哀声连连、惶惶不可终日的时候，三国第一猛男吕布乘虚在曹操背后捅了一刀，端了曹操的老巢兖州。曹操不得不回头找吕布算账。于是刘备得救了，徐州也得救了。陶谦被刘备的义举感动得泪流满面，于是在临终之前把徐州牧的大印塞到刘备手中。

刘备满脸的哀戚之下，心中却是一片狂喜，终于有了自己的立足之地了！可惜刘备高兴得太早了，没等屁股坐稳，被曹操打残的吕布就狼狈不堪地跑来投靠了。

刘备心中一片纠结，要不要收容吕布？吕布虽勇猛似虎，却心如蛇蝎。收容吕布，等同于引狼入室，开门揖盗。不收容吕布，在道义上又说不过去。要不是吕布包抄曹操的后院，恐怕这时候自己早成了曹操的阶下囚。再说如果不收留吕布，岂不被天下人耻笑自己心胸狭窄？

经过几番激烈的思想斗争之后，刘备终于收容了吕布，让他驻守在徐州西边的小沛。一则显示出自己的宽宏大量，二则让吕布把守徐州的西大门，挡住曹操，岂不是两全其美？

可是刘备很快就发现自己打错了如意算盘。吕布没等站稳脚跟，就恶狠狠地挥舞着手中的长矛，把刘备毫不留情地撵出徐州，反客为主，雀占鸠巢。

辛辛苦苦挣来的第一块地盘就这么轻而易举地沦陷了！刘备一把鼻涕一把泪，跟着关、张两个难兄难弟，卷起铺盖，灰溜溜地逃离徐州。血淋淋的教训告

刘、关、张难兄难弟

诉刘备,在这个弱肉强食的世道,要是你的胳膊不粗,腰杆子不硬,别说给你一个大地盘,就是一座小屋,也是住得心惊胆战。回头望了望飘扬在徐州城头上的"吕"字大旗,刘备心中恨恨地叫道,我还会回来的!

于是刘备头也不回地直奔许都而去,在那里,曹操挟持了汉献帝,作威作福,号令天下。刘备深知曹操的禀性,卧榻之侧岂容他人鼾睡?吕布,你死定了!

建安三年(公元198),刘备联合曹操,如疾风骤雨般地杀回徐州。吕布魂断下邳白门楼,刘备报了夺城之仇,总算泄了心头大恨。可是待在许都,刘备也是整天提心吊胆。曹操的可怕,远甚于吕布千万倍。至高无上的汉献帝被软禁起来了,连这样大逆不道的事都做得出,曹操还有什么事不敢做的?

更让刘备心烦的是,连囚徒也不如的汉献帝总是两眼泪汪汪地轻声唤着,皇叔!皇叔!要刘备帮他干掉曹操,为国锄奸!吓得刘备浑身发抖,那简直就是往他的脖子套绳圈啊!

但是更吓人的还在后头。在一次煮酒论英雄的时候,曹操语带玄机地告诉刘备,在他心目中,能够称得上英雄的只有刘备和曹操自己了,至于那个死对头袁绍,连一头狗熊也不如!

就这么简简单单的一句话,让刘备吓破了胆,连筷子也拿不住,噼啪落地。

战争永远就是那么残酷,你不杀了敌人,早晚有一天你会成了敌人的下酒菜!于是刘备决心响应汉献帝的号召,找机会做掉曹操。可是很快就东窗事发,吓得刘备没命地往东跑。

眼见走投无路了,刘备再也顾不上了什么脸皮了,一脚蹦过黄河,投靠曹操的大仇敌河北袁绍去了。

躲进了袁绍的营帐里,虽然说生命暂时是安全了。但是刘备也是很有眼光的,袁绍这么狂妄自大,早晚都会被曹操吞并。那自己岂不是再度失节,沦为曹操的阶下囚?

这时候汝南地区的黄巾军余党举旗投效袁绍,刘备终于找到了一个绝佳的金蝉

袁绍

脱壳机会,借口要联结荆州的刘表和汝南的黄巾军,从南面包抄曹操,于是一溜烟跑到汝南去了。

刘备这一逃跑还是蛮及时的,如果稍晚一步,就会跟十余万袁绍的大军一样,被曹操聚歼于官渡战场上。

刘备兄弟三人绕了一个大弯,到了汝南,屁股还没有坐热,曹操挟官渡大捷之余威,从许都出发,只一个冲锋,就把刘备和黄巾军余部杀得丢盔弃甲,尸首盈野。

从镇压黄巾军起家,到现在跟着黄巾军一同覆灭,十五六年之间,刘备就像一头蛮横的野牛,南冲北突,屡挫屡战,无奈处处撞墙,最终还是碰得头破血流,难逃失败的下场。

望着苍茫大地,刘备仰天长啸,世界如此之大,难道真的没有我刘皇叔的立锥之地吗?

唯今之计,只有凭借着"皇叔"闪闪发亮的金字招牌,南下找刘表攀亲去了。于是在建安六年(公元201)九月,刘备硬着头皮,带上关羽、张飞前往荆州而去。

3.新野抗曹

可是哥仨一到襄阳郊外,就被挡住了不准入城,荆州的实权派——也就是诸葛亮老丈人的内兄蔡瑁,早把刘备列为最不受欢迎的人。理由是刘备为人中之龙,就连曹操也对他敬畏三分,把刘备留在荆州,就是养虎为患,反受其害。再者曹操野心勃勃,早就对荆州垂涎欲滴了。他巴不得找到一个借口,兴师问罪。收容了刘备,岂不是明目张胆地跟曹操过不去?简单地说,刘备就是一个烫手山芋,收容刘备,有百害而无一利。

荆州牧刘表有点心软,怎么说刘备跟自己都是光武帝的后裔,现在人家可是举目无亲、走投无路了,不伸出友爱之手,怎么对得起天下的英雄?刘备要真是像世人吹得那么厉害,那就不会被曹操逼得像一条四处流浪的狗。再说自己也不是吃素的,想当年单身匹马,弹压群贼,举手之间,荆襄底定。何况荆襄地大物博,人杰地灵,兵多将广。曹操胆敢图谋不轨,定叫他肉包子打狗——有去无回。

刘表实在看不下去，于是亲自跑到襄阳郊外，无比热情地迎接远方来的三位稀客。当然刘表也不是一个稻草人，有头无脑。看到刘、关、张三人虎背熊腰，威风凛凛，心中暗暗称奇，难怪军师蔡瑁会起戒心。忽地想到自南阳张绣投降曹操之后，北方重镇新野一直无人把守，于是刘表给了刘备一支人马，让他去新野驻守。

这一招跟当初刘备接纳吕布如出一辙，既防又用。新野虽然是个小城，却地处中原与湖广的交通要冲，是荆州的门户。曹操要想对荆州动手，首先得必须过刘备这一关。

但是刘备却没有想得那么复杂，刘表和蔡瑁心里如何打算，这一切都无所谓了。徐州沦陷的教训告诉他，要想争夺天下，就必须整合一支强大的力量，然后攻城掠地，才能够慢慢地壮大起来。现在刘表给他数千人马，还让他驻守战略要地新野，这对刘备来说，已经足够了。所以刘备沿着襄江、淯水北上，心满意足地来到了新野。

一到新野，刘备就日夜不停地招兵买马，同时还特别注意招揽当地的人才，以图日后在荆州站稳脚跟。刘备绝不会甘心做刘表的一个马前卒，他决定立足新野，好好经营，把新野变成新希望之野，然后以此为根据地，与曹操决一死战。

曹操的死对头袁绍自官渡惨败之后，就一直想不开，愤懑郁结在心，终于在建安七年（公元202）五月喷血而亡。曹操决定斩草除根，于是在九月亲自率兵北渡黄河，去消灭袁氏的残余势力。

曹操一走，大本营许都一片空虚，有如一个人赤裸裸地把前胸暴露在敌人面前。

善用兵者，批亢捣虚。这可是攻打曹操的绝佳时机。于是刘表派遣刘备率部急速北上，就像一把雪亮的尖刃，直插向曹操的心脏——许都。一路上势如破竹，没几天就杀到叶县去了。这儿离许都只有一百多里，部队跑得快的话只需半天的时间。

刘备仿佛看到了汉献帝在热乎乎地朝他挥手，感到极度兴奋，不停地挥舞着手中的宝剑叫道，弟兄们再努力向前一步，就可以把皇帝接出许都了！

就差这么一步，许都却可望而不可即。曹操留下的守将夏侯惇、于禁像一道

三国第一猛将吕布

坚不可摧的铁墙，牢牢地挡住了刘备的前进方向。既然进不得，那只好撤退了。可撤退也得讲艺术啊！要不然扭头一跑，曹军哗啦啦地倾巢而出，刘备能否安全退回新野那就悬了。

多年的实战经验告诉刘备，无论是防守还是撤退，最好的策略就是进攻。于是刘备决定组织了一次撤退中的反击。

问题是怎么反击？人家夏侯惇、于禁都是英勇善战的虎将，他们的拿手好戏就是面对面地直接碰撞。可是不要忘记，战争不是体育比赛，比的不仅仅是力量，更多的是智慧、谋略。论谋略刘备也许比不上曹操，但是对付夏侯惇、于禁这两个家伙还是绰绰有余的。

通往新野的道路，狭窄崎岖，两旁灌木丛长得比人还要高，这正是埋伏的最佳地形。

兵不厌诈，刘备把营帐烧得片布不留，然后把退堂鼓打得震天响，大摇大摆地退走了。看得夏侯惇、于禁心里痒痒的，此时不乘胜追击，更待何时？这时候有一位叫李典的副将劝道，你们看前方道路上杂草丛生，黑压压的一大片。刘备狡诈，必会埋下伏兵，不可轻敌啊！

夏侯惇根本就听不进，眯起唯一的一颗眼珠子（左眼被吕布射瞎了），见刘备的部队就像煮熟的

夏侯惇

鸭子，一只只飞走了，心急如焚，气呼呼地骂道，行军打仗，贵在勇敢，要是你胆小，干脆就待在家里算了！于是留下李典留守叶县，自己跟于禁急急火火地追赶刘备去了。

路越走越窄，道旁的草丛也越来越高。眼见前方的刘备还在不急不慢地跑着，气得夏侯惇破口大骂，你这个长耳朵竟然跟我玩越野赛，简直找死。当年我拿起木棍满山追赶野猪时，恐怕你还在老娘的肚子里没滚出来呢。

夏侯惇正追得起兴,可是追到最后,大白天见鬼了,刘备无影无踪了。再看看前方的道路,高大的树木草丛遮天蔽日,别说走,就连钻过去也难了。夏侯惇这才心慌,可是已经来不及了。只听见杀喊声惊天动地,刘备的部队像一个个从地底下冒出来的魔鬼,从背后冲过来。曹军措手不及,像无头苍蝇四面乱窜。要不是李典率部及时赶到,恐怕早被刘备包饺子了。

此战值得大书特书,这是刘备一生中与曹军对决取得的第一次大捷,标志着刘备的力量已经有了质的飞跃。罗贯中称此战是诸葛亮的好友徐庶策划的一场精彩大戏,还在樊城大破曹仁的什么八门金锁阵,说得天花乱坠。其实那些都是罗贯中妙笔生花的产物。

叶县之战,也是刘表一生中唯一的一次主动北伐。此战也显示出了曹军的强大战斗力,即使主力渡河去了,只留下小部分兵力留守许都,但对付刘表和刘备的骚扰仍然是绰绰有余,所以自那以后,刘表再也不敢轻举妄动了。

这时候曹操正在河北忙着与袁绍的三个笨蛋儿子袁谭、袁熙、袁尚斗智斗勇。刘备袭扰叶县,虽然只是蚊子叮大象,但却像被毒刺狠狠地扎了一下,让曹操猛地惊醒过来,不得不把目光重新投向辽阔的荆襄大地。于是"鬼才"郭嘉向曹操建议,袁绍的儿子最大的本领就是窝里斗。不如我们把队伍拉回去,先把荆州解决了,等袁氏三兄弟自相残杀得差不多了,再回头收拾。岂不是事半功倍,既省时又省力?

曹操二话没说,当即下令撤军。建安八年(公元203)八月,许都以南、叶县附近的西平小镇重兵云集,黑压压的一大片。

4.我很需要一个伴

新野的刘备和襄阳的刘表也厉兵秣马,摩拳擦掌,准备与曹操决一死战。眼见剑拔弩张,战事一触即发。忽地一夜之间,曹操的大军消失得无影无踪。原来从河北传来消息,袁氏兄弟真的火并起来了,袁谭被袁尚打得只剩下一口气,危在旦夕,派人向曹操紧急求援。搞得曹操头昏脑涨,到底要先打荆州,还是先取河北?这时候"鬼才"郭嘉也改变了主意,我们最大的敌人是河北袁氏,兄弟齐心,其利断金。如今袁氏兄弟自相残杀,正是老天爷赐给我们一劳永逸解决袁氏兄弟的绝佳机会。至于荆州刘表，简直就是一个酒囊饭袋，不图进取，整天只知道大块吃肉、大口喝酒。没必要去惹这样的木头人，让他自生自灭好了。

别人的话可以不听，但是大参谋郭嘉的话曹操一向奉为圭臬。于是曹操挥师河北，暂时把刘表和刘备抛在脑后，开始了轰轰烈烈的北伐。这次北伐历时四年，从黄河一直打到幽州（今天的北京），再打到辽东的乌桓。路途之遥，行程之艰，战果之丰，犹如一道绚丽的长虹划过天空，在历史上留下了难以磨灭的一页。

曹操远征之时，许都几乎成了一座空城，唾手可得。一旦有人乘虚而入，曹操远在万里之遥，进退失据，后果将不堪设想。在新野的刘备早就看到了这一点，几次劝说刘表出动大军，趁机在背后给曹操狠狠地捅一刀，就是不把曹操捅死，也会让他生不如死。

令人不可理喻的是，荆襄的刘表拥兵一二十万，却异常淡定。眼睁睁地看着曹操取得了一个又一个的辉煌胜利，完全把刘备的话当作耳边风，竟然没有任何的袭扰动作，白白丧失了一次绝佳的反击时机。真令人怀疑刘表的脑袋瓜里到底装的是什么东西？莫非是一大团破棉絮？

刘表不敢出击，自己的力量又太小。看到曹操帐下谋士如云，荀彧、荀攸、郭嘉、贾诩、程昱等等，随便一个都是安天下之才。再看看自己身边的人，除了拜把子兄弟关、张二人，还有常山赵子龙，冲锋陷阵时倒是三只令人胆寒的下山猛虎，可是打仗首先是脑细胞的较量。老天爷就是那么不公平，别人军中参谋多如牛毛，数不胜数，偏偏在我刘玄德身边，能说上话的半个人也找不到。

刘备在新野备感郁闷，度日如年。白白地浪费了三四年的美好时光，已经一大把年纪了，可是什么事也没有做成。他摸了摸自己的大腿，本来健硕的屁股现在肉嘟嘟的，赘肉一大堆，都快要把裤头撑破了。

看看人家曹操，犹如冉冉上升的骄阳，光芒四射，令人不可逼视。两三年之后，刘备就过了知天命之年，那时再奋斗，恐怕已是夕阳无限好，只是近黄昏了。

壮志难酬，忧郁的刘备像一匹失意的野狼，在月下悲鸣嗥叫着，问苍天，谁来辅佐玄德驰骋天下？

纵横天下的征途上，充满了惊涛骇浪般的凶险，刘备需要一盏指路明灯来穿透浓雾，看清楚远方的路，需要一个充满智慧的掌舵人，去避开险恶的暗礁，方能最终到达胜利的彼岸。刘备决心找到一个能够引导他化险为夷、走向光明的舵手。

谁是荆州最有智慧的人？随便问一个都会回答：水镜先生司马徽。

于是刘备找到了司马徽。本以为他是一个头戴方巾，举止潇洒的豪杰之士。没想到他正在菜园里卷起高高的裤腿，吵吵地翻土种菜。一身脏兮兮的，散发出呛鼻的粪臭味。

但是刘备并不鄙视他。想当年自己跟着老母亲，在涿州大街上就像乞丐一般，乞求着过客扔下几个铜钱，买下编织到深夜的草鞋和草席。

所以刘备非常恳诚，差点儿就要跪下来，玄德恭请水镜先生出山！

于是出现了石破天惊的一幕，这位荆襄大教父轻描淡写，就把两个年轻人推向历史的最前台。

司马徽嘿然说道，我一个书呆子，根本就不懂得什么政治、战争，甚至连纸上谈兵的本事也没有。不过这里有两位青年俊杰，卧龙跟凤雏，随便一个都可以让刘皇叔横扫天下。

听得刘备心里痒痒的，又惊又疑。惊的是荆襄竟有如此大才，疑的是自己待在荆襄这么久，怎的从未听过卧龙、凤雏？不知道这两人是否真材实料？

于是刘备弱弱地问，他们都是谁啊？

司马徽感到一阵纳闷，卧龙、凤雏早已名闻天下，偏偏就你不知道。这个刘皇叔简直就是可怜兮兮的井底之蛙，怪不得四五年过去了一直跳不出新野这口浅井。干脆好事做到底，一则让这两个高足英雄有用武之地，二则成全了刘备的一番雄心壮志。

司马徽神神秘秘地伸出两个手指，卧龙是诸葛亮的雅号，凤雏是庞统的美称。

水镜先生自己不愿意出山，却抛出了两只动物，一条是还在睡梦中的龙，一只是还没有长出羽毛的凤。回到新野之后，刘备心中暗自郁闷，恐怕这两个后生小辈只是司马徽的托辞而已。

这时候有个叫徐庶的人主动找上门投靠刘备，刘备跟他没说上几句话，惊呼不已。他正是自己最需要的人才。可是徐庶却很谦虚：我跟诸葛孔明相比，只是小巫见大巫。

刘备访司马徽

水镜先生推荐诸葛亮,现在徐庶也推荐诸葛亮,莫非诸葛亮真是个不世之才?

于是刘备很兴奋,那麻烦徐先生去南阳卧龙岗走一趟,把诸葛亮叫来啊!

徐庶听了吓一大跳,尊敬的刘皇叔啊!那诸葛亮可不像我,为了混口饭吃,巴不得有人愿意雇用他。诸葛亮为什么叫卧龙?因为他虽然是一条龙,但宁可长睡不起,除非有人去唤醒他。

话说到这里,徐庶不想再说下去了。刘皇叔要不要光辉前程,你自己看着办吧。

刘备心里这才惶急了,连忙派人四处打探诸葛亮的底细。结果得来的情报让刘备十分震惊,原来这个低调而神秘的卧龙背景非同寻常。他是沔南名士黄承彦的女婿,黄承彦是荆襄第一豪门蔡讽的女婿,而蔡讽是荆州牧刘表的老丈人。那位横眉怒对、拒刘备于襄阳城门之外的蔡瑁则是蔡讽的儿子,诸葛亮的妻舅。理顺了诸葛亮的各种裙带关系,刘备不由得浮想联翩,请来了诸葛亮,跟荆州各大实权人物的关系,也就疏通成功了。

接下去世人所津津乐道的刘备三顾茅庐的情节,该顺理成章了。可惜历史远没有罗贯中所写的那样简单。

5.三顾茅庐的疑云

三国时期魏国人鱼豢有一本叫作《魏略》的史书,在这本书中对诸葛亮与刘备的初次见面情况,做了一个独家披露。

根据《魏略》的记载,诸葛亮虽然整日在草庐里高卧,有时候赖床到太阳照屁股。但是他睡得一点也不安稳,那个阉党余孽曹操已经将河北收归囊中,下一个目标必然是荆州。可是荆州的领导人刘表也好,蔡瑁也好,尽管面临灭顶之灾,却身在祸中不知祸,像木头人一样无动于衷。

在荆襄生活了十多年,诸葛亮早已把它当作自己的第二故乡。老家山东琅琊已经被曹操变成无人区了,所以决不允许悲剧在荆襄重演。环顾全荆襄,真正想阻挡曹操南下的只有刘备一个人了。根据几年来对刘备言行的考察,诸葛亮发现这个长着大耳朵的皇叔还是蛮值得信任的。

这时候刘备正屯兵于樊城,于是诸葛亮怀着满腔的热忱北上樊城,去见未来的大东家。没想到第一次见面，对刘皇叔的美好印象差点儿全毁了。这并不是因为刘备长相不好，其实他长得挺帅气的，浓眉大眼，慈眉善目，脑袋两侧再配上一对垂肩大耳，简直就是菩萨的标准像。也并不是因为刘备缺乏魅力，其实他很有吸引力。当诸葛亮跨入樊城刘备的住所时，发现屋里挤满了人。他们就像忠实的观众，专心致志地倾听着刘备慷慨激昂的演讲。

那些都是前来投靠刘备的人，与诸葛亮一样，除了今日，从未与刘备谋过面。

演讲结束之后，大家都心满意足地各自解散。诸葛亮却不走了，因为他今天有许多话要对刘备倾诉，那些话在心中憋得太久了，恨不得一泻而出。

刘备一瞧这个后生很不起眼，除了年轻之外，普通得不能再普通。懒得理他，喜欢坐多久你就坐多久。要是来讨酒肉吃的，上午刚刚杀了一头猪，还没有拿去腌制，可以赏你一块。诸葛亮一点儿也不介意刘备的冷遇，怪只能怪自己还是个无名之辈。人家一个响当当的皇族宗亲，要是随便向一个无名小卒点头哈腰，那尊严何在？威仪何在？

让诸葛亮毁三观的是，刘备竟然拿起一大把乱蓬蓬的牛尾巴鬃毛，津津有味地弄成一个个整齐的结子。

莫非刘备信心全无，想重操织席贩鞋的旧业？诸葛亮大失所望，自己已经把所有的希望都放在刘备身上。要是连他也堕落下去，那荆襄真就彻底完蛋了。诸葛亮心疼不已，世人都道刘皇叔志向远大，没想到他连条牛尾巴都忘不了。

诸葛亮决定狠狠地刺激一下刘备，难道刘皇叔只爱牛尾巴不爱江山耶？

吓得刘备赶紧扔掉手中漂漂亮亮的牛尾巴，这才发现眼前的这个后生小子全身上下处处显露出"聪明"两个字。

刘备满脸羞愧，小哥说哪儿的话？我是太无聊了，所以找个小玩意儿打发时间。小哥要是有什么奇谋妙策但说无妨。

诸葛亮肚子里的墨水太多了，都快要溢出来，于是锋芒毕露，如江河之水，滔滔不绝地倾泻而出，一讲就是大半天。听得刘备目瞪口呆，世界上竟然会有如此的奇才！二话没说，立即聘请为军师。从此两个人如鱼得水，精诚合作，终于创下了一番丰功伟绩。

这件事《魏略》记载了，后来也被《九州春秋》转载了。照《魏略》这么一说，刘备三请诸葛亮的传说纯属后人臆造。至于以后诸葛亮在《前出师表》中所云的"先帝不以臣卑鄙，猥自枉屈，三顾臣于草庐之中"，要么是诸葛亮回忆有误，要么是诸葛亮为了营造自己的伟大，烘托自己专权的合法性，而编造的一段美丽传说。

但陈寿在《三国志》里明明白白地写道，"备由是诣亮，凡三往，乃见"，短短十个字，铿锵有声，辞严义正，令人不容置疑。

是刘备猥自枉屈三请诸葛亮，还是诸葛亮自动上门投靠？真相到底如何？是陈寿说了真话，还是鱼豢编了谎言？

解铃还须系铃人，我们先来看看陈寿和鱼豢这两个是何许人也？

当诸葛亮跟司马懿在五丈原斗得天昏地暗，连连呕血之时，陈寿出生在巴西郡安汉县的一个没落官僚家庭中。他的老爹本来也是诸葛亮手下的一名军官，五年前在诸葛亮恢复中原的号召之下，热血澎湃地随军北伐。可是陈寿的老爹跟错了主将，成了马谡的一个参谋人员。街亭大败，马谡畏罪潜逃了，蜀军死的死，降的降。活着回来的没有几个，其中一个就是陈寿的老爹。但是他一回来，就被诸葛亮投入大牢，谁叫你那么背，赵云不跟，魏延也不跟，偏偏跟了个喜欢纸上谈兵的马谡？

陈寿长大以后，投师于著名的历史学家谯周门下。以后官做到东观秘书郎（负责管理皇家档案）、散骑黄门侍郎（后主刘阿斗的贴身随从）。陈寿的命运也不济，受到一忠（诸葛亮的儿子诸葛瞻）、一奸（陈寿的顶头上司大太监黄皓）的压制，郁郁不得志。但是很快地，陈寿成了曹魏的子民。两年之后又变成司马氏的臣民，被征调到朝廷去做官，当了个著作郎（负责编修历史）。在中书令（国家总理）和峤的委派下，陈寿专职编订诸葛亮的事迹，成为中国第一位研究诸葛亮生平的专家。那时诸葛亮已经去世三四十年，陈寿凭着手中职权之便，再加上曾经在蜀汉生活过，所以陈寿在研究诸葛亮方面有得天独厚的优势。

再看看鱼豢，他也是三国时期曹魏的郎中（这个职务与陈寿相当，是曹魏皇帝的随从），嗜好写史，著有《魏略》一书。曹魏被灭之后，鱼豢以曹魏遗民为荣，再也没有为司马氏效劳过。

从陈寿和鱼豢的经历来看，两人应该是同龄人，但是鱼豢比陈寿更有气节。鱼豢从一而终，陈寿梅开二度。鱼豢是研究曹魏历史的专家，而陈寿则是研究蜀

鱼豢

国特别是诸葛亮的权威。鱼豢的《魏略》以曹魏为中心，兼及周边各地区。所以，陈寿对诸葛亮的叙述应该更准确，而鱼豢身处曹魏，对周边地区的史事，只能采集一些传闻，无法亲自去考证。

没有调查就没有发言权，鱼豢有关诸葛亮去见刘备的记载应属谬传。

此外，当时刘备是被刘表放在新野驻守，防备曹操南下的。绝不可能像鱼豢所说的那样屯守樊城，让襄阳城内的刘表、蔡瑁等人夜里都睡不安稳。

如此一来，刘备三访诸葛亮，那是铁定的史实了。我们可以确定，是刘备听了徐庶的推荐，又想起了水镜先生的话，坚信那个从未谋过一面的卧龙正是自己所需要的人才。

可是这条卧龙到底躲在哪里睡大觉？历史又给我们出了一个谜。这个谜有两个答案：襄阳隆中、南阳卧龙岗。究竟哪一个是真正的谜底？近两千年来，人们吵吵闹闹，聚讼不休。研究诸葛亮的栖身之地，著作、论文多如牛毛，众说纷纭，悬而未决。这里无意加入争吵混战之中，只想简单地说说，诸葛亮屈居于南阳卧龙岗，理由充足，证据确凿，合情合理。

首先是诸葛亮在《出师表》中的自述，"躬耕于南阳"。其二，西晋李兴在诸葛亮逝后七十年的《祭诸葛丞相文》提到，镇南将军刘弘让他去"沔之阳"祭拜诸葛亮。李兴明确指出，诸葛亮的旧居在"沔之阳"，即沔水（汉江的古称）之北。其三，诸葛亮给弟弟诸葛均找了一个南阳林姓的女孩子做老婆。其四，在地理特征上，襄阳隆中沙石多，土地贫瘠，耕田少。而南阳宛县土壤肥沃，适宜耕作。其五，在南阳东北的叶县平山下有诸葛遗迹。最后，当时刘备颇受刘表的猜忌，刘表让他屯兵新野，一则远离危险，二则让刘备替自己挡住曹操。如果刘备在刘表的眼皮下随意走动，笼络人才，势必引起刘表的猜忌。更何况诸葛亮是刘表一担挑儿的乘龙快婿。

所以刘备要想请来诸葛亮，只会北上南阳，而不会南下襄阳。

刘备决定放下皇叔的架子，信誓旦旦，准备亲自出马，去南阳卧龙岗把诸葛亮这一精英招揽到手。可是热屁股贴冷面孔，刘备连连吃了闭门羹，诸葛亮连个面都不照。

你越是神秘，别人就越是好奇。容易得到的就容易放弃，诸葛亮躲得越深，刘备越想把他请到家。两次拒绝刘备的盛情之后，诸葛亮再也熬不住了。这个刘皇叔虽说目前势力是弱了一点，但好歹也是一个枭雄，正好可以让自己大显身手。

诸葛亮再也不躲猫猫了，建安十二年(公元 207)的隆冬十月，诸葛亮在南阳卧龙岗的草庐里见了刘备一面。没想到两人一见钟情，一见面就黏在一块，再也掰不开来。这就是历史上著名的典故——刘备三请诸葛亮。

如此一来，千百年来为人们所津津乐道的隆中对这一美丽的传说，实际上是发生在南阳卧龙岗的草庐对。

诸葛亮卒后七年，蜀汉大臣杨戏写了《季汉辅臣赞》，称赞诸葛亮道："忠武英高，献策江滨，攀吴连蜀，权我世真。"诸葛亮生前颇为赏识杨戏的才干，作为同时代的人，杨戏对诸葛亮的事迹了如指掌。

根据杨戏的赞词，诸葛亮的草庐是搭建在江边的。主臣谈笑之间，一个"联吴抗曹"的奇略横空出世。这个草庐对是刘备的最高机密，不足为外人道也。为此刘备特意把其他的杂人赶出草庐外，然后才敢低声向诸葛亮求教：大汉帝国就要垮台了，连皇上也被曹操软禁起来。我身为皇叔，可惜心有余而力不足，自举事以来，屡屡受挫。虽然如此，看到数百年的刘氏基业摇摇欲坠，我实在是不甘心。特地向先生求教，我该怎么办？

如果这时候刘表在诸葛亮的草庐里安装了窃听器，恐怕刘备和诸葛亮就该身首异处了。因为诸葛亮献出了一条"大逆不道"的计谋。

诸葛亮给刘备支招，荆州地处全国地理中心，北边有汉、沔二水，南边是南海，东与吴越相连，西通巴蜀，其战略地位的重要性不言而喻。这样的咽喉之地掌控在糊涂虫刘表的手中，实在是暴殄天物。刘备要想争夺天下，首先就必须让刘表滚蛋，交出荆州。然后以此为根据地，西取益州，东连孙权，南和夷越，北拒曹操。同时积极储备力量，不断地壮大自己，静观其变。一旦天下有变，兵分两路，北取中原。一路由荆州扑向南阳、洛阳，另一路由益州出陕甘，北取关中，攻

草庐对定奇策

陷长安。而后东西遥相呼应,天下举手可定。

草庐对分三步走,第一步,占有荆益。第二步,联吴抗曹。第三步,两路北伐。

诸葛亮的这一策略,堪称中国历史上最伟大的战略构想之一。短短几句话,就让黑暗之中的刘备,看到了无比光明远大的前程。刘备犹如醍醐灌顶,顿时豁然开朗。本来能不能在荆州站稳脚跟都成问题了,现在诸葛亮竟然异想天开地要他两路北伐,夺取天下。这是何等的超越性和前瞻性啊!

刘备感动得泪流满面,这个卧龙简直就是为我刘皇叔而生的!

6.都是舅舅惹的祸

于是刘备毫不犹豫地把诸葛亮聘请回家。诸葛亮一点也不含糊地接受了刘备的聘请。本来他就准备轰轰烈烈地干出一番大事业,只是找不到效忠的人而已。水镜先生司马徽不是要他耐心等待英主的来临吗?眼前的这个刘皇叔,相貌奇特,雄心飞扬,坦诚虚心。再想想自己已二十有七了,错过这个村,就没有那个店了。如果再不辅佐刘备,那真要老死山林了。于是诸葛亮毫不犹豫地跟着刘备,带上了丑媳妇黄氏,走出卧龙岗的草庐,来到了新野,开始了波澜壮阔的一生。

可是一到新野,看到刘备的部队稀稀拉拉的,就那么一点点。缺兵少粮,像样的战马没有几匹。

诸葛亮眉头紧皱地看着刘备,就这么一点人马,个个羸弱不堪,手中的兵器也都是锈迹斑斑,还不够曹操塞牙缝,以后怎么攻打天下?

刘备一副苦瓜脸,尴尬地摇摇头,哥也犯愁啊!要是我像曹操那样拥兵百万,良将千员,粮草堆积如山,战马太多了,为了省点草料,只好宰了吃,那我还有必要三番两次地降低身份把你请出山吗?

诸葛亮想了一想,也是。安慰刘备说,伟大的事业总是从平凡起步的。当年汉高祖发迹之时,才是一个亭长。曹操己吾起兵,也不过数千人。事物总是在发展变化之中,关键在于目标正确,才能够牢牢抓住机遇,从无到有,不断地壮大起来。

于是诸葛亮凭着自身的声誉,以自己的人格做担保,向南阳的大佬晁氏借贷了千万钱,用来招兵买马,壮大实力。短短几个月的时间,刘备的兵力就超过了一万。再加上训练有素,能征善战,让刘表和蔡瑁等人也刮目相看,再也不敢对刘备品头论足了。

刘备也因此日益看重诸葛亮,两人形影不离,食则同桌,寝则同床。刘备的结拜兄弟关羽、张飞打破了醋坛子,看在眼里,恨在心里。本来兄弟三人一条心,谁也离不开谁,突然插足了一个第四者,活生生地把兄弟三人拆分开来,气得关、张二人非要猛揍诸葛亮一顿不可。

刘备却以生物学理论来教育他们,植物是离不开阳光的,鱼儿是离不开水的。如果说我是一棵草、一条鱼,那么诸葛亮便是阳光、水,说得关、张二人哑口无言。

建安十二年(公元 207),是刘备一生中最为关键的转折之年。这一年他双喜临门,一是得到了贤才诸葛亮,二是甘夫人生下一个儿子——刘禅。

眼见着自己的力量越来越强大,刘备心里沾沾自喜。只要假以时日,自己就会像平地上突兀而起的一棵参天大树。到那时,就不必再依靠任何人了,也不会再恐惧任何人了。刘备甚至做起美梦来,梦见自己骑着高头大马,风风光光地走进了长安城。

可惜刘备的美梦很快就被曹操打破了。彻底剿灭北方的割据势力之后,致力于一统大业的曹操开始把视线转移到南方去。他首先把目光放在荆襄的刘备和刘表身上。

许都城内,曹操目不转睛地盯着墙壁上的一幅地图。他迅速地在地图上画了一个圈,这个圈子里有刘表、刘备两个人的名字。曹操的终极目标是消灭割据长江中下游的孙权。这个江东小霸主倚仗长江天险,肆无忌惮地蔑视自己。要想消灭孙权,就必须突破长江这道天然防线,而荆襄则是一个极好的突破口。

曹操站在大殿之上怒吼一声,活捉刘备、刘表,夺取荆州!

曹操办事一向雷厉风行,建安十三年(公元 208)七月,十几万大军就像马蜂般拥入了许都以南的狭窄地带,兵锋直指荆州。

虽然在世人眼里,刘表是一个不图进取的窝囊男人。但是曹操却很谨慎,荆州也可以说兵多将广,物产丰盈。刘表不图进取,那是他不愿意贸然进攻,并不等于他不善于防守。何况现在新野刘备的势力也不容小觑。所以怎么打荆襄,曹操心中还真是没有谱,他甚至做好再打一场像官渡之役那样的硬仗。

曹操的大军师荀彧认为,官渡之战差点儿功亏一篑,就因为跟袁绍长期对决,粮草不继,所以打荆襄贵在速战速决,以一个迅雷不及掩耳之势,打得刘表、刘备措手不及。为此荀彧建议,大军沿着南阳跟叶县之间的淯水长驱而入,先击破新野的刘备,然后全力进袭襄阳城。

曹操看了一下地图,呀!荀彧这个人不愧为自己的首席参谋长。淯水河谷就是一条极好的通道走廊,非常便利于大军团的行进。沿此南下,必能势如破竹。刘备与诸葛亮再厉害,也不过是一粒硬桃核,焉能承受住曹操十几万大军的重拳砸击?

大兵压境,刘备很着急,诸葛亮更着急。可怕的一天终于来了,毁灭大帝曹操马上就要杀到了。部署在新野的万余人马根本就抵挡不住曹操的十几万大军。一旦新野失陷,荆襄的大门瞬间洞开,襄阳的沦亡只不过是时间的问题。覆巢之下,安有完卵?可怜无数的荆州老百姓又将重蹈老家山东的覆辙,惨遭曹操大军铁蹄的肆意践踏蹂躏。为了避免覆亡,再加上刘表奄奄一息,危在旦夕,刘备跟诸葛亮决定,把大军收缩到樊城去,与襄阳形成犄角之势,准备跟刘表合力,打一场轰轰烈烈的襄阳保卫战。

但是此时的襄阳城内却乱成了一锅粥,谁也无心去考虑曹操的侵略。一大帮人正为刘表死后的继承问题闹得不可开交。刘表有两个儿子,长子刘琦,次子刘琮。按正常规则,刘表死后,荆州牧的位置应当是长子刘琦来坐。可是刘表的老婆,也就是蔡讽的女儿,疼爱次子刘琮,还把自己的亲侄女许配给他,所以蔡瑁等人都倾向于刘琮。现在趁着刘表还没有断气,没日没夜地在刘表面前诋毁刘琦,要求立刘琮为嗣子。

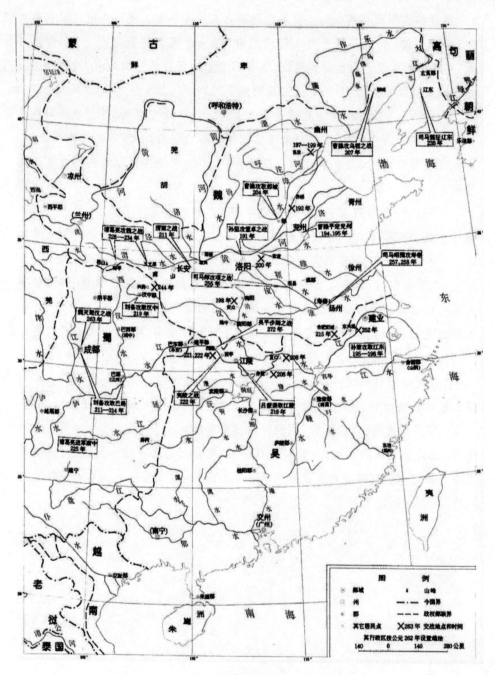

三国时期地图

第三章 ┃ 柳暗花明

襄樊陷落

信任与力量

东吴来的大外交家

联吴抗曹

『碧眼儿』孙权的纠结

为周公瑾正名

组成孙刘盟军

1. 襄樊陷落

刘琦

刘琦四面楚歌，惶惶无策，心忧性命难保，于是跑到樊城去，向诸葛亮讨教应对之策。诸葛亮很知趣，神仙难断家务事。再说刘表是自己的姨夫，蔡瑁是自己的妻舅。所以尽管刘琦怎么苦求，诸葛亮就是把嘴巴闭得比铁桶还严。

这个刘琦也是个聪明的孩子，他知道诸葛亮的难处。于是借口一同去后花园喝酒，把诸葛亮骗上一座高楼，然后让人撤去梯子，威胁诸葛亮说，如果再不教他一个办法，那就陪着诸葛亮在高楼上住一辈子。

诸葛亮万万想不到刘琦这小子会玩起上楼抽梯的把戏，又看刘琦两眼泪汪汪怪可怜的，诸葛亮很想帮他一把，可又不愿意看到老丈人黄承彦吹胡子瞪眼睛的生气模样，于是诸葛亮给刘琦做了一个暗示，至于刘琦能不能领会，那就看他的造化了。

诸葛亮只说了一句话，难道你没见晋国的申生身死于内，重耳安然于外吗？

刘琦一下子就领悟了诸葛亮的意思，你惹不起还躲不起吗？这时候碰巧江夏太守黄祖被仇家东吴孙权打死了，于是刘琦请求刘表把他派到江夏去。江夏远离襄阳，与东吴交界，是个战略重镇。这么一来，一举多得，如今曹操大敌临境，既避免了同室操戈，又能逍遥在外，据守江夏，进退自如。短短一句话，岂不什么事都解决了？诸葛亮真乃调解家庭纠纷的高手！

刘琦一走，刘表也荡悠悠的只剩下最后一口气了，于是刘琦又从江夏奔回来送终。可是霸道的蔡瑁生怕刘表临终前把大事交给刘琦，那所有的努力就白费了。心下一狠，干脆把刘琦挡在门外，不准进屋去见老爹最后一面，刘琦只好一把鼻涕一把泪地离开了。刘琦没离开几步，刘表就断气了。刘表死后，刘琮自然而然成了荆州牧，但他只不过是蔡瑁的傀儡而已，一切大权都落在蔡瑁和他的外甥张允手中。

刘琦不胜愤慨，在江夏纠集部众，想趁着奔丧之机，杀进襄阳城，夺回大权，把蔡瑁、张允干掉。眼见一场血腥屠杀即将发生，这时候曹操的大军杀到了，吓得刘琦掉头就跑，躲到江南去了。

蔡 瑁

曹操一到，蔡瑁立即响应，准备投降。蔡瑁跟曹操可是有点渊源的，小时候两人是一对亲密无间的好朋友，一同向大书法家梁鹄学习过书法。不但如此，蔡瑁的姑丈太尉张温还是曹操的太监爷爷曹腾一手提携上来的。

这时候刘备驻守在樊城，手下有诸葛亮、徐庶、关羽、张飞、赵云一大帮猛人，刘琮仗着有这个刘皇叔，不愿意轻易做阶下囚，心中一阵纠结。但是有两位官员，一位是章陵太守蒯越，此人便是诸葛亮姐夫蒯祺的哥哥；另一位是东曹掾（太守的下属官员）傅巽，这两个人就像苍蝇一般整天在刘琮耳边唧唧歪歪。

一个说，识时务者为俊杰，顺天者存，逆天者亡。那曹操奉天子之令以号天下，抗拒曹操就是违逆天子，大逆不道啊！再说樊城的刘备跟曹操相比，就像天上的白云与地上的污泥，刘备根本就打不过曹操。将军还不如投降算了！

另一个又说，将军啊，刘备一代枭雄，狡诈异常。如果刘备打不过曹操，将军活不下去。如果刘备侥幸战胜了曹操，将军也活不下去，迟早都会被他吞吃了的。

刘琮是个没主意的人，蒯越和傅巽的话听得刘琮心里发慌，越想越害怕，干脆投降曹操吧！可是对刘备、诸葛亮心存恐惧，所以就瞒着他们准备各项投降的事宜。

九月，曹操的大军到了新野。本以为刘备和诸葛亮很会用兵，迎接他的将是猛烈抵抗。没想到让曹操纳闷的是，不但没有碰到一个兵，反而迎来一大帮手举白旗乞降的荆州官员。这才知道刘备早逃到樊城去了。

新野一陷，襄樊门户洞开。兵贵神速，曹操马不停蹄地直奔襄樊而去。一是怕夜长梦多，唯恐刘琮有变，要尽快接收襄阳城，落袋为安的道理曹操是非常懂的。二是不将刘备这个潜在的竞争对手除去，曹操就不安心。当年煮酒论英雄之后让刘备逃跑了，曹操懊悔得肠子都青了。刘琮投降之后，就等于把刘备堵在墙角，插翅难飞了。此时不除，更待何时？

于是曹操昼夜不停，疾驰南下，目标只有一个：襄樊。

在樊城的刘备还蒙在鼓里，整日里翘首盼望着刘琮请他去襄阳商讨抗曹大计。可是一连几天，襄阳那边一点动静也没有，刘备和诸葛亮这才预感到将摊上大事了，于是派人过去问候一下刘琮。不问不知道，一问吓一跳。刘琮让部下宋忠通知刘备和诸葛亮，赶快把屋子打扫干净，准备恭迎曹操的到来。

犹如响起了晴天霹雳，刘备又惊又惧，骂得口沫横飞，你们这些臭小子暗地里干的什么偷鸡摸狗之事！想投降，也不早点放个屁。如今事到临头了，简直是害死我了！气得刘备拔出大刀，就要砍下宋忠的脑袋瓜儿，大骂说，现在就是把你的头颅砸碎，也难以泄我心中之恨！要是还想活命，快滚吧！

赶走了宋忠，刘备连忙唤来诸葛亮、关羽、张飞、赵云等人，紧急商议对策。

有人建议，干脆一不做二不休，杀了刘琮，夺了襄阳城。

刘备涕泪齐流：刘表跟我同为刘姓之后，情同兄弟，生前曾经屡次托孤于我。如果我背信弃义，以后黄泉之下怎么向刘表交代？再说夺了襄阳城，曹操来了，照样不守。如今事态危急，三十六计走为上计，大家逃吧！

有人又问，要逃往哪里？

刘备绝望地摇摇头，眼里充满了迷茫，一直往南撤吧！能走多远，就走多远。

2.信任与力量

刘备、诸葛亮等人灰心地撤出樊城，路过襄阳，刘备实在不甘心就这么弃逃而去：荆州二字，在我心中何止重千斤。我跟诸葛亮在南阳卧龙岗的那一次草庐对，所有的规划，所有的理想，归根到底都在荆州两个字。没有荆州，哪来的西取益州，东连孙权，南和夷越，北拒曹操？没有荆州，哪来的两路出师，北伐中原？

刘备越想越伤心，于是停下脚步，坐在马背上，轻声地唤着，阿琮啊阿琮！当年你老爹是怎么教导你的？我心都快碎了。

襄阳城的刘琮吓得浑身发抖，既无脸又无心出城去见刘备。但是刘琮身边的人都很讲义气，毕竟做了这么多年的荆州忠臣，宁为玉碎，也不愿意在奸贼曹操的手下做官，所以都跑出城投靠刘备旗下，刘琮和蔡瑁想拦都拦不住。

荆州的老百姓听说可恶的曹操要来了，懦弱的刘琮要降了，仁慈的刘备要走了，无不奔走相告，想要活命的只有跟着刘备一同撤退了。信任不能随便托付给人，除非这个人首先证实自己能胜任而且适合从事这项工作，而刘备就是这样的一个人。于是荆州的百姓纷纷扶老携幼，挑箩担筐，牵牛推车，紧跟在刘备的屁股后面。

刘备、诸葛亮一行路经刘表墓，想起了刘表生前的嘱托，望着身后滚滚洪流般的人群，在所有的流亡者脸上只写着"信任"两个字，刘备百感交集，不禁号啕大哭。

危难之际见真情啊，想不到自己的魅力如此之大。老泪纵横的刘皇叔真想引吭高歌，问世间信为何物？直叫人生死相随。

刘备的离去也鼓舞了荆州一些官员的勇气。他们不想可耻地投降，也不想怯懦地流亡。有一个叫王威的将领给刘琮献计，曹操已经接受了将军的投降书，刘备现在又走了，曹操的警惕心已经降到最低，必定只带少数精骑，轻兵冒进。请将军拨出数千人马，让王威乘其不备，出其不意，打一个漂漂亮亮的伏击战。只要活捉了曹操，便可威震天下，那刘将军就不是今日的刘将军了。

虽说火中取栗会烧伤手，但是险中往往能够取胜。曹操轻敌的老毛病一直改不了，只要给王威机会，说不定还真能够收获意外。可惜啥窝出啥鸟，刘琮的窝囊胜过他的老爹刘表。无论王威怎么苦求，刘琮就是不答应。既然你不答应，那就等着做曹操的阶下囚吧。

可刘备、诸葛亮等人宁死也不愿意做俘虏的。从樊城撤退的一路上，逃亡的队伍越来越壮大。推小车的，抱小孩的，挑小担的，到了襄阳以南三百五十里的当阳，逐渐汇聚成一股异常壮观的难民潮。其人数超过十万，单是小推车就有数千辆之多。他们的生命亟待保护,行进的速度堪比蜗牛,每天只能挪动十余里。

哪有这样的逃跑的?分明是在大搬家。好在刘备和诸葛亮也不是傻瓜,从樊城撤退时早就派遣万人敌关羽率领一支船队,顺着汉江溯流而下,抄水路去抢占荆州重镇江陵。江陵本是荆州郡治所在地,粮草、军器堆积成山,说得明白些,江陵就是荆州的命根子。只要保住了江陵,荆州就不算完全沦陷,刘备仍然可以固守江陵,伺机反击。所以江陵一城,攸关刘备力量的消长。

但是刘备和诸葛亮能够看到的,曹操肯定也看得到。曹操从新野南下时,展开地图一看,第一眼就看到了江陵。只要抢在刘备之前拿下江陵,那么刘备就成了瓮中之鳖,只有束手就擒的份了。于是曹操下令甩掉所有的辎重,轻装上阵,犹如一阵风,短短几天就赶到襄阳城。

到了襄阳城,只有刘琮、蔡瑁、张允等人拼命地摇晃着白旗投降,刘备、诸葛亮早已不知去向了。气得曹操就要撞墙,天杀的,还是让这个大耳朵溜走了。

追追!曹操吼叫道,就是追到天涯海角,也要把这家伙缉拿归案。

于是曹操啥也不顾了,只带上五千精骑,沿着江陵和襄阳两点之间最短的距离,以每天三百余里的速度,直扑江陵而去。

这时候刘备的流亡大军还在当阳不死不活地蠕动着,诸葛亮掐着手指头算一下,照这样的龟速,到达江陵要用二十五天的时间,而曹操只要一天就追到了。所以刘备到达江陵之日,也就是被赶到长江中喂鱼之时。

军中有人就提议,这十万老百姓,就是十万个包袱,万一被曹操追上来,岂不是玉石俱焚?快快把他们甩掉吧,赶到江陵跟关将军会合。留得青山在,不愁没柴烧啊!

刘备破口大骂,并在中国历史上第一次提出了人本主义这个哲学概念。做大事要以人为本,战争的核心在于人。老百姓信任我们,不畏艰难,生死相随,这是我们战胜一切强敌的力量源泉。抛弃了他们,就等于抛弃了我们的灵魂。

正当刘备奢谈人本主义的理念时,曹操的追兵很快就在当阳长坂截住了刘备的人马。于是所有的奢谈都成了空谈,刘备的人本主义顿时成了本人主义,连自己的老婆甘夫人和儿子刘阿斗也顾不上了,扯上诸葛亮、张飞、赵云等数十人,跳上战马,飞也似的逃走了。

　　刘备一走，立刻群龙无首，那十万老百姓都成了曹军的刀下俎。登时长坂坡上演绎着东汉末年最为混乱、最惨不忍睹的一幕。十万老百姓，就像十万条惊恐四散的小鱼虾，任凭血口大张的鲨鱼无情地吞噬着。杀戮声，哀号声，求饶声，汇聚成一首骇人的地狱摄魂曲，久久回响在长坂坡的上空。数不清的辎重、粮草、战马，都成了曹操的战利品。

　　刘备的随军家属，也是损失惨重，死的死，逃的逃，老婆甘夫人和儿子刘阿斗下落不明，军师徐庶的老母亲也成了曹操的俘虏，做了人质，用来逼迫徐庶投降。徐庶是个大孝子，一听见老母亲被抓，立即变成无魂有体的稻草人。方寸大乱，竟然抛弃了刘备，恍恍惚惚地进了曹营，但又不愿意效劳于曹操，这就是身在曹营心在汉的由来。曹操虽得其身，却未得其心。徐庶在曹魏最后官只做到御史中丞（相当于副检察长），三国的一大天才就这样被曹操埋没了。这也是古代知识分子的一大悲哀。

　　长坂坡之战，不仅仅悲惨，更多的是悲壮。面对着数十倍于己的敌人，刘备的部下并没有贪生怕死，临阵畏缩，反而勇往直前，殊死抗争，涌现出了许许多多可歌可泣的大英雄。他们是那个时代的忠义象征，是那个年头典范性的人物，更是后人的楷模。这其中值得大书特书的是张飞和赵云两人。

　　这个张飞可是一个生猛斗士。他不但人长得帅，字写得漂亮，而且还有三大，力大如牛、胆大如斗、嗓大如雷。长坂坡大撤退，张飞负责断后。关羽抄水路先走一步了，老大哥刘备和军师诸葛亮能否安全脱离险境，张飞重任在肩。与曹操的追兵打打杀杀了一整天，手下死的死，伤的伤，只剩下二十个人了。

　　这二十人与排山倒海般的追兵相比，简直就是沧海一粟。曹操的追兵每人吐一口水，就能够把他们淹没了。要挡住追兵的前进步伐，连螳臂挡车都谈不上。换个寻常人，远远看见敌人黑压压的一大片追喊着杀过来，不吓得腿软，落荒而跑就谢天谢地了。

　　张飞却把一个猛男的形象完美地展现给世人。他率领着区区的二十个骑士，横矛马上，眼睛瞪得像铜铃，怒光迸射，就像一尊高大的雕像，屹立在流水断桥头。数不清的曹操追兵仿佛被施展定身术似的，无不瞠目结舌，动也不动地呆立在断桥的另一头。要是当时有一个油画家在现场，绝对错失不了这个机会，为世人描绘下一个富有诗意而且气势磅礴的震撼画面。

吾乃常山赵子龙也

但是张飞给世人的震撼不仅仅如此，只见他收腹紧胸，俄而爆出一声惊天狂吼：我是张益德，快过来一决生死！本来就接近窒息的空气瞬间被张飞的怒吼引爆了，如雷霆霹雳，震得曹操追兵心惊胆战，肝胆俱裂，不用说冲过桥去，后退都来不及了。罗贯中在《三国演义》中的描写更令人匪夷所思，说曹操率部与张飞对峙长坂桥时，身边有一个虎贲之士，他就是曹操亲信护卫夏侯杰，长得八面玲珑，威风凛凛，力大无穷。可是与张飞一比就小巫见大巫了。张飞只一吼，就吓得夏侯杰冠心病发作，摔死在马下。简直让人不可思议，叹为观止！这真是一夫当关，万夫莫开，曹操的追兵都被张飞堵在长坂桥头，让刘备、诸葛亮等安然而走。

可是甘夫人和刘禅仍然深陷敌军阵中，生死未卜。刘备年近半百，好不容易才生下这么一个儿子，绝不能再像以前那样，不是被敌军俘虏，就是在战争中失踪。于是虎将赵云不声不吭地离开了刘备，单身匹马，径直奔北而去。

有人向刘备打小报告，赵云变节投曹了。危难之刻，要信任最可爱的人。刘备相信赵云，胜过相信自己。他气愤地朝那人扔出手中的戟，胡说八道，子龙（赵云字子龙）老弟绝不会抛弃我的！

刘备话还没有说完，军中响起一阵欢呼声，只见赵云浑身挂彩，伤痕无数，完全变成一个血人出现在眼前，怀抱中是甜蜜酣睡的刘禅。赵云竟然从曹军的虎口之中夺回刘阿斗了！刘备当场泪奔，哽噎无语。只要看一看赵云，鲜血染红了全身的盔甲，这时候无论说什么话都是多余的。

信任给人力量，信任给人信念，信任让人重生。这恐怕就是为什么诸葛亮心甘情愿地跟随着刘备出山，死心踏地地效忠于他的缘故吧。

尽管是一路的狼狈南奔，但是诸葛亮并没有感到失败，也没有觉得自己跟错了主子。经过这么一场同生共死之后，诸葛亮信念更加坚定。刘备虽然输掉了战争，但是他赢得了人心。得人心者，最终得到天下。这是一条千古颠扑不破的真理，汉高祖刘邦是这样的，光武帝刘秀也是这样的。未来之路虽然崎岖艰难，但是必将是光辉灿烂的。

长坂坡之战以后，刘备的力量荡然无存，无论如何也抵挡不住曹操五千精骑的南进了。刘备和诸葛亮只好掉头向东，来到了汉水边，关羽的战船早已在此恭候多时了。溯着汉水没走多远，又碰到刘琦的万余人马。这真是不幸中的大幸，刘备总算有救了。于是一同继续溯流而下，终于抵达夏口。夏口再过去，就是三江口，那里已经是东吴孙权的地盘了。

把江陵扔给曹操吧，让你像魔鬼一样尽情地狂歌乱舞吧！诸葛亮轻轻地摇晃着手中的鹅毛扇，最糟糕的时候已经过去了，现在该轮到自己大显身手了。

3.东吴来的大外交家

追到了当阳长坂坡，眼看就要将刘备的势力一网打尽，可是万万没想到会再一次让煮熟的鸭子飞走了。曹操暴跳如雷，没有心情，也没有办法继续追下去了。刘备和诸葛亮是坐着战船顺流而下，在汉水江面疾走如飞。而自己是骑着战马，只能在陆地上跑来跑去。所以曹操就不追了，按照原定计划进军江陵，以实现对荆州的全部占领。

曹操一入江陵城，不禁喜出望外，早把失去活捉刘备和诸葛亮的遗憾抛到脑后。城内战略物资诸如粮草、军械、马匹、布帛等等，堆积如山，不可胜数。最让曹操惊喜的是缴获了数千艘战船，有了那些战船的装备，足以让曹操马背上的部队，变成一支所向披靡的水上雄师。征服东吴，这样的美梦曹操不知道做了多少年！站在高高的江陵城头上，眺望着浩渺的长江江面，曹操雄心再起。躲在夏口的刘备与雄踞江东的孙权相比，已经是无足轻重了。

这个孙权确实不简单，他的长相奇特，陈寿的《三国志》说他"形貌奇伟，骨体不恒"，虞溥的《江表传》说他"方颐大口，目有精光"，罗贯中的《三国演义》说他"紫髯碧眼"，还给他起了一个绰号叫"碧眼儿"，简直就是传说中的金毛狮王。而且孙权气度恢弘，仁慈好德。十九岁的那一年，哥哥孙策遭人暗算，于是振兴东吴的重任就落在这个年轻人身上。孙权的确也

孙权

不负众望，不断发扬父亲孙坚、哥哥孙策的优良传统，东吴日益昌盛，逐渐强大起来。无论是敌人还是朋友，都将孙权看作最有资格问鼎天下的一代英主。曹操提起孙权，更是赞不绝口，既嫉恨又羡慕，不禁发出了"生子当如孙仲谋"的感慨！而且江东富庶，物产丰盈，英才辈出，谋臣猛将，数不胜数。什么周瑜、黄盖、甘宁等等，什么鲁肃、诸葛瑾、张昭等等，随机抽出一个人都是安邦定国的奇才。再加上滚滚长江做天然屏障，所以曹操对孙权甚为忌惮。

为了消灭东吴，曹操煞费苦心。他让人专门在邺城铜雀台南挖了一个人工湖泊，叫作玄武池，用来训练水军。曹操坐在铜雀台上，远远望见自己的部下划着小舢板热火朝天地在玄武池内闹的起兴，就好像是端午节龙舟大赛，热闹非凡，乐得曹操傻呵呵地张大嘴巴，眯着眼睛，笑个不停。可是登上江陵城楼之后，望着波涛汹涌、滚滚而过的长江水，曹操这才傻了眼，原来玄武池里的一切训练，只是小儿科而已。曹操紧皱眉头，急得像热锅上的蚂蚁在江陵城楼上团团转。

而此时，顺着长江东下一千余里的柴桑城内，碧眼儿孙权比曹操更急。孙权刚刚西征江夏，把杀父仇人黄祖的头颅割下后挂在枪杆子上，进一步巩固了东吴政权。但是曹操不是黄祖，这只大魔头可以说扫荡天下无敌手，走到哪里，哪里就遭殃。幽州、青州、冀州、兖州、徐州，大汉帝国的大片河山惨遭荼毒。现在曹操又像一条毒蛇，盘踞在荆州，并企图把毒辣辣的舌焰伸到东吴去。

所以孙权一得到曹操即将南侵荆州的情报，就派遣大外交家鲁肃前往襄阳城，借口吊唁荆州牧刘表，慰问刘琮、刘琦，以摸清荆襄的底细。

这个鲁肃堪称东吴版的诸葛亮。早年遭遇也是很悲惨的，一生下来父亲就死去了，只得跟祖母相依为命。幸亏家境富裕，也算得上一个大财主了。但那时候天下大乱，谁家的财产越多，谁就越危险。鲁肃为了防身，不断地学习武术，精通骑射。鲁肃不但武功高强，而且生性豪爽。他从来就把钱财看作身外之物，不但不懂得聚财、理财，反而散尽家产，甚至变卖田宅，仗义疏财，扶危救困，颇有点梁山好汉的韵味，跟水泊梁山的领袖天魁星、及时雨宋江有的一比，由是声名大噪，远近闻名，为人所仰慕，成了一个大豪杰。

一次，有个居巢县长叫周瑜，是扬州大军阀袁术的部下，可能是因为当时江淮出现了大灾荒，大家都没得吃。听说鲁肃性好施行，于是周瑜带领了几百人，

玄武池练兵

浩浩荡荡地北上鲁肃的老家临淮（今天安徽定远），乞讨吃的。鲁肃家里屯有两大仓库米，每一仓库都有三千斛（合三十六万斤），鲁肃的富足可见一斑。但是鲁肃很大方，指着白花花的大米对周瑜说，两仓库的大米，周县长随便搬走一仓库吧。

吓得周瑜一大跳，平生从未见过有这么慷慨的人！立即和鲁肃成了莫逆之交。

袁术也听到了鲁肃的大名，马上封他为县长。可是鲁肃鄙视袁术的为人，对此嗤之以鼻。于是携老带幼，还有上百少侠无赖，跑到居巢去找周瑜。周瑜要东渡长江去投靠江东小霸王孙策，英雄惜英雄，就拉上鲁肃，同去吧。

同去就同去，过了长江，见了孙策，孙策也是对鲁肃赞不绝口，先把他安顿在曲阿（今天江苏丹阳），准备委以重任。可是碰巧鲁肃的祖母在老家病逝了，鲁肃只好依依不舍地回家料理丧事去了。

一回到老家，鲁肃就碰到了好朋友刘子扬。刘子扬告诉鲁肃，现在天下一片大乱，英雄无不择主而居。巢湖的郑宝，拥众万余，是个大英雄。你快去投靠吧！

鲁肃葬完祖母，回到曲阿，当他匆匆忙忙卷起铺盖，准备过江去巢湖投靠郑宝的时候，周瑜出来劝阻了。这时候孙策死了，十八岁的弟弟孙权继位。周瑜爱惜鲁肃的非凡才干，要将他推荐给孙权，于是把鲁肃的老母亲"绑架"到东吴。

周瑜引用东汉名将马援跟光武帝刘秀的对话，劝说鲁肃。如今的时代，不单单主子可以炒了奴才的鱿鱼，奴才也可以炒了主子的鱿鱼。周某看到前人的一本书，说东南必出一个英主，取代刘氏。当今主上年轻有为，气度恢弘，正应了书上所说的。郑宝顶多只是一个流寇而已，你何必把刘子扬的话当真？

于是鲁肃决定去见孙权。初一见面，就难分难舍。孙权没跟鲁肃说上几句话，就拍案叫绝，东吴需要的正是这样的大才！鲁肃也是激动不已，俗话说良禽择木而栖，我这只野凤凰飞来飞去，终于找到了可以栖息的鸟巢了。

两人一见钟情，话说得没完没了。感情之深，一点儿也不亚于刘备与诸葛亮的鱼水之情。孙权把所有的人都支走，单独与鲁肃同榻共饮。这就是三国历史上著名的榻上对，绝对可以跟诸葛亮的草庐对相媲美。

4.联吴抗曹

大凡英雄所见略同。无论是鲁肃还是诸葛亮,都把荆州看作称霸天下的最主要支点。

鲁肃就像一个耐心的长者,在坐榻上谆谆教导虚心求教的孙权。他首先提出了两个"不可能"的先见性预测,第一个不可能,大汉帝国的灭亡是必然的,复兴是不可能的。第二个不可能,各路诸侯之中,曹操的力量超强,一下子将曹操打倒绝对是不可能的。

然后鲁肃给孙权设计了一个取天下的方案。立足江东,坐观其变。中原纷争,必定生变。一旦生变,先取江夏的黄祖,再灭荆州的刘表,完全将长江收归囊中。一旦条件成熟,就可以称帝图天下。这也是汉高祖刘邦争天下的策略啊!

听得孙权瞠目结舌,这个鲁肃的野心实在是太大了。年轻的孙权显然对自己的实力信心不足,尴尬地朝着鲁肃摇了摇头,做皇帝的事太遥远了。目前只想怎么好好地尽心尽力,扶起摇摇欲坠的大汉帝国。

鲁肃的激进主张在东吴备受抵制,保守派代表张昭(当时已45岁)甚至诋毁鲁肃(当时才29岁)嘴上没毛,办事不牢。孙权反而更加倚重鲁肃。

张 昭

随后曹操南攻,刘表一命呜呼,荆州的形势一下子变得更加严峻了。东吴与荆州唇亡齿寒,一旦荆州失陷,东吴势必不保。

忧心忡忡的鲁肃再次郑重地告诉孙权,荆州与东吴紧紧相连,汉水从北到南,纵贯全境,长江从西到东,蜿蜒护卫。境内多丘陵山地,易守难攻,固若金汤。又良田万顷,物产丰盈,谁占据了荆州,谁就有资本去问鼎天下。如今刘表尸骨未寒,两个儿子就同室操戈。荆州旧属,各怀鬼胎,同床异梦。刘备,一代枭雄,跟曹操结下梁子,所以逃到荆州去。但是刘表嫉妒其能,排挤不用。请主公准许鲁肃去荆州走一遭，借吊唁之名，去跟荆州旧部结好。同时劝说刘备，招抚刘表部众，同心同德，共抗曹贼。如果此行顺利，东吴无忧，天下可定也。要是稍稍晚了一步，被曹操所乘，那就坏了大事了。

孙权二话没说，当即拍板，行！

谁也没有想到，孙权一句话，就改变了历史的进程，开启了一个新的时代。

鲁肃从柴桑出发，走到了荆州的夏口，就听到曹操的大军已经南下的消息。鲁肃心中一急，不分昼夜，只要有星星、有月亮，就赶路。等他火急火燎地赶到江陵时，传来噩耗，刘琮已经投降曹操，刘备弃樊城而走。

眼见所有的希望都要落空，急得鲁肃就要哭起来，又从江陵直奔荆襄而去。刘备和诸葛亮往南逃，鲁肃往北走，终于在当阳长坂坡相遇了。这是三国历史上最为重要的一次会面，这是扭转时局的一次会面。

在与刘备、诸葛亮的会谈之中，鲁肃表现出高超的谈判艺术。客客气气地问候之后，鲁肃首先从双方共同兴趣的话题——国家大事谈起。

果然一谈起国家大事，双方就非常投机。突然间鲁肃话锋一转，问道，刘皇叔要往哪里去？

刘备是绝对不会随随便便投靠一位后生小辈的，所以东吴孙权不是他未来的选项，甚至连之一也不是。

刘备回答说，苍梧太守吴巨是自己的好朋友，准备去投靠他。

鲁肃听了吓了一大跳，苍梧（今天广西梧州）远在天边，再过去就是交州了。难道刘备终生之世不想回中原了？

话说到这里，鲁肃便挑明来意。刘皇叔啊，苍梧那么遥远偏僻，走一趟都要好几个月。如今的苍梧太守名字虽然叫吴巨，却不是一个巨人，而是一个有勇无谋的凡人，早晚都会成了他人的刀下鬼，难道那时候刘皇叔又要逃到蛮荒之地——交州（今天的越南北部）去了？（三年之后，吴巨被孙权派去的交州刺史步骘诱杀，足见鲁肃的先见之明。）

鲁肃一席话说得刘备哑口无言。传说交州那边生存的都是野蛮人，他们浑身长毛，脚骨没有关节，两只脚是左右交叉的，走路时也是交叉着双脚，所以称为交趾人。万一跌倒了，得靠他人扶着起身，而且无论男女都在同一条河里洗澡。想一想这些，刘备就有点恶心。可是从河北涿郡，一直被曹操赶到这里，几乎没有藏身之地。除了苍梧,还有什么地方可去呢?

鲁肃一下子读懂了刘备的心思,劝道,我家主公孙讨虏将军,兵多将广,堪称一代英豪。刘皇叔何不派个心腹过去,结好于东吴,共创美好明天。

刘备一听,有理!连忙把军师诸葛亮介绍给鲁肃。鲁肃早已听说过诸葛亮的大名,两人还没有握手,鲁肃就发起柔情攻势,我是子瑜老兄的好友啊!子瑜就是诸葛亮的哥哥诸葛瑾,如今在东吴已混到长史(相当于秘书长)的官了。

诸葛瑾

联吴抗曹本来就是诸葛亮草庐对的核心重点之一。联合抗曹,现在成了诸葛亮与鲁肃的交集,两人不谋而合,陌生人变成老熟人,四只大手紧紧地相握在一起。

既然都是老熟人了,那还有什么事不能谈的?孙刘合作,遂成定局。

于是刘备听从鲁肃的话,决定从夏口再东退一点,撤到鄂县的樊口。樊口的隔壁,就是江夏了。退到樊口,对刘备来说非常划算。既保住了尊严,毕竟还在荆州境内,不算寄人篱下;又保证了安全,樊口过去几步就是东吴了。一旦刘备有难,孙权的援军眨眼之间就来了。

刘备和诸葛亮在樊口没待几天,前方谣传,曹操就要从江陵率军杀过来了。诸葛亮兴奋不已,自己的草庐对终于到了付诸行动的时刻了。

诸葛亮紧张兮兮地对刘备说,如今已到了生死存亡的危难之际,赶紧任命我为全权特使,让我去东吴请来救兵吧!

5. "碧眼儿"孙权的纠结

诸葛亮一到柴桑,立即在东吴刮起了一阵旋风。孙权对这么一个传说中的卧龙,也是备感兴趣。可是让孙权很不快的是,一见面诸葛亮就给孙权一个下马威。原来诸葛亮为了掌握谈判的主动权，狠狠地忽悠了一把孙权。

尽管孙权只比诸葛亮小一岁，但在诸葛亮眼中，孙权俨然是一个年稚的小弟弟。在跟孙权的谈判过程中，诸葛亮牢牢地占据了心理制高点。

对刘备和诸葛亮来说，这一次来东吴，就是有求于人。刘备对孙权的需要，完全超过了孙权对刘备的需要。刘备离开了孙权，立即就会被曹操吞吃掉。而孙权没有了刘备，依旧可以凭借长江天险决一死战。但是谈判的基础必须做到平等，如此才能达到双赢的结局。

可是刘备的实力自长坂坡惨败之后，还不够一个营的兵力（鲁肃说过，豫州之众不当一校）。就是说加上荆州刘琦的部下，也只有一万多人。对东吴来说，这么丁点儿微弱的兵力，就是给自己当运输队也不够，更别提组成同盟军，一起并肩作战了。

力量相差悬殊，如何做到平等呢？

诸葛亮就是诸葛亮，他深知，谈判的最高境界是避免谈判，而避免谈判的最好办法就是给对手一个强大的威慑力。可是刘备就那么点兵力，如何威慑得了孙权？

诸葛亮是有办法的。他手中握有一张王牌，刘备有皇叔之尊。

所以谈判一开始，诸葛亮就避免暴露自己的虚弱，而是竭力抬高刘备的地位，对孙权施加道义上的威慑力。

诸葛亮侃侃而谈，如今天下大乱，孙将军起兵于江东，刘皇叔也在荆州号召正义之士，一同与曹操争夺天下。不是刘皇叔无能，是曹操太狡猾。并吞群雄之后，大破荆州，海内震惊。刘皇叔是英雄无用武之地，所以跑到樊口去。请孙将军好自为之，如果认为凭着自己的实力可以跟曹操一决雌雄，那就和曹操早早一刀两断。如果认为自己根本就打不过曹操，干脆缴械投降算了。可是自我来江东之后，就看到孙将军表面上顺从，暗地里却犹豫不决。当断不断，其后自乱啊！

诸葛亮刻意地抬高自己，贬低对手，这是一种很高超的谈判艺术，叫作激将法，堪称教科书式的经典案例。俗话说得好，劝将不如激将。所谓的激将，就是根据对方争强好胜的性格特征，打压他的自尊心，激起对方的逆反心理，从而收到不同寻常的说服效果。

果然,孙权一听到"投降"两个字,心里就不悦,没好气地反驳,照诸葛先生这么说,为什么刘备不投降?

这句话不说倒好,一说就完全暴露了自己的心态,落入了诸葛亮预设的陷阱之中。

诸葛亮再次狠狠地刺了孙权一下,连齐国的壮士田横都懂得头可断,血可流,但是气节不可失!更何况刘皇叔身为皇室贵胄,盖世英才,如浩瀚大海,江河所注。他的人生字典里从来只有抗争,别无选择。如果抗争失败,只能说天意如此!

太伤人自尊心了!气得孙权就要呕血。可是诸葛亮毕竟是贵宾,孙权一直宣称自己是一个豁达大度之人,肚子里不但可以撑船,甚至还可以航行一支庞大的舰队。所以孙权当着诸葛亮的面,不便发火,而是把气撒在曹操身上。孙权首先把曹贼大骂一通,然后向诸葛亮严正表决心:我决不会让东吴的老百姓和十万大军,成为他人随意操纵的一颗棋子!这就是我的决心!

这些话是孙权说给诸葛亮听的,可他的心里对刘备还是不信任。孙权半信半疑地问诸葛亮,你说只有刘皇叔才能够抵挡住曹操,但你们刚刚遭到曹操的重创,还有战斗力吗?

诸葛亮心里很清楚,孙刘能不能合作成功,关键就看自己如何打消孙权心中的这么一个疑问了。

双方话说到这里,就等于进入了协商合作的话题。于是诸葛亮把他最擅长的说话艺术,发挥得淋漓尽致。当时刘备三顾茅庐,诸葛亮就凭着三寸不烂之舌,让刘备佩服得五体投地。今天,诸葛亮将再次征服孙权!

诸葛亮说道,刘皇叔虽有长坂坡之败,但是只伤皮毛,未伤筋骨。留下来的队伍连同关羽的精锐水师,超过一万人,更何况在江夏还有刘琦的近万名战士。这些都是久经战斗的精锐和勇猛的生力军。曹操虽然兵力众多,貌似很强大,然而仔细分析,曹操的大军存在着三个致命的弱点。

首先,曹操的大军是一支疲劳之师。从数千里之外的北方大老远而来,长途奔袭,早已疲惫不堪。为了追赶刘皇叔,更是进行了高强度的急行军,一昼夜要奔跑三百余里。体力早已严重透支,战斗力大幅下降。

其次,曹操的大军是一支陌生之师。曹操的精锐部队当数青州兵,要是骑在马背上，倒是一支令人生畏的队伍。可那些北方人全都是旱鸭子，一下水就会被呛得死去活来，更不用说打仗了。

最后，曹操的大军是一支离心之师。荆州的老百姓归附曹操，只是迫于形势而已。蔡瑁、张允投降之后跟曹操的嫡系将领根本就尿不到同一个壶里去。战事一起，必然分崩离析。

诸葛亮分析了曹操的弱点之后，给曹操下了一个定义。看似勇猛的曹操，其实就是一只纸老虎。只要孙权与刘备同心协力，打败这只纸老虎绝对没有问题。

当然对孙权最有诱惑力的还是战胜曹操之后的光明前景。曹操一败，必然退回老巢。如此荆州留下的真空就由孙权和刘备一同来填补。如此一来，三足鼎立的局面必定形成。

诸葛亮说得口沫横飞，慷慨激昂地大呼一声，成败尽在今日一举！孙权也是听得如痴如醉，不知不觉地被诸葛亮彻底征服了。孙权也大吼一声，誓与刘皇叔联手，共抗曹贼！

诸葛亮露出狡黠的笑容，这是我俘获的第二个当世豪杰！可惜无法接近曹操，不然照样把他说得心服口服！

诸葛亮说服了孙权，并不等于孙刘联盟正式形成。孙权还得说服他的臣僚，只有统一了思想，步调才能够一致。

6.为周公瑾正名

碰巧这时候，曹操给孙权送去了一封书信。说是书信，其实只有短短的三十个字：近者奉辞伐罪，旄麾南指，刘琮束手。今治水军八十万众，方与将军会猎于吴。

但是这三十个字的威力，一点也不亚于往东吴扔下三十颗原子弹。

曹操的短信翻译成白话文就是说，最近我遵照皇帝的旨意，镇压那些不法分子。到了荆州，刘琮自绑双手纳降了。我闲着无聊，带来了八十万水师，想邀请孙将军一同在东吴打猎。

字里行间，杀气毕露。看得孙权心惊胆战，心旌开始摇晃。于是急匆匆地招来了所有人，把曹操的书信给他们看看。

文有鲁肃武有周瑜

不看则已，一看就像一颗深水炸弹，把那些大臣们的心炸得四处迸裂，立即形成了泾渭分明的两大阵营。一个是以张昭、秦松为首的主和派，另一个是以鲁肃、黄盖、程普为首的主战派。

以张昭为首的主和派被曹操的书信吓得颤抖不已。他们认为，曹操就是一只凶残的饿虎。绑架了汉献帝，动不动就用这个法宝来号令天下。跟曹操过不去，就是跟朝廷过不去，东吴有这个资本吗？不错，东吴可以凭借长江天险，无所畏惧。可是如今刘表苦心经营的水师，还有数千艘战船，都成为曹操的私有财产。如果曹操水陆并下，长江防线不战自溃。与其葬身长江，不如早早投降算了！

主和派声势浩大，咄咄逼人，压制得鲁肃等人气都喘不过来。孙权也是听得心中憋闷，一阵尿急。鲁肃这才找到了机会，一直追到卫生间门外。

这当头鲁肃追过来，决不是要跟自己一同去放松的。孙权紧紧握住鲁肃的双手，你要说什么话？

鲁肃说，张昭可以降，鲁肃也可以降，总之一句话，谁都可以降，唯独主公不可降。

孙权奇了，这是为何？

鲁肃回答，我投降曹操之后，凭着肚子里的墨水，照样可以混个高官做做。什么太守、郡守、刺史，都不在话下。可主公投降了之后，要去哪里呢？混得好，像刘琮，封个侯爵，被弄到青州去做刺史。混得不好，像吕布那样，身首异处。主公要自个儿拿主意啊！

听得孙权尿意全无，长声感叹道，世界上最可靠的人还是自己。张昭等人目光短浅，只顾着自己的幸福，太让我失望了。只有你目标远大，才是真正的知己啊！

鲁肃提醒了一下，不要忘记，东吴还有个周公瑾呢！

这个周公瑾就是鲁肃的挚友周瑜，他比鲁肃小三岁，跟孙权的哥哥孙策同龄。他官居中护军（最高军事长官），与长史张昭分庭抗礼，一文一武，共掌大事。此时周瑜正在鄱阳湖训练水军，只有将他叫回来，才能够狠狠地压住以张昭为首的主和派。

有关周瑜的形象，史书与小说说法不一。在陈寿的《三国志》中，周瑜不但长得帅气,雅量高致,更是精通军事,晓畅音律,堪称一个完人。但在罗贯中的《三国演义》中,周瑜完全变成一个"小肚鸡肠、气量狭小、忌贤妒能"的小人。他多次想方设法加害诸葛亮,机关算尽太聪明,最后反而被诸葛亮气死。

为什么罗贯中要如此抹黑周瑜呢?如今流行着一种说法,说是记载周瑜的族谱——《锡山周氏大统宗谱》揭露了罗贯中肆意贬损周瑜的缘由。根据周氏族谱记载,周瑜有两个儿子:周循、周胤。周循是孙权的驸马爷,可是死得早。周胤却很无知,冒犯了孙权。孙权一气之下,将他贬到庐陵郡(今江西吉安)去。周胤由是穷困潦倒,连日子也没法过了。幸亏当地一个姓罗的财主可怜他是一代名将周瑜的后人,收为女婿,周胤这才过上好日子。从此周氏子孙与罗氏子孙,世世代代和好下去。

可是传到了元末明初,再也无法和好下去了。周氏出了个周叙,罗氏出了个罗贯中。这个周叙博学多才,只参加一次科考,便金榜题名。而罗贯中屡考屡败,考到最后,完全丧失信心,干脆弃学从商,跟着老爹,跑到山西去贩盐。那时候跟现在一样,人们都喜欢看有关三国的戏曲,而且大都以刘备为正统。爱屋及乌,诸葛亮也受到非常狂热的崇拜。所以唱戏的人移花接木,把三国时期其他人的事都搬到诸葛亮身上来。罗贯中很嫉妒周叙的功名,于是在《三国演义》里胡扯一通,把周叙的老祖宗周瑜骂得狗血喷头,以求得心理的平衡,达到自慰的快感。

这么说来,心胸狭隘的就不是周瑜其人,而是罗贯中本人了。可是此说是否属实?答案是否定的。

罗贯中的生平虽然不详,但是学者们已经大致推算出了罗贯中的生卒时间。大文学家鲁迅定罗贯中生活年代为约1330年至1400年,郑振铎定为约1328年至1398年,今人也推断出罗贯中的生卒年大约在1310年至1385年之间。各家的罗贯中卒年,均不超过建文帝二年(公元1400)。

你周瑜有族谱,我罗贯中照样有族谱。有学者根据山西祁县河湾《罗氏族谱》的记载,断定罗贯中死于永乐十年(公元1412)之前。而周瑜的第三十八代孙周叙,考取功名,在永乐十二年,考中江西乡试第十一名举人。四年之后才中会试第二名,殿试二甲第一名。这时候罗贯中作古最少十年以上了,《三国演义》早已成书,甚至有人断定《三国演义》成书于元泰定三年(公元1326)前后。

这么一来，罗贯中因嫉妒周叙、恶搞周瑜之说，就乱了时间轴，很成问题。假如罗贯中泉下有知，定会大声叫屈，为什么受伤的总是我？

但不管怎么说，历史上真正的周瑜是一个很伟大的人物。他从鄱阳湖一回到柴桑，纷纷扰扰的和战之争立即见分晓，尘埃落定了。

7.组成孙刘盟军

周瑜的见识与诸葛亮不相上下，诸葛亮把曹操定义为一只纸老虎，周瑜更加激进，在孙权和主战派的期待面前，在主和派的冷眼之下，直截了当地戳穿了曹操的本质，一只披着羊皮的恶狼。曹操头上戴着大汉帝国丞相的官帽，实际上却是一个居心叵测的汉贼。

周瑜进一步指出，孙权神武英明，盖世无双，割据江东，精兵十万，拥地千里。早就该直捣曹贼的老巢，为大汉帝国除暴锄奸。朋友来了有好酒款待，豺狼来了那就抢起棍棒伺候。曹贼不识好歹，自个儿送上门来找死，那还对他客气什么呢？

诸葛亮指出曹操有三个致命的弱点，周瑜也点出了曹操犯了三个兵家大忌。第一，曹操后方不稳。北方并未完全平定，大西北的马超、韩遂随时都有可能在背后捅他一刀。第二，曹操扬短避长。好好的战马不骑，非得把那些不识水性的旱鸭子全都赶下水去。第三，曹操水土不服。北方人千里迢迢而来，不习水土，必然生病。更何况如今正值寒冬，草料匮乏，那些战马吃都没得吃。

说到最后，周瑜斗志昂扬，慷慨陈词，活捉曹贼，就在今天！恳请主公给周瑜数万精兵，挺进夏口，不破曹操，誓不回江东！

周瑜的话帮孙权下了最后的决心，孙权怒吼道，曹贼早就图谋篡位，只是忌惮吕布、袁绍、袁术、刘表，还有我，才不敢轻举妄动！他们如今一个个赴黄泉去了，只剩下我一人了。我与老贼势不两立，有我没他，有他没我！

紧接着，孙权抽出宝刀，众人只见眼前闪过一道寒光，咣的一声，孙权跟前的桌子立即没了一个角。孙权当着众人的面发誓道，谁再敢说出投降二字，这张桌子就是他的下场！

顷刻之间，冰火两重天，主战派欢呼雀跃，主和派鸦雀无声。

当夜,周瑜再去见孙权,为孙权消除了最后的一丝恐惧。曹操来信谎称有水陆军八十万,其实远远没有这么多。这是曹操惯用的心理战伎俩,只会吓坏那些胆小如鼠的草包!

曹操的实力到底如何?周瑜细细地算了一下,曹操本来的力量只有十五六万,连年征战,都已经身心俱疲。荆州的降兵最多不超过七八万,这个数字还是有水分的。这么一来,曹操的嫡系部队疲惫不堪,杂牌部队军心狐疑,加起来就成了一盘散沙,除了数量可怕之外,并不能给我们带来任何麻烦。只要给我五万精兵,一定会杀得曹操片甲不留!

几句话说得孙权泪流满面,他轻轻地抚摸着周瑜的肩背,那个动作,比周瑜的老婆——大美女小乔更要温馨、更轻柔百倍。公瑾真是个好同志!张昭、秦松只顾着自己的老婆,令人大失所望!只有公瑾和鲁肃跟我站在同一战线上,这是老天爷对我最大的眷顾!五万大军一时难以凑齐,但已经挑选出三万精兵,战船、兵器、粮食,一应俱备,就交给你、鲁肃和程普了。我多运些粮草,随后便到。碰到曹贼,你们就大胆地往前冲吧!要是战事不顺,那赶紧回头,到我这边来。让我跟曹贼决一生死!

于是,东吴的作战指挥部迅速建立起来。周瑜、程普为左右都督(正副统帅),鲁肃为赞军校尉(参谋总长)。

孙权这边磨刀霍霍,准备把利刃劈向曹操的脑袋时,刘备在樊口却整天寝食不安、紧张兮兮的。在江陵的曹操把口号喊得震天响,要一脚踏平东吴。柴桑那一头又疯传孙权让张昭做诸葛亮的思想工作,准备把他挖走。

刘备再也无法淡定下去了,虽然诸葛亮的人品没的说,可是凡事都有万一。万一诸葛亮受不住糖衣炮弹的猛轰,或者孙权劫持了诸葛亮,那天就塌了。什么事都别想干了,恐怕只好重操旧业,回老家去卖草鞋了。于是刘备没日没夜地派人守候在东边的江面上,盼望着东吴援军的到来,盼望着诸葛亮的归来。

终于在一天的清晨,长江东方的尽头出现了数不清的黑点,正缓缓地朝樊口而来。

侦探报告,孙权的援军终于来了,军师诸葛亮也搭着顺风船一道回家了。刘备欣喜若狂,连忙派人扛着猪肉,带上美酒,去向周瑜献殷勤。可是周瑜不懂得刘备的心,竟然却之不受。

太伤感情了！于是刘备坐着孤舟，亲自去见周瑜。一是为了接诸葛亮回家，二是为了打探周瑜的实力。

结果一打听，周瑜的部队只有三万人。着实吓了刘备一大跳，曹操可是八十万大军，简直就是天悬地隔，三万人就是给曹操当箭靶子也不够啊！经历过太多的失败，刘备再也无法忍受新的惨败！但是周瑜却信心爆棚，三万人不是太少，而是太多了。你只要安心坐在家里，看我怎么把曹军杀得七零八落！

这时候一个问题来了。本来说好刘备跟孙权组成盟军，共同对付曹操。现在周瑜却要刘备乖乖地待在家里，难道周瑜瞧不起刘备的实力，要抛开刘备单干？如此一来，叫人情何以堪？

眼见着周瑜的三万大军搭乘数百只战船浩浩荡荡地西上了，刘备和诸葛亮再也坐不住了。如果再不有所动作，无论周瑜胜负，自己都将成为后人消遣的骂料。如果周瑜战胜，功劳都是东吴的，战后自己就无脸去分得一杯羹。如果周瑜战败，那自己得承担协作不力的罪责。

可是要与周瑜肩并肩，去跟曹操死磕，刘备和诸葛亮是心有余而力不足。虽说诸葛亮在孙权面前把胸脯拍得噼啪响，好像世界上只有刘备才抵挡得住曹操，但是谁都清楚，那只不过是诸葛亮的外交辞令而已。刘备的部队自当阳长坂坡大败之后，不但所剩无几，两千人左右，而且都成了惊弓之鸟。刘琦的万余荆州旧部，虽说是一支生力军，但是战斗力不强。刘备和诸葛亮唯一拿得出手的就是关羽的近万名水军了，可是跟周瑜的水军一比，又不在同一个档次上。如果盲目地投入战斗，万一曹操避实击虚，先对关羽的水师下手，不拖累周瑜才怪呢！

巧妇难为无米之炊，诸葛亮跟周瑜和鲁肃商量了一下，双方决定，周瑜的三万水军为第一梯队，也就是主攻部队。刘备、刘琦的二万人为第二梯队，也就是助攻部队。孙权的后续队伍为第三梯队，也就是预备队。如此一来，刘备和诸葛亮既不失同盟军的职责，又因承担相对比较轻松的战斗任务，不会损失过大。

周瑜和鲁肃很大方，抗击曹操的侵犯，保卫东吴的安宁，那是自己无法推卸的责任，他们本来就不对刘备和诸葛亮寄予太大的希望，即使没有他们配合，东吴也得顽强地打下去。

第四章 | 巧借东风

细节决定成败

万事俱备，只欠东风

足球是圆的，没有不可能的事

刘皇叔趁火打劫

反刘义士刘巴和矮冬瓜张松

二婚男刘备

壮志难酬的周公瑾

凤雏长出羽毛了

1.细节决定成败

建安十三年(公元 208)十月,长江水面登时沸腾起来,数不清的战船像纵横驰骋的战马,往来穿梭,热闹非凡,令人震撼的赤壁大战终于打响了。

但是赤壁大战绝不仅限于长江江面的一小段区域,它是曹操与孙权、刘备的全面战争。双方的军队倾巢而出,总人数超过三十万人,东起大海、西至三峡,在长达两千多里的战线上同时打响了,战火燃遍了长江和淮河两大流域。规模之大,地域之广,堪比第三次解放战争中的淮海大战。

曹操的兵力部署是这样的:

分两路直攻夏口,一路从襄阳出发,沿着汉水直奔夏口。主要的部队有荆州降将江夏太守文聘率领的荆州降兵,还有曹操的嫡系步兵七个军,军长分别为:于禁、张辽、张郃、朱灵、乐进、路招、冯楷。曹操的大本营走另一路,从江陵出发,顺着长江直下夏口。主要是荆州降将张允率领的荆州水军,还有徐晃、任峻统领的曹操嫡系水军。这一路是曹操的精锐所在,还特意任命蔡瑁(诸葛亮的妻舅)为水军先锋,名将满宠为步兵先锋。在未来的交战中,蔡瑁、满宠将是插进孙权心脏的两把尖刀。

曹洪守襄阳、曹仁守江陵,担任进攻东吴的总预备队。

崔琰、毛玠、司马朗(冢虎司马懿的哥哥)守邺城。这是曹操的大后方,马虎不得。

荀彧、夏侯惇守许都。可怜的汉献帝就住在许都城中,这是大汉帝国的首都啊!

除了主战场长江之外,曹操也从各个地方发起了牵制性的进攻:臧霸由淮阴进攻广陵、陈登由历阳进攻当阳、李典由合肥进攻庐江、李通由汝南进攻信阳。

面对着曹操的全方位进攻,孙刘联军也各自摆下阵势,积极应战。兵来将挡,水来土掩。

周瑜、程普、鲁肃率领黄盖、凌统、孙匡、甘宁、韩当、吕蒙、周泰、陆逊、潘璋等将领逆流而上,迎战曹操。关羽的近万名水军驻扎在夏口、汉阳;张飞、赵云的两千步兵躲藏在鲁山以南的深山密林中;刘琦西守应城、应山,北扼住平靖、武胜、大胜三关，不放李通的士卒过去一人，确保联军侧翼的安全。刘备和诸葛亮就待在樊口静候佳音。

孙权派出顾雍、孙静守广陵挡住臧霸，张昭、严峻守当阳、横江挡住陈登，诸葛瑾守庐江挡住陈登。孙权和朱桓则坐镇柴桑，运筹帷幄。

双方的架势都挺吓人的，顿时剑拔弩张，恶战一触即发。

惨烈的战斗首先是在赤壁江中开始的。曹操的船队从江陵顺流而下，周瑜的船队也不甘落后，纷纷鼓足干劲力争上游，结果双方前哨船只在江中赤壁山附近邂逅了。打水战是周瑜的拿手好戏，所以曹操的水军（主要是荆州水军）一触即溃。

第一炮就打歪了。曹军人心惶惶，就像沉船上的老鼠，一望见东吴战船上高高飘扬的"周"字旗帜，那些北方来的士卒就纷纷抱头躲避到船舱之中。曹操也被吓坏了，这才意识到他的部队虽然为数众多，却都是不识水性的旱鸭子，根本就不是周瑜的对手。再加上军中各种流行病横行，一个个走路摇摇晃晃的，整天呕吐、发烧、拉稀，都成了痛苦呻吟的病号。这真是正如周瑜所料，曹军不习水土，必然生病。

至于是什么病，根据病理学的研究，最可能的有三种：急性血吸虫病、疟疾、斑疹伤寒。当时的卫生条件那么差，军营又是人口高度密集的场所，随便打一个喷嚏，就会感染一大批人。

曹操整日也是愁眉苦脸，士兵们都病歪歪的连站也站不稳，还打什么鸟仗？于是曹操干脆下令在乌林（今湖北洪湖境内）岸边结下水陆大寨，驻扎下来，休养几个月，过冬之后，等明年春暖花开时，再跟周瑜决战。从襄阳出发沿着汉水南攻夏口的七个军，走到半路也都弃船登岸，全部集结在乌林一带。乌林陡峭而狭小的江岸，顿时成了一个庞大的兵营。二十多万人马拥挤在一起，相当于突然间冒出了一个小城镇，吃喝拉撒睡都成问题了。

幸亏曹操本来就是个治军的行家，这些难不倒他。只见挥手之间，一座座坚固的木寨在岸边、在水中突兀而起。夜里更是灯火通明，在城寨的最高处，美妙的歌声缭绕，那是曹操召集众人踏歌而饮，日子过得好不惬意。

但是曹操是来打仗的，不是来混日子的。一看那些北方的士兵登上战船就吓得脸色苍白，曹操就忧心如焚，满面愁云。

　　这时候有人给曹操出了一个主意,用铁链把所有的战船都接起来,然后在上面铺上木板,如此一来岂不成了一马平川?就是跑马溜达也没有问题,更别说军队操练了。

　　曹操大腿一拍,兴奋不已,这真是一个无比绝妙的创意。于是经过了铁匠们数日的叮叮当当,只见乌林江面上,一个个海上巨无霸横空出世。这也许就是现代航母的雏形吧!那些青州兵骑着战马,趾高气扬地吆喝着、漫步着,又找到了在陆地上不可一世的感觉。

　　曹操也是憧憬无限,统率这么一支无敌舰队顺流漂下,必能将孙权、周瑜、鲁肃等一干人吓得屁滚尿流,不战自溃。他一边得意洋洋地盯着自己的杰作,一边引吭高歌,将他的作诗才华发挥得淋漓尽致,仿佛全国的统一大业就在眼前,触手可及。

　　但是精明的曹操忽略了一个细节,而这个细节将决定曹操二十多万大军的命运。

　　根据在赤壁考古挖掘出来的许多铁钩、铜钩,可以知道当时曹操为了让北方的士兵能够在波涛汹涌的江面上如履平地,命人将战船用铁链相连。那个时候还处在青铜器时代的末期,全国的铁器产量有限,铁器的使用也不是那么普遍。要将数千条战船全都用铁链或者铜链紧密相连,耗费的铜铁数量是相当惊人的,当在数万吨之上,相当于一个小型铜铁矿的年产量。在短短两三个月的时间里,还要将它锻打成链条和钩子,这样的劳动量是相当惊人的,除非曹操号召全军将士在长江岸边,竖起火炉,大炼钢铁。

　　既然铜铁不足,那曹船该怎么连接呢?周瑜的部将黄盖说过,"操军方连船舰,首尾相接",这是黄盖窥探过曹军的营寨,亲眼所见,当属可信。可见曹军是将十几条甚至几十条战船首尾纵

黄　盖

向连接,结合处用铜铁钩勾住,便于拆合,就像一串一串的金项链。然后再砍伐森林,劈成木板铺上去,将串连好的战船并排在江面上固定下来,而不是船侧与船侧的横向连接,因为这样的活动空间很狭小。

纵向连接的危险在于一旦敌人实施火攻计,由于被木板固定了,难以逃脱,只能集体葬身火海了。即使侥幸抽掉了木板,首尾又被锁住了,依旧劫数难逃。如果是横向连接,万一被火攻,损失了前面一排战船,后面的可以及时撤离,而且载量少,也不会发生大面积的伤亡。

俗话说,细节决定成败。这个难以洞察的细节,将把曹操所有的期待无情地埋葬在长江水下。

2.万事俱备,只欠东风

曹操的不幸在于这个足以产生毁灭性后果的细节,被擅长水战的东吴老将黄盖一眼看穿了。自首次交锋得胜之后,周瑜等人就兴奋不已,期待着趁热打铁,一举将曹操的水师击败,把他赶回岸上去,以证明长江是自己的天下,谁都无法染指。于是也在长江南岸,乌林的对面,扎下水寨。隔着一千二百米宽的江水,与曹操遥遥相对。

可是曹操首战失利之后,就一直躲到长江北岸乌林一带,连续几十天,什么动静也没有,似乎在隐藏着一个重大的阴谋。两军对峙,最可怕的并不是狂风骤雨,而是死一般的沉寂,敌人躲藏得越深,就越危险。

再联想到曹操一贯有老狐狸的称号,周瑜心里越想越是害怕,决心实施一次冒险行动,近距离去窥探曹操的军事机密。于是周瑜拉着程普、黄盖等将领,坐上一条楼船。那时候,东吴的造船工业特别发达,最大的一条楼船"长安"号,上下共五层,可运载士兵三千多人,成了内河水战的大杀器。

结果抵近曹操的水寨一瞧,周瑜不禁大惊失色。只见眼前豁然出现一座座梦幻般的水上之城。都说东吴很会造大船,但是万万没想到曹操的战船比东吴大数十倍。一队队骑兵在上面跑来跑去,看样子是在模拟攻打东吴的城池。

本来以为凭着手中训练有素的三万水军,可以轻而易举地击溃荆州水军,从而让曹操知难而退,可是万万料不到曹操会搞出这么一个花招,将战船拼凑成巨型舰队。周瑜不由得叫苦连天,如果这样的巨无霸顺流而下,别说要跟它对阵开打,就是想阻拦也拦不住。更可怕的是,曹操准备在乌林度过这个寒冬,等待北方的士兵完全适应南方的环境,个个把身体养得棒棒的,然后再发动进攻。如此一来所有的优势全部被曹操占尽,东吴毫无胜算。

打持久战东吴根本就玩不起,为了筹措军粮,转运都督朱治已经累到吐血,可柴桑城外仍然有数不清的运粮小车,正排着队伍等待着发放补给。曹操却高枕无忧,占领江陵城后,缴获的物资在仓库中本来就堆积如山,军粮督运使夏侯渊正发愁着从河北运来的粮食无处可放。

以弱制强,最大的关键就在速战速决。可是曹军就像缩头乌龟一样,无论周瑜如何挑衅,就是不派出一条战船应战,根本就无法制造战机,更别说速胜了。

正当周瑜为此头痛得就要炸裂的时候,老将黄盖说道,曹操企图以静制动,所以宁可当一只缩头乌龟,也不愿贸然进攻。正是我们扬长避短、以少胜多的时候,瓮中捉鳖,活捉了这个老贼。

周瑜白了黄盖一眼,老将军可有捉鳖的法子?

黄盖只说了两个字:火攻。周瑜顿时眉开眼笑,可是立即又愁眉苦脸,黄老将军啊,曹操在北岸,火攻必须要有东南风。如今是寒冬腊月,北风可着劲儿地吹,而自己在南岸,用火攻不把自己烧成灰烬才怪呢!

好了,万事俱备,只欠东风。东风要从哪里借来?

罗贯中的《三国演义》写得出神入化,说诸葛亮有呼风唤雨的神通,穿上道服,走上祭坛,拂尘子一甩,立即就甩来了一阵猛烈的东南风,让后人看了,佩服得五体投地。

但是现在谁都清楚,这是罗贯中为了娱乐大众,发挥无可比拟的想象力,瞎编的故事。

史书上明载,火烧赤壁的发明权应该归于老将黄盖,诸葛亮根本就沾不上边。寒冬刮起东风,更不可能是诸葛亮借来的,而是长江中游赤壁至鄱阳湖一带偶尔会发生的天气现象。

根据地理学上的知识,长江中游赤壁一带属于典型的亚热带季风气候,寒冬吹北风,炎夏吹南风。但是在隆冬之际,这个地区常会出现一个小阳春,通常在冷空气来临之前天气回暖,地面的冷高压会让空气变得又暖又湿,再加上长江江面与鄱阳湖面存在温差，所以非常容易刮起东风。长江江面的西北风也会迅速逆转为东南风，但是持续的时间不会超过十二小时。随着北方冷空气的继续南下，冷暖交会，形成降雨之后又会迅速转变为北风。

这样的特殊反常现象在荆襄其他地方并不常见，在赤壁一带，出现的概率也是极小的，十成不超过一成。诸葛亮生活在荆襄以北南阳一带，是根本无法知道的，周瑜跟黄盖却长年在鄱阳湖练兵，故而深谙此间的气候特征。即使诸葛亮偶尔也听说过，可这时候诸葛亮跟刘备远在四五百里之外的樊口，不清楚赤壁战场的情况，根本就不会异想天开地构思一个火攻计。

如此一来，火烧赤壁的功劳就应该归于周瑜、黄盖等东吴的将领了，跟诸葛亮是八竿子打不着的。但不等于诸葛亮就是火烧赤壁的局外人。实际上诸葛亮和刘备正在一旁静待时机，只要战斗的号角一吹响，马上令旗一挥，手下的关羽、张飞和赵云等人就会如下山猛虎，从侧背翼给曹操致命的一击。

至于赤壁江面的战斗只好拜托周瑜、黄盖等人了。

曹操尽管智术过人，狡诈多端，但他有一个盲点，绝对料不到隆冬之际会刮起东南风。而周瑜和黄盖早在盘算着如何让曹操的大军葬身鱼腹。那就让黄盖诈降，趁机靠近曹操的大营，在距离一千米的地方突然发起火攻。

于是黄盖给曹操写了一封感情真挚的书信，说什么自己也算得上江东骨灰级的元老，识时务者为俊杰，孙权的微末兵力根本就抵挡不住曹操的百万雄师，但是周瑜、鲁肃等人硬要将老百姓带入灾难的深渊。在交战的那一天黄盖将率部投降，恳请曹操接纳。

施展诡计正是曹操最拿手的好戏，所以他拿到黄盖的信件之后，心中也是一阵狐疑。暗地里把送信的人叫到身边，让他回去告诉黄盖，怕就怕你使诈，如果真的投降了，高官厚禄任你开口。

但是曹操也不怕黄盖诈降，几只乱折腾的虾子难道还会掀起大波大浪？曹操坦然静待着这一天的到来。而这一天也正是江东无数人热切渴盼的一天。人们都在默默地祈祷着，快刮起东南风吧，让曹操的大军灰飞烟灭！

耐心等待总会有好结果的。临近冬至的某一天，午后时分，突然好端端的北风不见了，刮起了微弱的东南风。

周瑜很兴奋，猛拍黄盖的肩膀，老兄可以行动了，小弟稍后就到！

黄盖紧握周瑜的双手,乌林再聚吧!

话别之后,黄盖率领十艘轻便的蒙冲斗船,上面全都是灌满了芝麻油、鱼膏的枯柴和荻草。傍晚时分,在越刮越猛烈的东南风吹送之下,小船犹如离弦之箭直飞向乌林的曹军营寨。

到了赤壁中江,黄盖举起火把,让部下朝着曹军大喊大叫,我们过来投降了!

曹操激动得爬到战船的最高处,双手抖动,举杯高唱:"对酒当歌,人生几何?譬如朝露,去日苦多。"

曹军上下听说黄盖来降了,好比打了一场胜仗,欢呼着跑到水寨的最前方,拼命地挤压着,谁也不愿意错过这美好的一刻。没想到他们却目睹了一生中最怵目惊心的一幕:只见长江水面上突然有十几个巨大的火球,带着烈焰急速滚滚而来。

顷刻之间,长江水面上如同翻滚的油锅里扔进一颗炸弹,那些观众则成了一只只下油锅的虾子,瞬间就熟烂透了。

到处都是火光冲天,硝烟滚滚,噼里啪啦的爆裂声,凄厉的惨叫声,激烈的刀剑撞击声,毫无节奏地混杂在一起,回荡在夜空之上久久不绝。

最惨的还是战船上的士兵,由于用铁链索连在一起,谁也逃不掉。结果哭爹喊娘,全都烧成黑糊糊的一大团,弥漫着呛鼻的腥臭味。想逃生的纷纷纵身跳入冰冷的江水之中,结果却成了鱼鳖竞相抢夺的美味。

漫天大火从战船蔓延到岸边的水寨。首先被毁灭的是蔡瑁、张允的荆州水军和徐晃、任峻的曹操嫡系水军,他们跟战船、木寨一齐葬身火海。

大恐慌比疾风烈火来得还要迅猛,于禁、张辽等统率的曹操嫡系步兵七个军就像融化的冰块,一下子土崩瓦解。整个局面完全失控,曹操喊破了喉咙,甚至斩杀了几十人,也无法阻止四处逃窜的士卒。

更可怕的还在后头,十几万曹军被大火烧得一塌糊涂,晕头转向。还没等清醒过来,周瑜率领的大部队又冲杀上岸了。生猛的东吴将士憋闷了几个月,至此全都爆发出来。

战斗几乎是一边倒,整个乌林成了一个巨大的屠宰场,东吴大军见活人就砍,有如一阵龙卷风,把曹操的残兵败将扫荡得干干净净。

可怕的杀戮持续了一整夜,曹军像被割的稻草尸横遍野。为了避免全军覆没,曹操下令撤退。由于战船太少,残余的队伍只好分两路逃跑。一路是曹操乘坐残存的战船,沿着长江逆流而上,向江陵逃去,那里驻扎着曹仁的数万大军。另一路从乌林山经洪湖、华容,撤往江陵。

3.足球是圆的,没有不可能的事

在赤壁那边火光冲天,杀得天昏地暗的时候,刘备和诸葛亮也发出大反攻的号令。鲁山以南的张飞和赵云率数千步兵沿着临漳山、州陵(今湖北沔阳)方向,直插向华容小城,那里是曹操的补给基地。关羽的万余水师从夏口、汉阳出发,船队走到江中赤壁处,只见水面上一片狼藉,曹军的尸首几乎就要把长江塞住了。再尾追在周瑜屁股后面,那岂不成了令人讨厌的跟屁虫?于是关羽也弃船登岸,一路向西,沿着最短的路线直奔华容而去。

就这样,到了赤壁大战的后期,一直隔岸观火的刘备和诸葛亮眼见东吴大军势如破竹,捷报频传,再也按捺不住了,终于参战,真正意义上的孙刘联军直到此时才算形成。

曹操的残余船队就像一群饥渴的驯鹿,被猎人追得狼狈不堪。从赤壁一路溃退到巴丘,在云梦泽边的金沙堆稍作停顿。但是周瑜绝不会给曹操丝毫喘息的机会,咬得紧紧的,又风风火火地追来了。曹操瞧了瞧自己的部下,全都重病染身,奄奄一息,很快就要去向龙王爷报到了。曹操完全绝望了,这才意识到船上的功夫自己永远不是周瑜的对手,再不弃船而逃,马上就变成了周瑜的阶下囚。于是曹操下令水军统帅任峻将所有的船只都烧毁,就连一块木板都不要留给周瑜。

金沙堆腾起一阵浓烟,最后的几只战船连同船上只剩下一口气的士兵,扑腾扑腾几下,很快就沉没到水底下,宣告了曹操的彻底失败。上岸之后,曹操恨恨地向东吴方向投去了幽怨的一瞥,不甘心就这么惨败而去。他痛心疾首地想起了大谋士郭嘉死前留下的一句话:江南不是人待的地方,我去了江南就回不来了。(南方有疫,常言吾往南方,则不生还。)

周瑜追到了巴丘,他并没有弃船登岸追击曹操。虽然相信自己的水军是天下无敌的,但是兵力太少,在陆地上战斗力将大打折扣。目前的首要任务就是拿

火烧赤壁

下江陵，关门打狗，彻底断了曹操北归的后路。至于陆地上的阻截行动，就拜托刘备和诸葛亮了。

对曹操来说，上岸之后，要抢在周瑜和刘备之前，以最快的速度赶到江陵去。而要去江陵，走华容小道是唯一的捷径。于是曹操慌不择路，没等考察清楚，就上了华容道。可是一走进华容道，曹操就叫苦不迭，大雨滂沱，南征的热情彻底被浇灭了。更叫曹操气得呕血的是，差点儿让他葬身鱼腹的东南风不见了，取而代之的

郭　嘉

是寒烈的北风，简直就是雪上加霜！什么华容道，名字倒好听，其实不过是密不透风的松树林间一条缝隙而已。道路异常难走，不但狭窄，两边都是参天入云的松树，荆棘丛生，就是穿山甲也钻不过去。而且泥泞不堪，黏糊糊的泥巴快要把大腿都吞没了，一踏进去，再也抽不出脚。曹操只好把所有辎重、器械，连同战马都丢弃了。更可怕的是，没走多久，山洪暴发，本来就破破烂烂的小路瞬间成了水潭。

看着身边那些瘦弱不堪的人忍受不了饥饿、寒冷以及恶劣自然环境的多重打击，摇摇晃晃的，很多士兵突然倒下，再也无法起来。曹操突然冒出了一个邪恶的想法，那些人反正都要马上踏进鬼门关了，不如让他们死的更加有价值。于是勒令那些老弱病残，背上草木，填出一条道路来。可即便是这样，仍然是举步维艰。

背后刘备的追兵正像凶残的鳄鱼一样杀过来了，曹操很恐惧，侥幸躲过了赤壁一劫，今天却仍然难逃一死。眼见自己就要成为华容小道的孤魂野鬼，这时候救兵来了，张辽和许褚率领一队骑兵及时赶到了。曹操为了逃命，全然不顾人道主义原则，一跨上战马，就把那些老弱病残践踏在脚底下，仓皇逃出了地狱一般的松树林，逃到了郝穴，前方的江陵城遥遥在望。

只要走出了华容道，就等于走出死亡，迈向新生。逃亡之路，犹如噩梦一般，

如今终于结束了,一个人到了悲哀的极点,所剩下的就只有欢乐了。所以曹操逃出松树林之后,竟然莫名其妙地开怀大笑起来,弄得部下如坠入云雾之中。曹操有点幸灾乐祸地解释说,本以为刘备是我的知己,没想到他还是不懂我。要是早早在这片松林里放了一把火,我们还有活着走出去的机会吗?话音未落,从曹操背后的松林里便腾起了滚滚的浓烟,原来是刘备的追兵到了。但是为时已晚,曹操在曹仁的接应之下,安然无恙地回到了江陵城中。

败得一塌糊涂的曹操犹如一只折断翅膀的雄鹰,再也没有一飞冲天的勇气了。留下曹仁、徐晃驻守江陵,乐进驻守襄阳,满宠驻守襄阳跟江陵之间的战略要地当阳后,曹操灰溜溜地回到河北邺城,惊心动魄的赤壁大战至此落下了帷幕。

此战对曹操来说,是一次彻头彻尾的大惨败。纵横天下几十年,扫灭枭雄无数,如今却稀里糊涂地败在名不见经传的周瑜手下,曹操是满肚子的不服输。他在总结失败的教训时,也只是归咎于江南疫病横行,自己不幸中招,让东吴侥幸取胜而已。口头上的不服输,只能表明这一仗败得曹操刻骨铭心,连自我反省的勇气也没有。

后人在评价赤壁之战时,都说周瑜取胜也有幸运的成分。杜牧不是说过吗?"东风不与周郎便,铜雀春深锁二乔。"假如老天爷不偏袒于周瑜,恐怕连他的老婆都会被抓到曹操的铜雀台去了。

的确如此,曹操之败,虽然水土不服,军中疫病流行是一个因素,但不是决定因素。东吴大军生活在南方,可是投降的七八万荆州大军也都是南方人。

赤壁之战,曹操与周瑜各有一个想不到。周瑜想不到曹操竟然会用铁链把战船连接起来。只要曹操克服了北军不习水战的弱点,征服东吴易如反掌。曹操也想不到周瑜竟然会用火攻,更想不到隆冬天气竟然会刮起东南风。如此说来,曹操操控着更大的胜算面,周瑜能够取胜还真是纯属运气使然。要是真的如杜牧所说,没了东风,周瑜必败,曹操必胜。但历史是不能假设的,胜利的天平还是在最后无可争议地倒向周瑜,这大概就是战争的魅力所在。战争不是简单地扳指头数数,战争是一门艺术而不是科学。君不见,足球教练米卢蒂诺维奇如是言,足球是圆的,没有不可能的事。战争亦然!

4.刘皇叔趁火打劫

综观赤壁大战全程,孙权大军的表现可圈可点,堪称完美,倒是刘备和诸葛亮在交战中的表现令人失望。虽然说是孙刘联军,但是并未并肩作战。刘备的实力远远弱于东吴大军,为了保存实力,刘备和诸葛亮不得不采取坐山观虎斗的做法:把周瑜推向第一线,自己成了局外人,冷眼看着曹操跟周瑜拼个你死我活。直到周瑜把曹操烧得只剩下一把骨头,眼看胜利非东吴莫属,刘备的部队这才纷纷从地底下钻出来,举起刀枪义无反顾地砍向一败涂地的曹操。但已经错过了最佳的进攻时机,结果是放虎归山,让曹操"轻松"穿越华容小道。于是罗贯中《三国演义》中"关云长义释曹阿瞒"那段脍炙人口的描写,成了对刘备和诸葛亮消极应战的最巧妙讽刺。假若刘备和诸葛亮及时投入战斗,让夏口、汉阳的关羽万余水军,鲁山以南的张飞、赵云数千步兵,直插华容小道,提早切断曹操的退路,配合周瑜水军完成对曹操的全面包围,战果将会更加辉煌。曹操在华容道落网的可能性剧增,战后也许就不是三足鼎立,而是孙、刘两虎对峙的局面。

尽管曹操北退了,但仍然掌控着大半个荆州。荆州七郡中,南阳郡、南郡、江夏郡完全沦为曹操的占领区。而南方的武陵、长沙、零陵、桂阳四郡态度不明朗,于是曹操委派赵郡太守桓阶南下劝降长沙、零陵、桂阳四郡,企图把荆州七郡一手抓。桓阶似乎不想为一个失败者效劳,所以他推荐刘巴来代替自己。这个刘巴也算得上是荆州名士,他的爷爷刘曜做过苍梧太守,他的老爹刘祥做过江夏太守。曹操南征荆州,许多政府官员都追随刘备而去了,刘巴却屁颠屁颠地恭迎新主子的到来。刘巴接到曹操的命令,心里有点害怕,推辞说现在刘备正对荆南四郡虎视眈眈,我去了恐怕是肉包子打狗。曹操虽然大败于赤壁,但是很不愿意看到刘备肆无忌惮地在荆州扩充势力,就给刘巴壮胆:你只管去,要是那个大耳朵有任何非分之想,我亲自率大军跟他拼命去!

于是荆州成了一块香饽饽。曹操企图把它独吞,孙权和刘备各有鲁肃的榻上对、诸葛亮的草庐对做行动指南,无不在梦想着有朝一日拥有荆州,然后独步天下。因而,把曹操的势力驱赶出荆州,成了孙权和刘备的共同目标。

此时的孙、刘两方已经完全是同床异梦了,在联合抗曹的烟幕弹下,各怀私心,都在暗自盘算着怎么把分到手的蛋糕越做越大。这时候,周瑜仿佛被在赤壁的胜利冲昏了头脑,与程普率领主力部队,开始围攻曹仁坚守的江陵城。

水战周瑜是行家,但是攻坚战就不是周瑜的强项了。面对着固若金汤的江陵城,周瑜迟迟不敢下手,只是隔江对峙。而刘备和诸葛亮也是囊中羞涩,兵临江陵城外之后也不敢贸然攻城。

双方似乎为进攻江陵城吵了一架,相互指责各自为战,有失同盟军的情谊。刘备和诸葛亮指出,强攻江陵并非上上之策,城中不但粮食充足,易守难攻,而且守将曹仁也是个厉害的角色。要想拿下江陵,最好的办法就是绕到曹仁的屁股后面,断了他的退路,让曹仁自动弃城。

为了真正做到不分彼此,同心协力,刘备和诸葛亮跟周瑜做了一笔交易,刘备拨出张飞的一千人马,交给周瑜。同时让周瑜拨出两千人马,交给自己,然后兵分两路,直捣江陵侧后的当阳。

不料刘备和诸葛亮的这个计划正中东吴的下怀。周瑜的部将甘宁很早之前就主张西进益州,于是不待周瑜批准,就迫不及待地率部直取夷陵,把战火烧到益州去了。益州守将袭肃做梦也不会想到灾难会降到自己的头上,没等甘宁架起梯子攻城,就竖起白旗投降了。

曹仁听到夷陵陷落的消息,打开地图一看,啊不好了,从夷陵到当阳不过一百五十里,甘宁一个冲锋就到了。当阳一失,自己就成了断线的风筝,再也飞不回去了。于是曹仁派出重兵,把夷陵的甘宁围得水泄不通,日夜不停地攻城,夷陵岌岌可危。

眼见甘宁有生命之虞,周瑜忧心如焚。要不要出兵援救,成了一个大难题。包围江陵的军队数量本来就不够,分出人马去救甘宁,万一曹仁出城反攻,岂不落个两头空?这时候周

曹　仁

95

瑜帐下大将吕蒙把胸脯拍得啪啪响，留下凌统在江陵继续监视曹仁，自己跟周瑜、程普救出甘宁，只要十天就够了。而凌统英勇善战，顶住十天绝对没有问题的。于是周瑜、程普、吕蒙三人率大军直扑夷陵，甘宁也在城中趁机反攻，里应外合之下，大破曹仁的部队，还缴获了三百匹战马。不但把甘宁解救出来，而且江陵城外的凌统虽然兵力不济，却也是安然无恙。

甘　宁

由是东吴大军士气大振，周瑜看到了攻克江陵的希望，率部毫无顾忌地爬上岸，屯兵江陵城下。而在江陵背后，刘备早已任命关羽为襄阳太守，准备随时接收乐进的襄阳城。关羽率精锐主力不断进逼曾经的"伤心地"——当阳，让满宠不敢轻举妄动，以实际行动有力地配合了周瑜攻打江陵。

与此同时，在建安十三年（公元 208）年底（十二月），孙权亲自率兵反攻合肥，让九江方向的张昭进攻当涂，虽然都没有取得战果，却牵制了大量的敌人，连曹操也惊动了，亲自坐镇谯指挥作战，使得江陵完全成了一座孤城。

周瑜督促大军不分昼夜、没头没脑地猛攻江陵城，孙权也跟曹操忙得无法脱身，正是刘备抢夺胜利果实，扩张地盘的最佳时机。诸葛亮当然不会错过这一天赐良机，于是和刘备采取了"舆论先行，实际行动相结合"的策略，一边给被囚禁在许都的汉献帝写了信，要求赐封刘琦为荆州刺史，以证明自己在荆州存在的合法性。另一边又大兵南下，跟曹操派去的刘巴争夺荆南四郡。拳头总是比嘴巴管用，结果四个太守，武陵太守金旋、长沙太守韩玄、桂阳太守赵范、零陵太守刘度受不了恫吓，把曹操的说客刘巴赶走，向刘备竖起白旗。刘备声威大震，连周瑜老家庐江的雷绪也带数万部众前来投奔。

5.反刘义士刘巴和矮冬瓜张松

取得了荆南四郡之后,刘备任命诸葛亮为军师中郎将（掌握兵权的参谋长）,驻扎临烝（今湖南邵东）,亲自掌管零陵、桂阳、长沙三郡,征收赋税,督运粮草,以壮大实力。诸葛亮见桂阳太守赵范首鼠两端,立场不坚定,干脆把他废了,让赵云去做桂阳太守;又惋惜刘巴的才华,亲自给他写了一封信,盛赞刘备雄才盖世,现在已经占据了荆州,无论什么人都想投靠他,想说动刘巴归降。

但是刘巴似乎很痛恨刘备,又怕刘备找自己算账,而曹操远在千里之外的合肥,早把自己忘得一干二净。走投无路之下刘巴只好跑到交趾去,连姓都改成张,躲入交趾太守士燮的府内,混口饭吃。这个士燮是孙权的拥趸,不久刘巴的形迹败露后,于是又被赶出交趾。刘巴再次沦为流浪者,哪里也不敢去,只好绕了一大圈,取道牂牁（今天贵州）,溜到益州郡（今天云南滇池）去了。本已衰到家的刘巴再次霉运当头,益州郡的守兵以为他是境外偷渡而来的不法分子,捉到刘巴后想把他砍头了事。刘巴人头快要落地之时,有一个官员看到刘巴相貌不凡,是个不简单的人,于是把他送到成都去,交给益州牧刘璋处理。

刘璋虽然坐拥天府之国,但是他比荆州牧刘表还要腐败无能。一听到曹操征服了荆州,刘璋吓得面如土色,生怕曹操这颗扫把星会将灾难引到自己的家门口,就派了一个矮冬瓜——别驾（太守助理）张松到荆州去找曹操说好话。

历史上出现过几个名垂青史的矮个子,比如春秋时期的政治家晏婴、刺客要离。晏婴也是个外交家,出使到楚国时,把目空一切的

刘 璋

楚王忽悠得晕头转向，由此可见智商并不与身材成正比。这个张松也是个三等残废，而且形象有点猥琐，但他的智商却极高，巧捷万端、聪明绝世。刘璋把他派到荆州去见曹操，是想让张松发挥出色的外交才能，为益州的和平作点贡献，大有重演"晏子使楚"历史的意味。

曹操自己虽然身材不高，但是他的周边尽是英姿勃发的伟丈夫，所以一见到刘璋派了个三寸丁前来结好，心中大骂刘璋：什么鸟不拉儿的四川，连派出去的形象代表也是五短三粗的！曹操心中有几分不悦，早把不以貌取人的信条扔到爪哇国去了。任凭张松口若悬河，说得头头是道，曹操就是爱理不理，把他晾在一边。再加上这时候荆州已降，刘备逃跑了，曹操的尾巴早翘到天上去了，所以对张松更是冷若冰霜。

曹操的主簿(秘书)杨修曾经把曹操写的兵书给张松看，张松只用喝杯酒的工夫就能倒背如流，让杨修惊为神人，于是劝曹操说：四川的人才多得要挤破脑袋，刘璋却派张松过来求和，只能说明此人确实不同凡响，不如把他留下来，日后必有重用之处。

杨修不说倒好，一说曹操就气得暴跳如雷：你自个儿瞧瞧那个矮冬瓜！身材短小就不说了，单单看他那张狂貌视的模样，还有放荡不羁的个性，都快把胃吐出来了。留下张松，岂不让天下人耻笑我曹操饥不择食，连个垃圾食品也捡回来？

张松也是很有个性的，你贬损我，我会让你一辈子不得好过的！于是回到四川，张松就把曹操批得体无完肤，什么骄横残暴，什么嫉贤妒能，什么阴谋篡逆，简直就是一个十恶不赦的大魔头。投靠曹操，不如结好同为皇室贵胄的刘皇叔。张松在曹操眼里是根草，但是在刘璋心中是块宝。就从这时候开始，刘璋对刘备产生了好感。可是他万万想不到，在刘备跟诸葛亮的"草庐对"里，早已把刘璋当作碗里的一块大肥肉。

如果说益州是刘备和诸葛亮的一块大肥肉，那么荆襄就是夹起肥肉的筷子。没有荆襄这个立锥之地，西取益州简直就是天方夜谭。于是刘备和诸葛亮发誓，必取荆州！

可是很快地，荆州就被孙权收归囊中了。建安十四年(公元209)，周瑜经过一年多的浴血奋战，曹仁的守军损失惨重，援兵也被刘备截断了，江陵保卫战再也无法打下去了。于是曹仁只好突围出去，把江陵城丢给了孙权。

攻陷江陵，这是江东霸业开创以来最辉煌的一次扩张行动，鲁肃制定的争夺天下行动指南——"榻上对"，也迈出了实质意义上的一大步！这可是东吴多少代人的梦想啊，如今终于在孙权手中得以实现了，东吴为此狂欢了五天五夜。孙权也一口气任命了四个官员，来管辖这块新开拓的疆土：南郡太守周瑜、江夏太守程普、彭泽太守吕范、寻阳令吕蒙。

看到孙权趾高气扬的样子，刘备心里酸溜溜的。除了荆南四郡与临烝的诸葛亮保持若即若离的朦胧关系之外，刘备在荆州实际控制的地盘一块也没有，只好寄托在夏口的荆州刺史刘琦名下。轰轰烈烈的赤壁大战白打了，刘备的境遇甚至连战前也不如。于是争夺荆州，进入了公开化阶段。

6.二婚男刘备

为了博取孙权的好感，刘备上表汉献帝，让孙权做徐州牧。陶谦死后，刘备就被拥戴为徐州牧，所以徐州牧本应该是刘备的头衔，但是朝廷还没有来得及任命，徐州就被吕布夺去了，最后又落在曹操的手中。所以把一顶徒有虚名的高帽子戴在孙权头上，目的是让孙权的眼光放在北方的曹操身上，同时提醒他，孙、刘仍然是同盟军的关系，要想抗曹，还得刘备相助。孙权似乎也很领刘备的情，所以刘琦死去之后，孙权就让刘备做荆州牧，刘备总算名正言顺了一回。

要了名分，刘备又伸手向周瑜要地。

周瑜拒绝了，你不是有夏口吗？

刘备很生气，夏口本来就是刘琦的啊！赤壁之战，我出了力，流了血，尽了同盟军的义务。华容道追袭战，差点儿就逮住了曹操。江陵之战，我也任命关羽为襄阳太守，牵制了当阳的满宠、襄阳的乐进，周大都督这才拿下了江陵啊！

周瑜无话可说了，因为刘备说的都是事实。可是又舍不得把膏腴之地割给刘备，拿着荆州的地图眯着眼瞧了老半天，最后才忍痛划出长江以南油江的一小块地给刘备。

刘备接管了之后破口大骂周瑜，简直就是一只铁公鸡！让出来的地方不但狭小，而且土地贫瘠，还处于落后的未开发状态。刘备和诸葛亮只好在稍微像样的地方——油口设立了荆州牧的办公机构。可是一听见油口这两个字，诸葛亮就连连摇头，油口油口，油江的口，下锅油煎的入口处啊！实在太不吉利了。干脆改名为公安，寓意为大家都平安无事，一片和谐美好！

来到公安不久，刘备又叫苦连天。因为刘备头顶上的光环实在是太耀眼了，刘表的老部下不愿意在外来的东吴占领军下生存，于是纷纷涌入公安，投靠刘备。一时间公安鼻屎大的地方人满为患，麻烦事接连不断。

这回刘备不打算找铁公鸡周瑜了，而是准备直接去找周瑜的顶头上司孙权。听说刘备要亲自去东吴，诸葛亮赶紧出来相阻。那东吴有如一潭深水，一旦掉下去就上不来了。再说孙权跟你、曹操，都是天下第一号的大豪杰，向他要钱要粮，甚至要马要人，他都会答应。但是寸土寸金，向孙权要土地，就等于要了他的半条命，孙权岂有答应之理？

刘备这个人什么都好，就是性子太犟。一旦认准自己有理，就是一百头驴也拉不回来。他信誓旦旦地说，为了荆州的老百姓，为了自己的宏图大业，纵然上刀山、下火海也在所不惜。于是把诸葛亮的话当作耳边风，跑到京口去见孙权。

刘备一副苦瓜脸，满面愁容，几乎就要掉下眼泪。那个周大都督也太无情了，也不想想我的难处。现在公安到处都是人，先不要说粮食够不够吃，就连住的地方也不够了。难道非得逼着我把那些可怜的老百姓赶到其他的地方去，让他们受尽各种苦难的折磨？

没想到身在江陵的周瑜早就预料到刘备会厚着脸皮去上访孙权，生怕孙权禁不住刘备的哭哭啼啼，心一软，就答应割让更多的土地给刘备。于是周瑜便给孙权写了一封信，大意是说，刘备也算得上一代枭雄，手下又有关羽、张飞等豺狼之将（令人好生纳闷，周瑜对诸葛亮只字不提，不知道是没把他放在心上，还是心中忌恨，连名字也不愿提？）。金鳞岂是池中物？一遇风云便化龙。早晚刘备会变成巨龙腾空而去的。现在割地给刘备，岂不是拿着肥肉喂狼狗？不如设一个圈，把刘备养在江东。刘备一生颠沛流离，从未享受过美好的生活。主公干脆在江东给他造一座大房子，然后多多选拔美女，把刘备服侍得舒舒服服。俗话说英雄难过美人关，刘备整日沉溺酒色，销魂蚀骨，不出两个月，意志消沉、一蹶不振，恐怕就是把他赶回荆州，刘备也舍不得离开江东。他的两个拜把子兄弟关、张要是无理取闹,那我就劫持了刘备把他们灭了。

东吴的大臣吕范也持同样的观点,劝孙权趁机把刘备扣押在江东。

这时候大外交家鲁肃站出来说话了,他以战略的眼光告诉孙权,主公虽神武盖世,但是曹操更是不可一世。东吴刚刚取得荆州,老百姓多有抵触。只能借助刘备,安定人心。让自己多一个帮手,让曹操多一个对手。

吕 范

孙权似乎年轻,涉世经验不足。左想想,周瑜的话蛮有道理的。右想想,鲁肃的话也有道理。刘备的老婆甘夫人不是在当阳长坂坡阵亡了吗?干脆和稀泥,糅合周瑜跟鲁肃的主张,把自己的大妹子嫁给刘备。如此一来,跟刘备成了亲家。无论刘备以后怎么厉害,都是自家人。岂不什么事都解决了?

那刘备心里乐滋滋的,幸亏没有听诸葛亮的话,要不然恐怕就没有机会再躲进女人的温柔乡了。可是大婚的那一天,出了点意外。尽管到处张灯结彩,喜气洋洋,可是一进洞房,竟然刀枪如林,几乎吓得刘备魂都要飞走了。孙权赶紧向比自己大二十岁的妹夫解释,东吴人人尚武,家家藏刀枪。他的妹子也不例外,不爱红妆爱武装,不爱针线爱刀枪。弄得刘备一惊一乍的,还以为孙权在耍阴谋,借着成亲诱杀自己。

东吴还真不是自己待的地方,连结个婚也这么邪门!

尽管孙权煞费苦心,结果还是没有留住刘备。妹子的柔情拴不住刘备奔腾不息的雄心,于是恋恋不舍地跟着情郎渡过长江。

7.壮志难酬的周公瑾

这回刘备过江,虽然没有讨到土地,却讨到了老婆,也算是意外的收获了。既然都成了一家人,荆州在谁手里都无所谓了。于是刘备也稍稍安心下来。可是不久周瑜写给孙权的信被捅了出去。刘备汗颜不已,后悔没有听诸葛亮的话,好险哪!我如此一意孤行,差点儿成了东吴的笼中鸟和荆州的人质了。要是孙权完全听了周瑜的话,我恐怕早成了周瑜的刀下俎。

这就是"周郎妙计安天下,赔了夫人又折兵"的历史原型。

周瑜也是一个野心勃勃的人,荆州就是他的命根子,没有一寸土地是多余的,决不容许再割让一草一木给刘备这个潜在的强大敌人!周瑜理想之远大,比诸葛亮有过之而无不及。

周瑜决定在有生之年开创一番不朽的功勋,为此他特意从江陵跑到京口去见孙权,慷慨激昂地说道,我这一生最大的遗憾就是没有跟主公一起灭了曹操。如今我请求跟孙瑜(孙权的堂兄)一道沿着长江西进,攻取四川的刘璋、吞并汉中的张鲁、联结关中的马超,留下孙瑜坚守汉中、四川,我回到荆州,与主公一道纵兵北伐曹操,中原不日可下。

周瑜的理想是鲁肃的"榻上对"与甘宁"西进益州"的合体,跟诸葛亮的草庐对有异曲同工之妙。两者都主张先跨有荆益,然后北征曹操。只不过诸葛亮的北伐是从四川和荆州两路同时出师,而周瑜侧重于从荆州出师。

此时东吴气势大盛,也牢牢地控制了大半个荆州,出师北伐的条件日益成熟,所以周瑜的梦想完全可以成真。

正当周瑜踌躇满志地离开京口,准备回到江陵,开展大练兵运动,以求轰轰烈烈地实现心中抱负的时候,一场重病把周瑜击垮了。多年的积劳成疾,周瑜在回江陵的路上突然病倒了。

病恹恹的周瑜知道留给自己的日子没有几天了,于是赶紧给孙权写了一封令人潸然泪下的遗书,交代后事。这是能够为东吴作出的最后贡献了。

在遗书中,周瑜先感激东吴的历任领导能够信任他,委以重任。人是会死的,长命跟短命都没有区别。恨就恨在未能实现心中微薄的愿望,就这么草草而去。接着周瑜表示很担忧时局的发展,曹操在北方,不亡东吴心不死。荆州又猫着一个刘备,简直就像家中养着一只饿虎,真不知道以后会怎样。最后周瑜真诚地推荐鲁肃来继承自己的大业,此人做事一丝不苟,精心忠诚,可堪大任。

书信写完之后,周瑜在巴丘撒手而去,享年三十六岁。两年之前,曹操在赤壁被周瑜烧得惨不忍睹,最后逃命到巴丘时被迫烧掉残存的所有船只。如今,周瑜这颗东汉末年最耀眼的将星,又陨落在巴丘,悠悠不竭的长江水,真会开玩笑!

周瑜的逝去是东吴的最大损失,却是诸葛亮的最大幸运。老天如能假以数年,让他完成西征四川、北吞汉中的大业,那么诸葛亮的故事将会被改写得一塌糊涂。周瑜真可算是三国时代出师未捷身先死的第一人!

周瑜一死,东吴开始了鲁肃的时代。孙权缅怀周瑜的不朽功勋,按他的遗志,让鲁肃为奋武校尉,统领东吴三军。江夏太守程普为南郡太守,以代周瑜。

鲁肃的上台是刘备和诸葛亮的最大福音。鲁肃为了让孙刘联盟更加巩固,拉拢刘备共抗曹操,就劝孙权把荆州的一些领土借给刘备。

有关借土谈判的细史无详载,大致是这样的,周瑜控制南郡时,本来驻军四千,除了江陵城,还有下隽、汉昌、刘阳、州陵四邑。孙权借土给刘备时,只给了江陵一城。另外四个奉邑位处湘水以东,孙权就不给刘备了,而是重新设立为汉昌郡,任命鲁肃为汉昌郡太守,以监视刘备,让他老老实实地待在湘水以西。

江陵城给了刘备,南郡太守程普就得退出。于是孙权让程普重掌江夏郡,回任江夏太守。

作为条件,刘备退出原来的地盘——夏口,让给孙权,归程普所辖。这么一来,所谓的荆州借土,其实只是换土,以孙权的江陵换取刘备的夏口。

借土之后,曹、孙、刘三分荆州,奠定了三足鼎立的格局。荆州七郡,其中曹操占领了1.5个郡,南阳郡和半个南郡(襄樊城),孙权占领了一个郡——江夏郡。刘备则成了最大的既得利益者,不但占据了战略要地江陵城,而且还控制了荆南四郡(武陵郡、长沙郡、零陵郡、桂阳郡)。

程 普

这就是历史上赫赫有名的"刘备借荆州"。由于担心孙刘联盟出现裂痕，孙权和鲁肃并没有提出苛刻的条件，也没有约定归还江陵的时间，甚至连江陵的主权归属问题也没有明确定义。随着时间的推移，借给刘备的南郡，所有权和使用权的归属日益混淆，终于成了一笔糊涂账，为日后孙刘联盟破裂埋下了祸根。如果周瑜泉下有知，不知道要发出何等的感叹。

对曹操来说，这是他最不愿意看到的。像刘备这样的人中蛟龙，只能把他压缩成一条小金鱼，永远养在一个小鱼缸里自由游动。一旦刘备取得了荆州，无异于让一条蛟龙遨游于大洋，那将是多么可怕的事啊！所以曹操听到这个消息，惊愕得扔掉手中的毛笔，这个长耳朵的不得了了！恐怕我和孙权都要睡不好觉了！

而最为兴奋的要属诸葛亮，经过多年的奋斗，千辛万苦都尝遍，终于在荆州取得了一块立足之地。草庐对分三步走，第一步就是跨有荆益。如今荆州有了，取得益州还会遥远吗？千里之行始于足下，万丈高楼平地起。诸葛亮站在江陵高高的城楼上，西望四川大地，嘴角露出微笑，他坚信，灿烂辉煌的征途即将从脚下的江陵开始！

8.凤雏长出羽毛了

建安十五年(公元 210)，诸葛亮三十岁，正值风华正茂、挥斥方遒的年龄。荆州在自己的治理之下，到处都可以看到一派朝气蓬勃、欣欣向荣的景象。不要说江陵城内大米都快要爆仓了，更不要说铁甲金戈、旌旗蔽日，只要看看东吴孙权派来的使者战战兢兢地走进江陵城，我们就可以知道这时候的刘备，已经不是当年被人追杀得无处可躲、穷困落魄的长耳朵刘皇叔。梅花香自苦寒来，历经寒冬的洗礼，春天来了，刘备已经完全变成一朵娇艳的鲜花，可以像曹操、孙权那样，笑傲天下了。

而这一切都是自己的杰作，诸葛亮想一想，心里就备感自豪，是自己改变了刘备，改变了荆州。他眺望着遥远的中原，那里有一个地方叫许都，许都城里关押着一个自己的同龄人——当今皇上汉献帝。他是没落的大汉帝国的象征！陛下你再忍受几年，四百年的汉室摇摇欲坠，几近倾覆，很快就会复兴起来！至于辅佐刘备北伐成功之后，汉献帝要怎么尊奉，诸葛亮不敢想，也不必想！毕竟未来之事太过于遥远。

伟大的人物总会觉得自己很孤单！诸葛亮也不例外。他想起了在南阳卧龙岗的那段逍遥时光，可是一晃十年就过去了。时过人非，南阳已经完全沦为曹操的占领区了，不知道卧龙岗上、小河边当年跟刘备答对的草庐还在吗？不知道诸葛四友崔钧、石韬、徐庶、孟建，成了曹操的子民之后，生活境况如何？不知道庞德公和水镜先生司马徽归隐的日子还依然是那么静谧吗？

想到庞德公，诸葛亮自然而然就会想起跟自己齐名的庞统，"卧龙"、"凤雏"，多么富有魅力的雅号啊！庞士元，你在哪里？孔明好想念你啊！当诸葛亮在荆州叱咤风云时，与他并驾齐驱的大谋士庞统到底躲在哪一个旮旯呢？

庞统，庞德公的侄儿，号称南州士之冠冕，可他早期的遭遇就跟他的绰号凤雏一样，甚至还不如一只野山鸡，备受人们的冷落。直到周瑜入驻南郡之后，这才听到庞统的大名，给他一个功曹的官做，掌管文书。对周瑜的知遇之恩庞统很感激，可惜不久周瑜就死在巴丘。于是庞统跟随着周瑜的灵柩回江东，算是报恩吧。报恩之后，庞统也该渡江回老家了。这时候他也名扬东吴，回家的那一天，孙权的许多名臣，诸如陆绩、顾劭、全琮等人，都送到国门之外，依依不舍地话别。他们都看到了庞统的未来，跟庞统握手相约，天下太平之日，当与士元遨游天下！

可是这样的名士在刘备借得荆州之后，却未能大用，实在是匪夷所思！尽管几年前司马徽曾经将卧龙、凤雏一并推荐给刘备，但刘备的记性似乎不是很好，早就抛到脑后了，所以把他甩到偏僻之地桂阳郡的耒阳去做县长。

这简直就是暴殄天物！庞统窝了一肚子气，到了耒阳，什么都不做，整天就是睡大觉。这也难怪，古往今来凡是不得志的大才都喜欢装蒜，总是怪里怪气，以吸引人们的眼球。于是有人向庞统的顶头上司桂阳太守赵云（罗贯中同学把赵云说成张飞，误矣！）打小报告。赵云听说自己的手下竟然还有人拿了薪水不干活的，一气之下炒了庞统的鱿鱼。

东吴鲁肃也听说刘备慢待了庞统，大材小用，只做了一个百里侯，深感惋惜，赶紧给刘备写了封信：这个庞统可不是当县长的料，让他做个太守助理、刺史助理（治中、别驾），英雄才有用武之地啊！

诸葛亮也很纳闷，都说庞统在荆州做官，可他从未见过庞统。

庞统屈居耒阳

于是问刘备,庞统去哪里了?

刘备冷冷地回答:我让他去耒阳做点事,没想到他只吃饭不干活,已经罢免了。

诸葛亮傻了:主公你好糊涂啊,这个庞统跟我不相上下!

刘备依然很淡定:叫他来吧,一起吃个饭,我请客。

在饭桌上,刘备若无其事地问庞统:当年你在周瑜手下做事,有没有听说过我在东吴时周瑜秘密向孙权建议,把我扣押下来。如今周瑜都成一抔土了,你就实话实说吧!

庞统尽管很尊敬周瑜,但是他的原则是决不为尊者讳,于是供认不讳。

刘备叹息道:当时实在是情非得已,我料想有曹操在,孙权断断不敢打我的歪主意,所以不听孔明先生劝告,孤身前往京口。如今想起来,真是惊险哪!

诸葛亮这才恍然大悟。原来刘备深恨周瑜,而周瑜对庞统有知遇之恩,所以不想重用庞统。就是想用他,也要先挫一挫庞统的锐气,日后才会乖乖听话。同时诸葛亮对刘备也有了新的认识,看来这个刘皇叔也有小气任性的时候。而不听自己的劝告,贸然去见孙权,并非固执,而是刘备早已料到有曹操做挡箭牌,孙权不敢动他一根毫毛。可见刘备的智商也是蛮高的,不输给自己。

饭桌上最容易把关系拉近,把心中的话都掏出来之后,刘备、诸葛亮、庞统主臣三人立即都拧成一条心。

庞统的一番话立即印证了"天下英雄所见略同"这句话。庞统为刘备的霸业支招,荆州都快成残花败柳了,往东有孙权,往北有曹操,要想站稳脚跟,确实很难。唯今之计,主公只有往西发展了。益州有天府之国的美称,物产丰盈,人物众多,一切都可以自给自足,正是称霸的大好基业啊!

刘备和诸葛亮面面相觑,庞统老兄啊,我们何尝没这么想过,可那是刘璋的地盘啊!世人都说我跟曹操水火不容,曹操是火做的,我就是水做的。曹操急,我就慢。曹操残暴,我就仁慈。曹操狡诈,我就忠心。凡是曹操反对的,我就赞成。凡是曹操赞成的,我就反对。只有跟他对着干,才有前途。取了四川,就等于违背道义,失去人心。那是捡了芝麻丢了西瓜,这样的赔本生意我刘备可不做!

庞统哭笑不得,战争无非就是大鱼吃小鱼,弱肉强食。俗语说,胜者为王,败者为寇。哪来的什么仁义道德？取得天下之后，再行封赏，就不会违背道义了。你不取四川，必为他人所得，到时候就后悔莫及了。

说得刘备心服口服，果然见识独特，不愧为"凤雏"啊！就拜庞统为军师中郎将，跟诸葛亮一样，同掌军中大事。

第五章 ┃ 一路向西

傻驴子刘璋

引狼入室

机会是创造出来的

奇取西川

一个大好人的悲剧

益州三巨头

刘备的爪牙们

1.傻驴子刘璋

　　正当刘备三人暗中为益州的事忙得焦头烂额的时候，一个东吴使者来到了江陵城，传达了大舅子孙权的意思，五斗米贼张鲁在汉中、巴中给曹操送来了大量的情报，合谋吞并益州。刘璋根本就守不了，如果被曹操夺去了，那么荆州就危险了。不如我们抢先下手，把刘璋的益州、张鲁的汉中一并拿下，如此南方的半壁江山首尾连成一片，就是十个曹操我们也不怕！

　　刘备更加相信庞统的话了，看来刘璋的益州完全成了碗里的一块大肥肉，谁都想夹着往嘴巴里送。曹操、孙权，还有自己，不禁为刘璋的命运不济暗暗捏了一把汗。这时候，有个部下为孙权的提议拍手叫好，说即使联手取了益州，中间还隔着一个荆州，早晚益州都是自己的，赶紧配合孙权攻打刘璋啊！

　　一个叫殷观的主簿（秘书）马上站出来反对，跟孙权联手攻打益州，我们必定是先头部队。万一战事不利，孙权趁机在我们背后狠狠地砍一刀，那大事去矣！不如口头上为孙权的行动大声喝彩，行动上却按兵不动，借口刚刚得了南郡，还不是那么稳固，不敢随便出师。如此一来，孙权必定不敢绕过我们去攻打益州，我们就坐收渔翁之利了。

　　刘备早已打算独吞益州，大骂一声，大舅子想坑我这个妹夫！益州千里沃野，万里山川，险关重重。即使是刘璋再笨，也守得住益州。米贼张鲁狡诈得很，不一定就死心塌地效忠于曹操。远征四川，路途遥远，万一失手，曹操起兵报赤壁之仇，直捣江东，那么我们都完蛋了。刘璋怎么说都跟我们坐在同一条船上，大舅子不好好待在江东，无缘无故要去攻打益州，让仇家曹操从中渔利！大舅子是不是嫌我这个妹夫太老了，恨不得早点死去？

　　攻打四川，本来就是东吴的既定国策，可不是说着玩的。刘备不想打刘璋，那我单独行动吧。于是孙权派孙瑜率大军集结在夏口，准备溯江而上，直取益州。

　　刘备一见急了，赶紧将部队沿着长江一字排开，关羽在江陵，张飞在秭归，自己在公安，诸葛亮坐镇南郡，以堵截孙瑜的西进运动。同时放出狠话，孙瑜要是进攻四川，我就披头散发躲入深山老林，以免失信于天下。

既然刘备口气这么硬，要是真的因为东吴进攻益州遁入红尘，做了和尚，那大妹子岂不是要一辈子守寡？孙权左右为难，最后不得不把孙瑜召回来。西征益州之事，不了了之。

益州牧刘璋虽然暂时逃过了这一劫，但是很快又要大难临头了。建安十六年(公元211)三月，曹操为了激怒西凉的马超，派司隶校尉(京师监察官)钟繇讨伐汉中的张鲁，大将夏侯渊也率大军西渡黄河，跟钟繇会师。消息传来，四川仿佛天塌了似的，刘璋吓得魂不附体。

这时候那个矮冬瓜张松又现形了。自从上一回在曹操面前碰了一个大钉子之后，张松就一直对曹操恨之入骨。他拿刘备和刘璋做一下比较，简直是一个英雄，一个白痴。跟了刘璋，这辈子再也没有出头之日，所以一心一意想弃暗投明，改投刘备。当然如果明目张胆地宣称要奉刘备为四川的主人，那自己岂不成了卑鄙的悖逆之徒？

于是趁着曹操进攻张鲁，刘璋惶惶不可终日之际，张松决心为刘备入川创造一个机会。

张松带着一副苦瓜脸去见刘璋：曹操横行天下无敌手，如果取道张鲁的汉中，进攻益州，那该派谁迎战？

刘璋满脸的惊惧，一听到曹操两个字，仿佛是亲眼见到了阎罗王：我也是挂肠悬胆，连饭也咽不下。

话说到这当头，如果再不把刘备推出来，那张松就不是矮冬瓜了。张松就像背顺口溜似的，说出了一大堆邀请刘备入川的理由。刘备，豪杰也，很会用兵。他跟主公是皇室同宗，血脉相连，跟曹操可是水火不相容。如果让刘备去打张鲁，张鲁必败。张鲁一败，益州必强。益州一强，曹操必怕。曹操一怕，主公必安。

刘璋当然不清楚张松安的是什么心，只知道张松对自己很忠心，高兴得很。但问题又来了，该让谁去荆州请刘备呢？虽说益州的人才多如牛毛，可刘备是一个大英雄，要想请得动刘备，得选一个适合的人去。

看来张松早把一切安排好了，他脱口而出，军议校尉(下级军官，相当于参谋)法正可担此重任。

刘璋万万想不到，张松早已跟法正合谋，准备背叛自己。

这个法正可以说是益州最有智慧的人，他的谋略甚至远在诸葛亮和庞统之上。陈寿认为法正可以跟曹操的大谋士荀彧、程昱和郭嘉并驾齐驱,都是那时候第一流的人才。可是法正怀才不遇,不为刘璋所赏识。十多年前,大汉帝国到处都在闹饥荒,法正拉上老乡孟达,跑到四川去投奔刘璋。

易中天说过,怀才如怀孕,时间过了很久才会看出来。但在刘璋那个笨笨眼里,即使法正就是像快要临产的孕妇,谁都看得出来,恐怕刘璋也不一定看得见。所以过了好多年,法正才混到新都的县长。又过了很久,也只当上了无足轻重的军议校尉。日子混得这么辛苦,本来心里就够郁闷的,偏偏大家都嘲笑他,诽谤他、急得法正差点儿就要自挂东南枝。

只有张松是法正的知己,他跟法正在一起时常常暗骂刘璋昏庸无能,悲叹自己不得志,跟着一个白痴,一切都白混了。于是张松整天围着刘璋唧唧歪歪,尽说刘备的好处,劝刘璋结好刘备,共抗曹操。刘璋受不了张松的唠唠叨叨,决定派一个人去江陵找刘备结盟。派谁去呢?张松毫不思索地推荐了法正。

法正似乎不屑做出背主弃义的事,总以为天下乌鸦一般黑,刘备恐怕也只是浪得虚名而已,并不见得就像张松吹捧得那么英明!所以死活不肯去荆州。

法正越不肯去,刘璋就越要让他去。最后下了一道死命令,法正这才满脸无奈,踏上了荆州之旅。

2.引狼入室

没想到法正一到江陵,立即就被刘备的宽宏大度和英雄气概震惊了。无论是之前见张松,还是现在见法正,刘备都向他们展现一颗最诚挚的心,又是大鱼大肉,又是和言温语,大献殷勤,感动得张松跟法正泪流满面。于是益州的地形险要、兵马分布、路途远近等机密情报,无不一一被刘备套出来。张松甚至还不辞辛劳,画了一幅地图,将整个益州的山川地理,赤裸裸地展现在刘备面前。

回到成都之后,法正大骂张松,如此罕见的大英豪为什么直到现在才让我去见他?整天跟着一头蠢驴,把人憋得都发霉了。恨只恨跟刘备相见太晚,无缘效劳于他。于是法正跟张松两个人日夜密谋,准备推戴刘备为四川之主,可就是一时找不到时机。

　　如今天赐良机,曹操进攻张鲁,益州亦受到威胁,刘璋束手无策。于是张松献计,派法正去荆州请刘备入川。刘璋万万想不到,自己这么一个全四川最傻呆的人会遭到两个全四川最聪明的人的联手算计。

　　其结果毫无悬念,傻驴子刘璋不但没有悟到自己正在落入张松和法正挖的一个大坑,反而让法正带着四千人马、数以亿计的金钱作为聘礼,浩浩荡荡地前往荆州,恭迎刘备入川。

　　对于张松和法正引狼入室的设局,除了刘璋之外,益州没有一个人赞成。毕竟四川那么大,忠心耿耿的人比比皆是。第一个站起来反对的就是那位久违了的老兄刘巴。这个刘巴是以反对刘备而著称的,自越南逃到云南,又被送到成都刘璋手里。虽然刘璋并不了解刘巴此人,但是一见他就惊喜万分,立即客客气气地奉为上宾,看得其他人都丈二和尚摸不着头脑。原来刘璋的老爹刘焉曾经得到刘巴的老爹刘祥的举荐,可见刘璋虽然笨一点,但是拥有一颗报恩的心,品德上还是没有任何缺陷的。

　　刘巴说,刘备是一个雄人。雄人者,牛人也,把他堵在门外都来不及。怎么还敢开大门让他进来?刘备一旦来了四川,必成大害。

　　主簿黄权也劝说,请刘备入川,简直就是引火烧身。刘备心比天高,来了四川之后,要把他放在什么位置?当成一个部下,刘备必定不会满足;当作上宾看待,又一国不容二君。如果刘备安如泰山,那主公就危若累卵了。还不如紧闭大门,以绝后患。

　　黄权说得越多,刘璋就越生气,最后干脆把他贬到广汉去做县长。

　　还有一个叫王累的官员以独特的方式来劝阻刘璋,把自己倒挂在成都城门的大门口,结果刘璋就是犟,一句话也听不进。

　　法正到了荆州,见了刘备如同被送养的孩子见到了亲爹娘,那种兴奋是无法用言语表达的。风尘仆仆来到荆州,连气都不喘一口,就求着刘备入川:凭着刘皇叔的英明果断,还有刘璋的懦弱无能,再加上有张松做内应,攻取益州,易如反掌。

　　刘备千等万等,就等着法正这句话。跨有荆益,跨有荆益,诸葛亮草庐对里的这四个字整天挂在嘴边,都快要溶化了。即将变成现实了,刘备是说不出的激动。再说既然四川人如此一片好意,如果自己不领情,岂不辜负了张松和法正的一片美意？

于是刘备毫不犹豫地留下诸葛亮、关羽、张飞、赵云守卫后方基地荆州，自己率领数万大军，带上庞统、黄忠、魏延，以法正做向导，沿着长江逆流而上。

孙权听说刘备要去攻打益州了，恨恨地大骂道，狡猾的长耳朵，竟然如此使诈！急忙派船去荆州，要把大妹子和刘备的儿子刘禅接回江东。其用心很清楚，就是劫持刘备的老婆和儿子做人质。这时候虎将赵云再次扮演了救世主的角色，他跟张飞不顾一切地截住了孙夫人，把刘禅夺回来，总算为刘备挽救了一次危机。

刘备的西进运动其实是一次光荣的行军，沿途所经之处，不但大门敞开，而且就像供奉天神下凡一样，贡品排满了道路的两侧。每到一地，金银财宝滚滚而来。刘备毫不客气地照单全收，自己正准备招兵买马，缺的就是军费。就这样一路畅通无阻，直抵巴郡。江州的巴郡太守严颜看到刘备骄横无礼的模样，气得捶胸大叫，这就是人们所说的"躲在一个孤山头，放出老虎保护自己"吧！刘巴也再次警告刘璋，如果让刘备攻打张鲁，无异于把猛虎放归山林。这也老虎，那也老虎，听得刘璋一阵猴急，破口大骂：要是曹操这只大老虎真的来了，我看率先撒腿逃跑的将是你们两只小老鼠！刘巴绝望之下，关起大门自闭不出。

刘备从巴郡出发，又沿着垫江水北上，到了涪城，刘璋亲自到场，为他举行了一个无比隆重的欢迎仪式。三万益州的步兵、骑兵排列成令人震撼的大方阵，旌旗遮天蔽日，耀眼夺目，好像刘备才是这块土地真正的主人。

这时候矮脚猫张松又现身了，他让法正告诉刘备，现在是除了刘璋，夺取益州的最好时机。但是刘备似乎有所不忍，人家如此热情款待，你恩将仇报，岂不成了千古骂料？再说一到益州就杀人，岂不吓坏了所有的人？

蒙在鼓里的刘璋绝对料不到请来的不是大救星，而是一颗巨大的灾星。于是产生了悲剧的一幕，愚笨憨厚的刘璋无比温馨地跟满肚子都是鬼的刘备紧紧地握手，把自己的生命、甚至全四川的安危都交给了刘备。两人貌似亲密无间，刘璋让刘备做大司马，随口给了他一个司隶校尉的官职。刘备也心甘情愿地称呼刘璋为镇西大将军，尊奉他为益州牧。

3.机会是创造出来的

张鲁

既然大家都这么客客气气，刘备也不好说什么，屁股一拍，北上葭萌关，去履行自己的职责了。葭萌关翻一个山头，就是传说中的五斗米教圣地——张鲁的汉中了。

这个五斗米教跟张角的太平教一脉相传、系出同门，都是奉太上老君为老祖宗的宗教。但是五斗米教比太平教更胜一筹，张角给人家看病，虽然是免费的，但必须入教接受严格的洗脑。而五斗米教则没有这样的强硬规定，只收取你五斗米的医疗费。所以五斗米教发展迅速，传到了张鲁的手中，经过数年的努力，完全改造成为一个政教合一的严密组织，独霸汉中，和外界脱离了联系，成了一个奇特的孤岛。那时东汉帝国到处战火纷飞，人们的生命、财产都不保，而张鲁的汉中却是治安井然，生活安定，简直就是一个令人无比向往的世外桃源。

但是在那一个兼并频繁，诛杀征伐成为常态的时代，超然独处简直就是异想天开。再加上汉中独特的地理位置，位居四川跟关中之间的交通枢纽，所以张鲁成了一个箭靶子，曹操、孙权、刘备，甚至连刘璋这样的窝囊货，谁都想朝他开一枪，把汉中占为己有。

这一次刘备攻打张鲁的兵力不可说不雄厚，除了自己从荆州带来的数万子弟兵，刘璋把益州最精锐的三万人马无偿拨给了他。此外，刘璋还下令驻守在葭萌关附近白水关的杨怀、高沛两军，要他们无论如何听从刘备的调遣。照理来说，手中掌握这多人马，粮草也是无限量供给，要多少给多少，刘备拿下汉中只是小菜一碟。

可是整整过了一年,直到建安十七年(公元 212),葭萌关前方战线是出奇的平静,什么战斗也没有发生。刘备除了整天待在营帐里跟庞统、法正密谋夺取益州之外,就是大肆挥霍刘璋的财物,用来广收人心,根本就不想找张鲁的麻烦。

而刘璋还在迷迷糊糊之中,忙着给刘备送钱送粮,准备把他养得肥肥嫩嫩的,好保护益州的安全。恐怕就是打死刘璋他也不相信,自己干了一件天下最傻的事,养虎自啮。此时刘备正处心积虑地算计着怎样名正言顺地夺取益州,可是想了一整年,就是想不出一条周全之策。

最后大谋士庞统给刘备定出三个方案:第一个方案是搞偷袭战术。刘璋对打仗一窍不通,趁着刘璋毫无准备,成都一片空虚,派遣一队精兵,以迅雷不及掩耳之势抄小道直取成都。刘璋肯定会仓皇无策,成都一战可擒。第二个方案是搞欺骗战术。驻守白水关的杨怀、高沛,号称刘璋的名将,兵强马壮。听说他们暗地里写信给刘璋,把我们打发回荆州。我们干脆将计就计,宣扬荆州出了大事,要急着回去。杨怀、高沛二人心中大喜,必来相送。我们就可以趁机杀了他们两个,夺了他们的兵马,然后南下进攻成都。第三个方案是搞迂回战术。先退回白帝城,联合荆州的诸葛亮,再回头进攻益州。如今已到了非常时刻,当断不断,反受其乱。再这样婆婆妈妈下去,只会害了自己。

刘备认真思考了一下,第一个方案其实就是狗急跳墙。万一偷袭的部队出了差错,那岂不什么都完蛋了?第三个方案又是前功尽弃。千里迢迢来到了益州,现在又得灰溜溜地撤回老家,如此一来,这两年的努力岂不都成了无用功?只有第二个方案虽然有点阴,却是不温不火,恰到好处,于是决定采取第二个方案。

可是万事俱备只欠东风,刘备连最坏的打算也做好了,就是缺少哄骗杨怀、高沛要回荆州的理由。

在耐心等待了数月之后,时机来了,这一回是大死敌曹操助了刘备一臂之力。建安十七年(公元 212)十月,曹操一直对赤壁惨败耿耿于怀,于是率大军南攻东吴。孙权赶紧派人去荆州请刘备出师相助,我把江陵这样的战略重地都借给你,还把大妹子也一并送出去,就是为了维持同盟军的关系,共抗曹操。如今都是一家人了，你赶紧出兵襄助吧，让我们再一次把曹操烧得灰飞烟灭。

接下去的事态发展就像一部毫无悬念的电视剧，刘备大大咧咧地给刘璋写了一封信，说自己跟孙权已结为亲家，唇齿相依。为了帮助益州抵御张鲁，把军队都抽到这里来了。荆州的关羽手头根本就没有几个兵，如果不回去救援，曹操必然占领荆州，然后把矛头对准益州。如此一来，曹操的危害性比张鲁更大。

于是刘备直截了当向刘璋提出要求，为了对抗曹操，请再拨给他一万人马和大量的粮草。

刘璋虽然傻笨，可是面对刘备一次又一次毫无节制的狮子大张口，不由得犯愁了。自刘备入川之后，张鲁倒安分些，可是为了喂饱这只看门的大老虎，自己几乎快把益州掏空了。再加上白水关的杨怀、高沛不断打小报告，说刘备在前线毫无忌惮地扩充势力，已成尾大不掉之势。刘璋这才有点后悔了，自己简直就在养虎为患。于是只给刘备四千人马，粮草也打了对折。

这是一个极好的借口，刘备趁机煽动部下对刘璋的仇恨，我们为了益州不惜舍身喂虎，转走千里，弄得身心俱疲，连睡觉也不得安稳。现在刘璋拿小钱当月亮，仓库里堆得满满的，却一丁点儿也舍不得拿出来赏赐我们。刘璋对得起弟兄们吗？还要弟兄们为他送命？

一时间空气紧绷，让人窒息。这时候又出了意外，终于嘣的一声，在益州上空引爆了。

事情是这样的，刘备声称要回荆州的事在益州传得沸沸扬扬，在成都里头准备做内应的张松也信以为真。他赶紧给刘备和法正写了密信，马上就要大功告成了，为何半途而废，功亏一篑？

如此大逆不道的密信不知道怎么到了张松的哥哥——广汉太守张肃手中，吓得他魂不附体。为了不连累自己，张肃立刻向刘璋举报。刘璋气得嗷嗷大叫，我养了一只白眼狼，引来了一只大恶虎！一怒之下，砍了张松的脑袋，并下令益州各地紧闭城门，断绝跟刘备的一切来往。

这是对一个有恩之人的赤裸裸挑衅，无耻的挑衅！于是刘备彻底撕下友善的面具，发出怒吼，向刘璋宣战！打到成都去，讨个说法！

4.奇取西川

按照庞统的第二个方案，要想奇取成都，首先就得解决白水关的杨怀、高沛。于是刘备把杨怀、高沛叫来，痛斥两人挑拨离间，使刘璋跟自己成了一对仇家。没等杨怀、高沛开口辩解，就稀里糊涂地掉了脑袋。

解决了刘璋这两个最得力的干将之后，白水关的守军顿时群龙无首，立即被刘备所兼并。而后刘备掉头西下，跟老将黄忠、益州降将卓膺直奔涪城而去，据守于此，等待刘璋的反扑。一年前，就在这里，刘璋和刘备热情相拥，那时候的手足之情让无数人感动得吧嗒坠泪。如今两个人只有怨恨，一边因为贪婪，一边因为恐惧。

刘璋在成都整天提心吊胆，张鲁没来侵略，倒是请来的皇室同宗刘备要对自己大开杀戒了。这时候有个叫郑度的官员给刘璋支招：刘备一点儿也不可怕，他孤军而来，人心不服。军中无辎重，靠着挖野菜充饥。不如把巴西、梓潼的老百姓都赶到涪水以西，实行坚壁清野策略，把仓库里的粮食，甚至野粮杂物统统烧毁。同时挖起深沟，筑起高垒。刘备来了，无论怎么叫骂，我们就是坚守不战。以不变应万变，不出三个月，刘备没得吃了，只好撤军。那时我们趁机出击，一战可擒刘备。

应该说郑度的策略是战胜刘备的最佳方法。刘备什么也不怕，就怕打起持久战。毕竟是在异地他乡作战，地形、人情陌生就不必说了，在荒山野岭搭营，连晚上睡觉都要提防半夜蹿出野兽来。

所以刘备忧心忡忡，要是刘璋真的听了郑度的话，那我们回荆州算了。省得到时候还没有打到成都，就先饿死了。

法正嘿嘿一笑，假如刘璋会听从郑度，那他就不是刘璋了。

果然，刘璋大骂郑度：我只听过抵抗外

郑 度

敌的侵略，是为了让老百姓能够安居乐业，从未听说过，为了躲避敌人，让老百姓遭受流离失所之苦。刘璋断然拒绝郑度的建议，派刘璝、冷苞、张任、邓贤、吴懿率精兵沿着大路从成都北上，企图夺回涪城。结果大败而逃，一窝蜂退到绵竹。绵竹有"古蜀翘楚，益州重镇"的美称，绵竹一失，成都必然不保。

益州兵战斗力低下，涪城一败就军心涣散，没等刘备杀过来，吴懿就弃戈投降。刘璋赶紧派了李严、费观前往绵竹督战，结果李严、费观两人一看大事不妙，也抛弃了刘璋，投入刘备的怀抱。

刘璋的部将死的死，降的降，张任跟刘璋的儿子刘循再南撤到雒城去。不能再后退了，雒城的背后就是成都，一旦雒城陷落，成都不战自溃。于是张任、刘循决心破釜沉舟，在雒城做最后的抵抗。

张任堪称益州第一战将，其作战之英勇令刘备为之侧目。尽管刘备的部队像蚂蚁一样爬到雒城城头上，还是被张任杀得如秋天的落叶一般，纷纷坠城飘落。刘备受挫于坚城之下，一筹莫展，两个大谋士法正和庞统想破了脑袋也想不出破城的妙计，无法智取只好强攻了。于是刘备调来所有的大军，昼夜不停地搭梯子猛攻。

建安十八年（公元213）的一天，庞统身先士卒，带头冲到雒城下，结果也被张任的乱箭射死。一只正要展翅高飞的凤雏就这样陨落了！

庞统之死，是刘备的最大损失。据说诸葛亮精通天文地理，很会算卦。一天夜里，他抬头望星空，忽然看见天罡星（北极星）悬挂在正西方的天顶，太白星（金星）又出现在雒城的分野（相对应天上的星宿为觜、参，即猎户座）。这些都是主帅的凶兆，于是急忙派人告诉刘备。结果诸葛亮的人没到雒城，庞统就死在落凤坡了。虽然史书上并没有明确记载庞统死去的时间，但是根据诸葛亮留下来的天象记载，可以推算出庞统大致死于建安十八年三、四月份间（并非罗贯中所说的七夕节），因为那时候金星恰好运行在猎户座之内。

为了从精神上击垮刘璋，法正特地给他的旧主人写了一封长达七百二十三个字的书信，最后一句半是威胁，半是诱惑：刘皇叔自发兵以来，对你的感情依旧，丝毫没有半点相逼之意。为了你的尊严，务必请你认真考虑一下。

但此时刘璋对刘备的愤怒已经达到了极点，不但没有讲和的意愿，反而向雒城增派更多的援兵，使得雒城成了一块铁板，死死地把刘备挡在雒城外。

庞统死后,刘备更是孤掌难鸣,此时的情形正像《三国演义》中所描写的那样,刘备在涪城进退两难。由于刘备的主力被牵制在雒城,久而不克,渐渐失去了战场的主动权。如果这时候能够绕过雒城,从成都的背后插一刀,那么坚固的雒城将变成一堆没用的烂砖头。

5.一个大好人的悲剧

在最关键的时刻,荆州的诸葛亮审时度势,毅然决定留下关羽驻守江陵,自己和张飞、赵云沿着长江溯流而上,在益州开辟第二战场,直捣成都的侧背翼。诸葛亮的这一决定可谓一招制敌,对骑虎难下的刘备来说是一场及时雨,登时让益州的形势急转直下。

诸葛亮大军浩浩荡荡,沿途如入无人之地,夷陵、秭归、白帝城、巴东、三峡天险、临江、涪陵,不战而克,就像一把利箭,直飞向江州,巴郡太守严颜一下子就成了诸葛亮的俘虏。

严颜也算是一条硬汉子,被五花大绑之后宁死不肯向张飞屈服。

张飞怒骂,严毛子找死!大军来了,不但不投降,还敢抗拒!

严颜强硬反驳,尔等无赖侵略我的家园,益州只有断头将军,没有投降将军!

气得张飞嗷嗷大叫,把严毛子拉出去砍了!

严颜随即蹦出来一句人们无比耳熟的话,要杀要剐,悉听尊便!何必如此动怒?

尽管张飞也有过长坂桥头的英雄气概,但是严颜的霸气彻底征服了他。于是亲自为他松绑,从此张飞又多了一个知心朋友。

这一幕实在太经典,成了无数电视剧里面最常见的桥段。

拿下江州之后,诸葛亮兵分两路。一路是自己跟张飞,顺着垫江水北上,然后在德阳拐了一个弯,直奔成都而去。另一路是赵云,继续沿着长江南下,然后在江阳绕了一个完美的半圆圈,再飞越大渡河北攻犍为,从南路直逼成都。

在诸葛亮两路钳击成都的威慑之下,雒城守军四面楚歌,士气似冬天的水银柱一下子就甩落到最低点。打了一整年,弹尽粮绝,士兵也没剩几个。可是守

张飞智擒严颜

将张任就是不投降，与雒城共存亡成了他唯一的追求。眼看雒城即将不保，张任决定最后进行反扑。他带上一个敢死队无畏地冲出雒城，结果在雁桥遭到刘备的伏击，做了俘虏。

张任的坚韧不拔，赢得了对手的尊敬。刘备非常爱惜人才，虽然张任杀戮自己部下无数，连大军师庞统也成了张任的箭下鬼，但刘备似乎一点也不恨他，反而想把他挖过来。

张任的气节再次震服了刘备，他面对刘备无比期待的眼光铿锵誓言：一马不鞴双鞍，忠臣不事二主！

张 任

刘备无奈之下，只好含着泪珠，杀了张任。张任一死，宣告了成都的最后屏障倒塌了。刘备从北，诸葛亮、张飞从东，赵云从南，十面埋伏，刘璋成了瓮中之鳖。

就在这时候，刘备又增添了一支勇猛的生力军。

大西北各族的领袖、三国武将排名第五的马超（一吕二赵三典韦，四关五马六张飞）被曹操击溃于潼关之后，全族百余口又惨遭灭绝。马超单骑逃到汉中，准备依仗五斗米教主张鲁反攻曹操，收复故土。但张鲁整天不是念经就是抄符咒，看得马超信心全无。再加上张鲁的部下杨昂嫉恨马超的本领，多次设计陷害马超。虎落平阳被犬欺，可怜一代豪杰马超上天无路，入地无门，只好从武都逃到氐中。刘备早就听说马超的英名，就让建宁督邮（地方特派员）李恢到武都去游说马超，劝他归降刘备。马超本已走投无路，于是毫不犹豫地投奔刘备，从而跟关羽、张飞、黄忠、赵云一道凑足了蜀汉的五虎上将。

马超一到，刘备惊喜万分，拍案大叫，益州注定是我的了！刘备把马超放在成都的城北，让他披戴耀眼的盔甲在城外走来走去，对成都的守军来说不啻于一颗重磅炸弹。城中仿佛地震一般，人心惶惶。

包围了数十天，刘备和诸葛亮一直不敢强攻。为了争取早日和平解决，刘备让简雍入城劝诱刘璋。成都城内尚有精兵三万，粮草、布帛还可以支撑一年。上下同心，要跟入侵者刘备拼得你死我活。战还是和，全凭刘璋一个字了。

这时候刘璋表现出极大的爱民之心，我跟老爹统治益州二十多年，并没有给老百姓带来多少的恩惠。如今打了三年仗，尸横遍野，都成了野草的肥料。而这一切都是我的罪过，如何让我安心？

跟刘备顽抗到底，无异于玉石俱焚。在马超投靠刘备后不到十天，刘璋作出一生中最英明的决定，他下令大开城门，与简雍登上一辆牛车，投降刘备了。成都的老百姓和官员们无不痛哭流涕！这是一个失败的领导人，同时也是一个品德高尚的领导人。他不像曹操那样残忍，也不像刘备那样狡诈。我们不得不承认，刘璋是东汉末年最好的地方统治者之一，他的失败并非因为无能，也不是因为无谋或者无勇。我们可以说刘璋傻、笨，但不能骂他愚蠢。如果是在和平安定的盛世，刘璋说不定可以名垂千古。刘璋体恤爱民，任贤用能，在他的治理之下，益州民殷国富，户口百余万。但是在那个战争频仍的大混乱时代，刘璋的仁慈和无私只能成为诸侯尔虞我诈、不择手段争霸的牺牲品。

面对着胜利者刘备无法捉摸的笑容，刘璋是问心无愧的。他的所有财产全部被刘备夺去了，而自己也被贬为振威将军，实际上却成了一介草民，离开了生活几十年的故土，到荆州的公安去度过余生。但是像刘璋这样的弱者注定会被强者任意操纵的。即使没有投降刘备，也会成为曹操的盘中美餐。刘璋在荆州过了六年的平淡日子之后，孙权击杀关羽，夺取了荆州。为了掩人耳目，孙权假惺惺地恢复了刘璋的官号——益州牧，驻地秭归，但实际上成了孙权的玩偶。建安二十五年（公元220），刘璋在秭归病死，凄凉地结束了他那让人恨、让人笑、让人怜的有争议的一生。

刘璋的仁慈和软弱造就了刘备，尽管西进运动的道路上荆棘密布，一度在雒城遭遇险阻，益州名将杨任的顽强抵抗几乎将刘备拖入了持久战的泥沼。但是在最后的关头，诸葛亮雪中送炭，让刘备化险为夷，鸠占鹊巢，由局外之人一跃成为益州的主人。胜利来之不易，这是诸葛亮草庐对"跨有荆益"路线的胜利。

刘备入主成都之后，内心一片狂喜，奋斗了近二十年，终于由一个遭人冷眼的街头小贩蜕变成雄踞一方的霸主。于是刘备下令大摆酒筵，全军狂欢三天三夜。但是，打下江山难，守好江山更难。夺取益州，只是万里长征刚刚迈出的第一步，未来之路依然遥远，依然艰难！

6. 益州三巨头

刘备面临的第一个难题是怎样治理好益州，而要治理好益州，人才是最关键的资源。益州不是荆州，就一条长江、几座城池。益州地大物博，逛一圈也要大半年。一天到晚，军政大事，鸡毛蒜皮的小事，好比长江的流水连绵不绝。别说耗费心思去料理了，就是看着案头不断升高的奏章文书，也能让你头痛得快要炸裂。所以选择好人才，是首要之务。刘备很幸运，他根本就不愁人才，益州的前任领导刘璋给自己留下了一大笔财富。刘璋不但把千里沃土益州无偿转让给刘备，而且也附带赠送了一整套庞大的官僚机构，刘备只要稍微加以改造，就可以坐享其成，高枕无忧了。

尽管诸葛亮为了攻取益州殚精竭虑，但是刘备一旦成功之后，对他的态度有了微妙的变化。不再是那种一旦离开了诸葛亮，刘备就无法生存下去的鱼水之情。刘备似乎是有意识地在疏远诸葛亮，先是庞统的到来，夺去了诸葛亮建立奇功殊勋的机遇，要不是庞统殒命于落凤坡，恐怕刘备会一辈子把诸葛亮甩在荆州，成为关羽的军师助手。然后就是法正的弃暗投明，彻底取代了诸葛亮在刘备心中的位置。就这样，诸葛亮在刘备集团中，由男二号变成了男三号。

刘备入驻益州之后，在原来刘璋的官僚机构基础之上，进行重新改组，除了大部分留用之外，刘备也不忘把荆州的那些老部下都整合进去，毕竟跟随了自己这么多年，即使没有功劳，也有苦劳。

在这里，要不厌其详地介绍一下刘备夺取益州之后，建立起来的第一个政权机构。让我们瞧瞧，包括诸葛亮的那套人马这时候到底在刘备的心目中占据了什么位置？

刘备集团的政府机构主要有行政决策中枢及其办事机构、地方机构。行政决策主要由三个人负责：

No.1 益州牧：刘备。

属官有：从事中郎（刘备的办公室主任）——伊籍。刘备的旧部，为人机警，办事敏捷，待遇仅次于简雍、孙乾。益州的法律《蜀科》就是由诸葛亮、法正、伊籍、刘巴、李严五人共同制定的。

No.2 谋主、蜀郡太守、扬武将军——法正。法正竟然成了男二号，这多多少少让诸葛亮的粉丝们愤愤不平。其实光凭谋主两个字，就足以让法正凌驾于诸葛亮之上。谋主，绝不是简单的出点主意，而是位高权重，掌握实际军权。相当于总政治部、总参谋部。再加上法正身兼蜀郡太守，也就是益州首府成都的长官，简直就是一人之下，万人之上。

属官：益州治中从事——彭羕。主管人事的蜀郡太守助理。这个彭羕原是刘璋的部下，虽然身长八尺，算得上一个美男子。本来只是个下级的文员，却为人傲慢无礼，心比天高。刘璋很讨厌他，摘了他的乌纱帽，把他贬到军营去扛木头。后来刘备入川，彭羕大拍马屁，刘备芳心大悦，就委以重任。但是彭羕的奸猾逃不过诸葛亮的眼睛，诸葛亮曾经劝诫过刘备，彭羕志大才疏，肯定会出问题的。果然不出诸葛亮所料，彭羕后来愈加疯狂，竟然公开辱骂刘备是个荒唐的老糊涂（老革荒悖），甚至对马超说过大逆不道的话，说什么你在外头，我在内头，我们就可以出头。

刘备盛怒之下，将彭羕打入大牢处死。彭羕曾经被刘璋抛弃过，刘备起用了他，可是最终还是忍无可忍地将他杀头了，可见刘璋的眼睛也是雪亮雪亮的。

督军从事——费诗，刘璋旧部。主管军事。

议曹从事——杜琼，刘璋旧部。主管政务。

典学校尉——来敏，刘备旧部。主管文化。

劝学从事——尹默，刘备旧部。主管教育。

学士——许慈，刘璋旧部。蜀郡教育总长。

议郎——孟光，刘璋旧部。从政顾问。

功曹书佐主簿——李恢，刘璋旧部。主管文书、档案。

蜀郡北部都尉——陈震，刘备旧部。主管治安，后改任为汶山太守。

No.3 军师将军署左将军府事——诸葛亮。有了大谋士法正的存在，诸葛亮只好屈居第三了。刘备为了治理益州，专门设置了左将军大司马府事，相当于内务部和后勤部。

掌军中郎将——董和，刘璋旧部。为官清廉，为民所拥戴。刘备让他做诸葛亮的副手，共掌左将军大司马府事。

马　良

左将军府属官：

左将军掾——马良。诸葛亮的得力助手。这个马良可是一个传奇人物，他有五个兄弟，都有才华，其中一个就是马谡。乡里的老百姓有句口号，马氏五兄弟，长白眉的那个最好。马良就长着一对白色的眉毛，真是世所罕见。马良跟诸葛亮的关系非同寻常，是诸葛亮的结拜兄弟，甚至说两人有亲戚关系。别人称呼诸葛亮，小心翼翼的，满口"军师"，非常尊重。马良却随随便便直呼"哥啊"、"兄长"，让人听了心里直痒痒。

左将军长史——许靖。左将军府的秘书长。这个许靖有段不光彩的经历，他本是刘璋的蜀郡太守，但是在刘备围困成都时，准备临阵脱逃，投降刘备。结果被刘璋发现了，投降未遂。刘璋倒是为人宽厚，自己都是泥菩萨了，也不怪罪许靖。因而刘备很鄙视许靖，不想再录用他。法正知道许靖有点才能，劝刘备说，徒有虚名这个词语说的就是许靖。但是主公刚刚缔造大业，应该重用许靖，让天下人都知道主公求贤若渴。刘备想一想，法正说的也是，就录用了许靖。

左将军司马——庞羲。参谋人员。

左将军兵曹掾——杨仪，刘备旧部。主管兵事。

左将军西曹掾——刘巴。主管人事。这位仁兄前面已经多次提过，他是刘备名副其实的老冤家。刘备出走荆州，大家都屁颠屁颠地尾追而去。刘巴却毫不犹豫地站在刘备的对立面，投靠了曹操。之后又跟刘备争夺荆南四郡，惨败之后隐姓改名潜逃到越南去。那时候越南北方是大汉帝国神圣不可侵犯的领土，地方首领士燮(后来被越南的王朝册为嘉应大王)是孙权的拥护者，当时刘备跟孙权正打得一片火热，刘巴怕刘备闻到自己的气味，又潜逃到云南去，以后就来到了成都,在刘璋的手下做事。本以为远离了刘备,从此安全了。没想到冤家路窄,刘璋准备请刘备入川,刘巴竭力反对未果,就躲在家里再也不出门。

刘备对刘巴既恨又爱,但是爱的成分多一点。攻陷成都之后,刘备下了一道严令:谁砍了刘巴的人头,我就砍了他全家族的人头。可能就是这句话,深深感动了刘巴,于是自动打开家门,泪汪汪地投入了刘备的怀抱,这不禁令刘备惊喜万分。这个刘巴确实很有本事,就是连诸葛亮也甘拜下风,感叹说,运筹帷幄我远远不如刘巴!

但是刘巴有个让人受不了的缺点,喜欢摆臭架子。

刘 巴

张飞不可不说是一个雄赳赳的武将,他对刘巴也是佩服得五体投地。张飞很喜欢跟刘巴亲热,有一天故意跑到刘巴家里去睡大觉。可是热脸贴了冷屁股,刘巴爱理不理的,任凭张飞打呼噜,就是不跟他搭话。张飞恼羞成怒,扬言要将刘巴猛揍一顿。眼看这个目空一切的书呆子就要吃亏,诸葛亮赶紧出来劝刘巴:张飞虽然是个大老粗,但是他对你可不是一般的尊敬。主公现在四处网罗人才,以安定大局。难道你就不会替主公想一想,纵然是个世外高人,也要稍稍收敛一下?本以为诸葛亮亲自出面了,刘巴也该把高高翘起的尾巴放下来了。没想到刘巴依旧傲性难改,他很瞧不起武人,没好气地回了诸葛亮一句话,大丈夫处世,理应四海交友,怎么可以跟一个丘八搭话?刘巴简直是没救了!

总是摆出架势的不一定都是牛人,但凡是牛人都喜欢摆出架势。诸葛亮不是要刘备屈身三回才见面吗?刘巴投效之后,确实也显示出了他的价值。刘备围攻成都时,为了激发部队强烈的进攻欲望,承诺说,只要拿下成都,仓库里的金银财物都是属于你们的了。所以那些士兵们入城之后,什么也不干,都跑去抢夺仓库里的值钱东西,抓铜钱的抓铜钱,扛布帛的扛布帛,很快就把偌大的仓库劫掠一空。刘备后悔得肠子都青了,一副苦瓜脸,以后的日子怎么过呀?刘巴给刘备支招,统一发行一百钱的货币,稳定物价,让政府来管理市场交易。果然不到几个月,铜钱又流水般地堆满了整个仓库。可见刘巴的的确确有他牛的资本。

上述三人,刘备、法正和诸葛亮可以说是刘备集团的决策层核心人物。所以陈寿在《三国志》里说到,诸葛亮是刘备的肱股,法正是刘备的谋主。

7.刘备的爪牙们

如果把刘备集团比作一个人,脑袋是刘备,左右手是法正和诸葛亮,那么底下还有两只脚,陈寿称之为爪牙,就是一大帮勇猛的武将了。他们是刘备集团的保护神,所以都冠以将军的称号。在刘备集团的金字塔结构中,刘备是塔尖,法正和诸葛亮在第二层、第三层,剩下的就是这些高级将领了。

安汉将军——麋竺。刘备把麋竺排在武将的前列,确实有点不可思议。难道他的武功比得过关羽、张飞、赵云吗?稍稍想一想,也是无可厚非的。人家麋竺可是刘备的内兄啊!麋竺是个亿万富翁,史称僮客万人,资产巨亿。也就是说麋

麋 竺

竺拥有一个庞大的产业,员工超过一万人,资产总值何止过亿。他不但把妹子嫁给了刘备,而且出人出钱,拨出两千奴客,充实了刘备的军队,无偿奉献了千万银钱充作军费。可以说刘备的早期发展与麋竺的坚定支持是分不开的!麋竺如此劳苦功高,难怪刘备把他排在诸葛亮之后(拜为安汉将军,班在军师将军之右)。

副军中郎将——刘封。预备队指挥官。刘封本来姓寇,武功高强,气力过人。刘备刚刚来到荆州之时,已经年过四十,但还是

没有儿子。至于刘备之前的生育史无考,按理应该多次生育了,但在那个人荒马乱的年头,刘备屡屡打过败仗,妻儿多次被掳,都下落不明。现在看看自己,头发半白了还是膝下无子。刘备心里堵得慌,赶紧把刘封收为养子,做好两手准备。此后刘禅生下,刘封的地位从根本上动摇了。但他名义上是刘备的儿子,自

然不会亏待于他。

征虏将军——张飞。令人纳闷的是，刘备取得益州之后，大行封赏，法正、诸葛亮、关羽、张飞各赏赐黄金五百斤、白银一千斤、钱五千万、锦缎一千匹，不可不说优渥。但是所有的人头衔一大堆，偏偏却忽略了张飞这么一个义弟。陈寿只说他领巴西太守，实际上那是以后张飞取代巴西太守向朗的事。大概在荆州时已经封张飞为征虏将军了，这个名号非常响亮，足以让敌人闻风丧胆，所以刘备取得益州就无须画蛇添足，另外册封了。

刘 封

平西将军——马超。马超虽然是一代英豪，却落个满门被杀的凄惨下场。投靠刘备之后，备受重用，在五虎上将中排在关、张之后，令人大跌眼镜，直呼看不懂刘备的用意。包括关羽、张飞在内的许多高级将领，对这么一个败军之将获得如此高的待遇表示不满。

在一部叫《山阳公载记》的野史中甚至说马超封将之后，异常傲慢，就连主子刘备也不太尊重，不称尊号，只叫名讳"玄德"。惹毛了在荆州的关羽，扬言要把马超杀掉。刘备劝说，人家是走投无路才来投我，因为他叫了玄德两个字你们就想杀了他，这让我在天下人面前情何以堪？张飞心中不平，即使是这样也要狠狠地教训他一顿。第二天大会的时候，马超一瞧，座位上不见关羽、张飞的身影，原来他们拿着大刀，就像两尊门神威风凛凛地站立在刘备的面前。吓得马超满头大汗，从此再也不敢直呼刘备"玄德"了。

《山阳公载记》的这段记载，疑点很多，不足为信。但是关羽不服马超，确有此事。为此关羽下了一封战书给马超，要亲自去成都跟马超比试一下武功。

诸葛亮对此很担忧，关羽的臭脾气世人皆知，生怕祸起萧墙，酿成大祸，所以给关羽写了一封安慰信，说什么马超文武双全，盖世无双，真乃一时豪杰，简直就是当代版的黥布、彭越。但即使如此剽悍，也只配与三弟张飞一比高低，根本就比不上你这个美髯公的超逸绝伦。几句话把关羽吹捧到云端上去，于是比武之事不了了之。

征虏将军——张飞

翊军将军——赵云。他简直就是刘阿斗的保护神，两次从危难之中救出刘阿斗。一次在长坂坡，单身匹马闯入敌阵，凭着浑身高超的武艺，硬是把刘阿斗救出来。另一次在刘备西征益州时，赵云凭着一颗赤胆忠心，截住孙夫人，把刘阿斗抢回来，让孙权绑架刘阿斗做人质的计划落空。此后跟随诸葛亮入川，也是功不可没。更让人感动的是，赵云不但英勇，而且品德高尚，不贪功劳不贪钱财不贪女色。桂阳太守赵范有个寡居的嫂嫂樊氏，国色天香。赵范想用她来诱惑赵云，反而被赵云痛斥了一番。咱们都姓赵，你的哥哥就是我的哥哥，怎可乱伦？刘备攻取益州之后，大家欢欣鼓舞，都在讨论着怎么瓜分成都的田宅庄园，也被赵云痛责，为什么不学一学霍去病，匈奴未灭，何以家为？如今国家的敌人何止一个匈奴，天下未平，谈什么私分田宅，享受美满日子？赵云的话慷慨激昂，刘备大为赏识。

讨虏将军——黄忠。对黄忠只能用一个成语来评价：老当益壮。能够列入五虎上将，自然不同寻常。

昭德将军——简雍、秉忠将军——孙乾。这两个文职高级军官，都是刘备的旧部。简雍是一个很幽默的人，那个没收淫具的冷笑话说的就是他。在这里就不提了。孙乾算是关、张两人之外，最早跟随刘备的部下。那些年，跟着刘备一同啃过冷馒头，嚼过草根，出生入死，共同奋斗到今天。

偏将军——黄权。中级军官。这个黄权也是个很会摆架子的人。益州各郡县如秋风扫落叶，纷纷投降刘备，黄权就是岿然不动。即使主子刘璋已经宣布投降了，黄权仍然要刘璋的一封亲笔信才肯向刘备低下高贵的头。

郫邸阁督——邓芝。刘璋旧部。这个郫邸阁并不是地名，也不是普通的阁楼，而是储备粮仓的地方。益州只有一个邸阁，就设立在郫县。郫邸阁直接关系到益州百余万军民的生存问题，不容忽视。所以邓芝虽然仅仅是个粮仓的总督，但其责任之重大一点也不亚于那些将军、从事。

牙门将军——魏延。牙门将军，就是像门牙一样的将军，门牙承担着切割食物的重任。牙门将军一般只授予凶狠的斗士。刘备集团里只有两个人获此殊号，除了魏延之外，更早的是在长坂坡威震天下的赵云。

上述啰哩啰嗦的就是刘备集团的行政决策中枢及其办事人员，此外还有一个很重要的就是地方郡县机构。

都督荆州事——关羽。荆州特别行政区最高长官。除了谋主法正亲自掌管的都畿益州郡之外,当数关羽镇守的荆州最为关键。它是诸葛亮"草庐对"中争夺天下的两个基点之一,荆州的得失关系到诸葛亮谋划大略的成败,关系到刘备兴复汉室宏大理想的成败,其战略地位的重要性决非其他地方郡县可比的。刘关张三人为一体,刘备就把荆州交给最为放心的人——二弟关羽。

犍为太守——李严,刘璋旧部。

巴郡太守——费观,刘璋的婚亲。

越巂太守——马谡,白眉马良的弟弟。

长沙太守——廖立。刘备集团最年轻的太守,三十岁时就任长沙太守,诸葛亮将之与庞统并提,称之为楚之良才。

固陵太守——刘琰,刘备旧部。

梓潼太守——霍峻,刘备旧部。在刘备平定益州的战争之中,表现斐然,屡立功勋。刘备从葭萌关南下袭击成都,就把后方基地葭萌关交给了部将霍峻。汉中张鲁见有机可趁,派杨昂诱惑霍峻,要求一同守卫葭萌关,免得刘璋乘虚而入。霍峻振振有辞,要我的人头有一颗,要葭萌关那就免谈了。杨昂灰溜溜而去。杨昂的脚步刚离开,果然刘璋的部将扶禁、向存率万把人马沿着嘉陵江北上偷袭葭萌关。当时霍峻手下只有区区的数百人,面对着数十倍于己的敌人,霍峻抱着与阵地共存亡的决心,死扛硬顶了一整年,让扶禁、向存在葭萌关干瞪眼、光跺脚,一点儿法子也没有。最后霍峻竟然派出一个敢死队,搞突然袭击,趁着混乱砍下向存的脑袋,创造了三国战争史上以少胜多的一大奇迹。刘备平定益州之后,立刻划出广汉另设梓潼郡,提拔霍峻为太守。

巴西太守——向朗,刘备旧部。前面已经提过,他是荆襄教父司马徽的学生。

广都长——蒋琬。这个蒋琬是未来一颗明亮的政治新星。他跟随刘备入川时,原本是荆州一个小小的文书官,但是他有安邦定国的大才,刘备却让他做成都附近的广都县长。又是大材小用,蒋琬成了第二个庞统,整日怏怏不乐,喝得醉醺醺的。一次刘备跟诸葛亮出游,刘备突发奇想,要去看看广都这个地方。结果蒋琬东倒西歪、睡眼惺忪地跑来接驾。刘备见状大发脾气,要将蒋琬按律处斩。诸葛亮赶紧为蒋琬求情,主公啊,你要砍的人可是一个罕见的社稷大才，不是一个七品芝麻官。蒋琬执政，踏踏实实，以民为本，从来就不会玩弄花样。主公要三思啊！刘备很敬重诸葛亮，听他这么一说，就饶了蒋琬不死，只罢官而已。

什邡令——王连，刘璋旧部。

根据上面内容做了一个粗略的统计，刘备任用的人才中，刘璋旧部与刘备旧部的比例大致是 4.5:5.5。毕竟还是自己的老部下信赖多一点。荆州带过去的队伍，除了阵亡之外，几乎全部录用。刘璋原来的那批人马也都大部分留用，其中包含刘璋的姻亲，真正体现出刘备任人唯贤，不避嫌、不避仇的用人原则。这也是刘备能够在益州迅速站稳脚跟的最主要原因，为刘备实现诸葛亮"草庐对"的大政方针打下了坚实的基础。

第六章 | 屈身于内

出来混·现在就要你还
山路弯弯让曹操不再贪心
先站稳再跑步
汉中争夺战
定军山秒杀夏侯渊
两个大冤家的最后决斗
自称汉中王
傲慢的二把手

1. 出来混，现在就要你还

刘备取得了益州，宣告了诸葛亮"草庐对"三步走已经走完了跨有荆益的第一步。接下去只要巩固好孙刘联盟，马上就可以走第三步，也就是最后一步：两路北伐。一路由刘备亲率大军，法正为军师，从益州出发，先取汉中，然后进袭关中，最后攻克长安城。另一路关羽从荆州直接北上，扫荡襄阳、南阳、许都，目标直指东都洛阳。只要两路大军紧密配合，遥相呼应，再加上有诸葛亮坐镇成都，筹运粮草，协调好东西两个战场的攻势，剿灭曹贼，汉室复兴指日可待。

这些话听起来很美好，让人精神为之一振，简直就像树上熟透了的红苹果，非常诱人。建安二十年（公元 215）夏，正当刘备、法正、诸葛亮三巨头秉烛夜观大汉帝国的辽阔版图，兴奋地指指点点之时，东吴的孙权派来了诸葛亮的哥哥诸葛瑾，给刘备三人热得快要冒烟的脑袋泼了一大盆冷水。

诸葛瑾传达孙权的话，当初把荆州借给了刘皇叔，就是因为可怜刘皇叔没有容身之处。现在刘皇叔取了益州，也应该把荆州还给东吴了。

一听到是来讨债的，刘备立即把脸拉得比驴还要长。把荆州还给了孙权，那诸葛亮"草庐对"的皇皇大言岂不成了一大段废话？

刘备没好气地看着诸葛瑾，硬邦邦地说了一句违心的话搪塞过去：取了凉州，便还荆州！

听了诸葛瑾的话，气得孙权这头红毛狮子胡须倒立，世界上竟然存在着这么无赖的人！不是答应过吗？取了益州，便还荆州。现在取了益州，又要赖说取了凉州，才肯还荆州。简直就是棺材里伸手——死不要脸！你既然不要脸，那我就撕破了脸！

一时间风云突变，本来是一片和谐的荆州立即山雨欲来风满楼。

孙权也知道如果狮子大开口，要把荆州都拿回去，绝对是不可能。于是派诸葛瑾去益州，只求把长沙、零陵、桂阳三郡拿回来。

孙权采取了两手策略，一面派诸葛瑾去成都要东西，另一面暗地里任命了长沙、零陵、桂阳三郡的长官，进驻三郡，试图造成既定的事实。无论诸葛瑾成功与否，生米煮成熟饭，刘备又能怎样？

在荆州牧刘表时代，荆南四郡还有最南方的交州，都成了江东孙氏的势力范围。赤壁之战以后，周瑜集中兵力进攻南郡江陵，被刘备乘虚而入，捞了个大便宜，把荆南四郡占为己有。孙权对此一直耿耿于怀，认为刘备和诸葛亮是小偷，偷走了荆南四郡。现在挥舞着大棒，逼着要刘备把吞下去的都吐出来，实在是有点霸道。所以关羽闻讯之后，毫不客气地把孙权派驻长沙、零陵、桂阳的官吏全都轰走。

孙权火了，给你台阶下你不下，干脆派大将吕蒙率两万人马去把三郡抢回来。吕蒙也懂得先礼后兵的道理，他给刘备派驻长沙、零陵、桂阳的太守各写了一封信。结果长沙、桂阳两个郡因为毗邻东吴的庐陵郡和豫章郡，感情上比较接近孙权，所以吕蒙的信件一到，就毫不犹豫地表示愿意接受孙权的领导。零陵郡比较靠近益州，太守郝普心中一片纠结，迟迟不肯表态。

眼见荆南大片领土眨眼间就被孙权咬去了一大半，这下子把事情闹大了。刘备暴跳如雷，孙权你小子竟然动真格的，欺负到自家人的头上来。如今我已经不再是当年寄人篱下的刘备了，你要玩，我陪你玩到底！

刘备二话没说，急冲冲地率领五万大军顺江东下，到了荆州的公安，又令江陵城内的关羽南下益阳，准备与孙权大动干戈。

刘备硬，孙权更硬，与他针锋相对，亲自坐镇陆口，在那里设立了前线作战指挥部。鲁肃则率一万人马进驻益阳，跟关羽顶牛对峙。但鲁肃是孙刘联盟的倡导者，极不愿意看到曾经并肩战斗过的孙刘联盟就这样破裂了。在过去与关羽的摩擦之中，鲁肃都是以和为贵，屡屡忍让退步。鲁肃向关羽发出邀请，都是一家人了，不如开个碰头会，有事好好商量吧。为了表示诚意，建议双方各驻兵一百步之外，只让双方的将领各佩一把刀。这就是单刀会。

鲁肃一提议，部下的东吴将领都替他捏了把汗，关羽可不是一般的人物，万一他要滑头，恐怕到时候单刀会变成了鸿门宴。

鲁肃却一点也不怕，事情闹到了这个地步，双方都得把话摊开讲明白。刘备辜负了主公的一片好意，是非曲直尚未分明，关羽又怎么敢闹出人命来？

于是鲁肃不顾一切地跑去见关羽。

单刀会上，双方唇枪舌剑，一点儿也不亚于战场上的激烈交锋。

关羽也是满口道理,虽然周瑜在赤壁放一把火烧得曹操体无完肤。但是在乌林追击战时,我家主公也是披甲而睡、枕戈待旦,为的就是同心戮力,大破曹贼,为孙权分忧、为东吴解难。你们怎么如此忘恩负义,硬说我家主公一点功劳都没有?拼死拼活的,才分到荆州那么一块鼻屎大的地方,你们今天就来收回去了?

鲁肃皱起眉头,苦笑道,亲爱的关大将军啊!到底是谁忘恩负义了?想当初我在长坂坡见到刘皇叔时,那时候你们是多么的狼狈不堪。所有队伍,就连战马加起来也不够一个营的兵力。绝望、迷茫、苦闷,刘皇叔已经到了抛弃所有理想的地步,甚至想逃到遥远的苍梧去避难。是我家主公怜悯刘皇叔被曹操追得无路可逃,于心不忍,不顾众人的反对,忍痛割爱,这才使得刘皇叔有个躲雨遮阳的地方。可是刘皇叔得了这个好处,却忘了这份情。吃了猪肝想猪心,得了益州,又想吞并荆州。就是世间的凡夫俗子也难容,更何况是一方之主?鲁肃听说过一句话,出来混的,迟早都要还的。吾辈肩负历史重任,理应以道义为本。关大将军啊,失人心者失天下,恃弱凌强,注定是没有好下场的。

一番话骂得关羽面红耳赤,哑口无言。鲁肃乘胜追击,又是一阵痛骂,如今我家主公认栽了,只望拿回三个郡就满足了,万万料不到你们如此贪得无厌,简直就是封豕长蛇!

单刀会成了批斗刘备的大会,关羽狼狈不堪,欲辩无口,被鲁肃骂得狗头喷血,就像一个木头人,毫无反应。主帅这么窝囊,荆州的将领实在看不下去了,突然间有人冒出一句不合时宜的话,天下土地自古就是有德者居之。

这句话就像嗞嗞燃烧的导火绳,让一向以儒雅著称的鲁肃火山似的爆发出来,如同一个凶神恶煞,噼里啪啦破口大骂。单刀会上火药味十足,场面十分火爆,眼见就要马上失控了,关羽赶紧出来打圆场,豁地拿起大刀,朝那位老兄狠狠地瞪了一下,这是国家大事,你懂个鸟!要他立即闪开。至于这个老兄是谁,史无明载。在《三国演义》中成了替关羽扛大刀的周仓,罗贯中还根据这段历史,编造一个十分传神的故事,这就是脍炙人口的《关云长单刀赴会》。说是鲁肃大摆鸿门宴,关羽虽身陷虎口却淡定异常,还附上一首打油诗,吹捧关羽什么"藐视吴臣若小儿",英雄气概胜过渑池之会上势压秦王的蔺相如。但实际上,关羽似乎有点理亏心虚,不敢还口,任凭鲁肃肆意责骂,窝了一肚子的怨气。

单刀会就这么不欢而散地收场了。关羽跟鲁肃在益阳紧张对峙，双方剑拔弩张，气氛令人窒息。孙权毛躁起来了，写信给吕蒙，说刘备也率五万大军赶来了，局势非常危急，要他放弃了零陵郡，赶紧回到益阳，帮助鲁肃对抗关羽。

这个吕蒙可是东吴的一代名将，他的雄才大略一点也不输给周瑜。他对借荆州的事一直耿耿于怀，决不会就这么善罢甘休。于是他把孙权的信件悄悄地藏起来，连夜召开紧急军事会议，宣称第二天要攻打零陵城。吕蒙耍了一个诡计，要零陵太守郝普的同乡好友邓玄之入城转告郝普，刘备在汉中被曹操的大将夏侯渊包围得密不透风，关羽在江陵城也被孙权牵制住了。现在是首尾难顾，救援不及。零陵一座孤城，且夕可破。万一城破身死，郝普的百岁老母岂不成了白发人送黑发人，那种悲痛实在是令人不敢想象。听得郝普心里一阵发毛，又见零陵城下，吕蒙摆出了吓人的攻城阵势，郝普赶紧竖起白旗，出城投降吕蒙。可是投降之后，郝普马上就发现中了吕蒙的圈套。吕蒙得意洋洋地抖出孙权给他的书信，并且拍手开心大笑。得知刘备已经进兵公安，关羽也在益阳严阵以待，郝普后悔得一塌糊涂。

兵不血刃地解决了长沙、零陵、桂阳三郡，吕蒙立即北上益阳，跟鲁肃一道，准备在战场上与关羽见面。

眼看一场血战在所难免，这时候从益州传来坏消息。曹操已经攻陷阳平关，正向五斗米教的总部南郑（汉中城）进军，教主张鲁弃城躲藏到巴中去了。

形势立即严峻起来，偏将军黄权告诉刘备，如果汉中失陷，那么三巴（巴西、巴东、巴郡）就危险了，简直就是砍下益州的大腿和胳膊。刘备暗暗叫苦，气得直跺脚，这个曹阿瞒尽坏我的好事！

后院起火，刘备只好忍气吞声与孙权谈判。孙权仍旧是那句话，把长沙、零陵、桂阳三郡还给我！

刘备强烈抗议，在行政划分上，桂阳、零陵、武陵、长沙是归荆州所管辖的。只不过刘表懦弱，没有掌控，才成了江东孙氏的势力范围。

孙权也是很霸道的，你瞧瞧，就连交州的士燮都向我俯首称臣了。更何况长沙、零陵、桂阳三郡现在都在我的手中。你承认也好，不承认也罢！

2.山路弯弯让曹操不再贪心

刘备无语了,如今是用拳头说话的时代。本来自己也准备抢起拳头,跟孙权好好地交谈一下,没想到半路杀出个程咬金,曹操跑来搅局了。刘备只得同意停火,重新瓜分荆州。结果江夏、长沙、桂阳三个郡给孙权,南郡、零陵、武陵三个郡给刘备。

这个结局对刘备来说是亏大了。但形势逼人,没得选择了。曹操正龇牙咧嘴,对着肥沃的益州虎视眈眈,流下了贪婪的口水。好汉不吃眼前亏,且让孙权一步,荆州最重要的地方——江陵城还在自己手中哩,留得青山在,不愁没柴烧。于是刘备迅速撤回益州,到了江州,派遣黄权去巴中迎接张鲁,但还是被曹操抢先了一步。

比张鲁投降曹操更不好的消息也来了,九月,益州少数民族巴人、賨人的酋长朴胡、杜濩、任约归顺曹操,曹操分巴郡为三,任命朴胡为巴东太守、杜蒦为巴西太守、任约为巴郡太守。

黄权没有接来张鲁,却跟朴胡、杜濩、任约打了一仗,把他们打得七零八落,收复了三巴地区,也就斩断了曹操伸向益州的黑手。

在七月攻占了汉中之后,曹操的形势本来是一片大好,不是小好。但是要不要再继续往前冲,吞并益州,曹操却一改平素果断迅速的作风,变得婆婆妈妈、犹豫不决起来。

这时候,曹操手下有两个绝顶聪明的大谋士替曹操拿主意。一个是司马懿,另一个是刘晔,两个都是曹操的秘书(丞相主簿)。

这个司马懿是三国时期的权谋专家,他的脑袋就像高速运转的马达,没有任何问题可以难倒他。司马懿系出河北豪门,祖上都是显赫一时的大人物。他的老爹司马防,官居京兆尹(相当于今天的北京市长),他的爷爷是司马俊,颍川太守。他的太爷爷是司马量,豫章太守。再往前推,就是征西将军司马钧了。总之,世世代代都是吃皇粮的。

司马懿的天才很小的时候就被人看出,南阳太守杨俊吹他是"非常之器",意即非常牛的一个人。建安六年(公元201),二十二岁的司马懿成了河内郡的上计掾，专门负责审计河内郡的财政收支情况。

由于司马懿从事的是与众不同的审计工作，整日就跟那些枯燥无味的数字打交道，让司马懿具备了理科优等生的特点，思维缜密，头脑清晰，遇事总要理性分析判断，而且为人极为低调，总是一味埋头苦干。在世人的眼中，司马懿仿佛是一只死蚂蚁，老是躲在阴暗的角落，让人遗忘。

但是真正的高人总是喜欢躲在暗处。司马懿就是一位真正的高人，后人为此送他一个冢虎的外号。所谓的冢虎，就是埋藏在乱坟堆间一只凶猛的野虎。它不吃人则已，要是想吃人，会叫你防不胜防，躲避不及。

所以人们只能看到司马懿英俊的外表，踏实的作风，却永远猜不透他的内心。就连曹操这般绝顶聪明的一代伟人，也是对司马懿捉摸不定，只知道他是一个难得的人才，要司马懿为自己打工。为曹操做事，意味着高官侯爵，意味着享受不尽的荣华富贵，这是无数英雄豪杰的梦想。

司马懿却拒绝了，因为他深知，四百多年的大汉帝国已经腐朽透顶了，崩溃只是时间的问题。而大汉帝国一崩溃，取而代之的必然是曹操。可是司马懿似乎有点鄙视这个阉党余孽，于是假装得了风痹症，手脚麻木，别说走路了，就连坐也坐不稳。曹操也是一只狡猾的狐狸，怀疑司马懿使诈，就暗中派了一个刺客趁着黑夜去行刺司马懿。没想到司马懿早就料到曹操会出这么一招，就像一只死蚂蚁，无论刺客怎么挥刀，我就直挺挺地躺着，当自己是一具死尸，要割几刀随你的便。

司马懿的这么一手就叫假痴不癫，非常高明，在日后对付曹氏，攫取政权的过程中屡试不爽。但这时候司马懿跟曹操相比，似乎还嫩了一点。几年之后，曹操做了丞相，手握生杀大权，突然间想起了装病的司马懿，心里越想越生气，只要我一句话，世间再罕见的人才也乖乖来见我。偏偏你装疯卖傻，分明就是瞧不起我曹某！

于是曹操让人给司马懿带去两句话，第一句话，赶快过来，我给你一个文学掾（曹操的教育部长）的官做。第二句话，如果再得了关节炎，没办法走路什么的，那我就把你关进大牢，砍断你的两腿！

司马懿这才慌了神，原来自己早就在曹操面前露馅了。在厉害的角色面前还是少点滑头为好。司马懿只好硬着头皮去见曹操，从此就在曹操的阴影之下，度过了郁闷的十二年光阴。跟随曹操南征北战,官也越做越大,从黄门侍郎到议郎,再到丞相东曹属,曹操征讨汉中的张鲁时,司马懿已经是主簿了,成了曹操的顾问或者参谋。

司马懿看到曹操就像吃了迷魂药似的,在益州的大门口徘徊不前,硬是不肯踏入半步,心里也很着急,劝曹操说,刘备靠诈骗侥幸捉了刘璋,取了益州。现在他摇摇欲坠,连椅子都没有坐稳,就跑出千里之外去跟孙权争夺荆州。这正是我们乘虚而入的绝好时机,机不可失啊,过了这个村就没有那个店了。今天只要在汉中踩上几步,益州就会地震。如果再破门而入,益州立即土崩瓦解。顺势而为,事半功倍啊!

曹操瞧了瞧司马懿那张神鬼莫测的脸,看了看前方通往益州的深沟险壑,想了一下自己过去的丰功伟绩,杀吕布、战官渡、灭袁氏、征乌桓、降张绣、平西凉,一步一个脚印,辛辛苦苦走过来,实属不易啊!最后又想到了赤壁之战周瑜的那把大火,由于一时的狂热和贪婪,几乎烧掉了曾经得到的所有一切。赤壁之战的最大教训就是绝对不要在陌生的地方,与陌生的敌人,打了一场胜算不大的陌生战争。

曹操朝益州方向望了望,像大海那样无边无垠的崇山峻岭,简直就是深不透底的黑洞,一旦错踏一步,那将是可怕的万劫不复!

曹操就引用光武帝刘秀的一句话来回答司马懿,人心苦不足啊,嘴巴里吃着一个,眼睛里还要盯着另一个!(人苦无足,既得陇,复望蜀邪!)

建武八年(公元32),光武帝刘秀西征陇上的割据势力隗嚣,可是不久后院起火,颍川盗贼蜂拥而起,河东守兵也发动叛乱,洛阳一片骚动。刘秀只好留下大将吴汉、岑彭包围西城,耿弇、盖延包围上邽,自己回去平叛。临走前给岑彭、耿弇等人留下一句话:一旦攻陷西城、上邽,马上挥师南下灭了四川的公孙述。心太大,让我苦恼。得了陇上,又想并吞川蜀,每一次发兵,想得我头发都白了!(两城若下,便可将兵南击蜀虏。人苦不知足,既平陇,复望蜀,每一发兵,头须为白!)

人的痛苦来自欲望,曹操眺望着群山巍峨的四川大地,尽管很美好,却处处充满了未知风险。益州,就像一朵带刺的玫瑰,让人喜欢,让人恐惧。曹操想得头都大了,就一口拒绝了冢虎司马懿的建议。

其后大谋士刘晔又来劝曹操了。这个刘晔被东汉末年最著名的人物鉴定家许劭鉴定为"佐世之才"，他跟刘备一样，血液里都流淌着汉光武帝刘秀的基因，甚至比刘备更正宗。刘晔是刘秀的儿子阜陵王刘延的后人，投入曹操阵营之后，屡出奇谋。其中令人印象最深刻的是，在官渡大战中，曹操跟袁绍陷入了艰苦的拉锯战。袁绍架起了高高的木楼，牢牢占据了制高点，从木楼上射出雨点般的乱箭，压得曹操几乎就要抬不起头来。这时候刘晔发明了一个霹雳车，那是现代远程大炮的鼻祖，打得袁绍的木楼都成了一大堆木屑。曹操攻打汉中的张鲁时，山势陡峭难以行军，粮草不继，曹操心里打起了退堂鼓。正准备开溜之际，是刘晔站出来力阻撤军，这才让曹操鼓足干劲，一举拿下汉中。

现在曹操又准备知难而退了，刘晔耸了耸肩膀，表示很无奈，又该自己出面了。

刘晔告诉曹操，主公以五千人起兵，讨伐董卓，大破袁绍，征服荆州，十成天下，已经拿了九成。如今再下一城，攻占汉中，益州闻风丧胆。如能趁热打铁，益州唾手可得。刘备，人中之龙也。再加上有诸葛亮辅佐着，还有关、张二人襄助着。如果现在不趁着刘备立足不稳、人心不定，一举夺了益州，再过些日子，刘备安定人心，据险固守，到时候休想动益州一根毫毛了。当断不断，必受其乱！

刘晔

两个大谋士说得那么明白，可是曹操就是无动于衷。尽管曹操酷好四川生姜，恨不得一天到晚当饭吃，但是面对着比登天还要难行的蜀道，曹操终于吓破了胆子，再也不敢对益州想入非非了。

过了七天之后，曹操抓到了一个益州的逃兵，说益州的士兵都成了惊弓之鸟，一天要惊吓几十次，就是守将杀鸡儆猴，也无济于事。

这时候，曹操似乎有点动心了。于是他找来刘晔，现在可以进攻益州吗？

刘晔苦涩地摇摇头，已经错过时机了。

3.先站稳再跑步

进攻益州本来就不在自己的计划之中,既然错过了时机,那就算了。于是曹操下令,班师回朝。当然,汉中是无论如何不能失去的,曹操留下大将夏侯渊、张郃、徐晃镇守汉中,杜袭督军,兼料理民事。

杜袭一看,汉中地形这么险恶,驻军屯田成了大问题,干脆让老百姓移民出去吧。自从曹操赶走张鲁之后,汉中兵火连天,不再是一片乐土了。老百姓们也整天提心吊胆,就纷纷响应杜袭的号召,先后有八万户移民到洛阳、邺城去了。

看到了那些老百姓迁移时满面春风,比上天堂还要高兴,虎将张郃心里也乐了,何不把三巴地区的居民都迁移到汉中去,制造一个无人区,釜底抽薪,一旦打起仗来,刘备就无所掠夺了。于是张郃率军南下宕渠、蒙头、荡石,深入益州腹地,挨家挨户把老百姓都赶到汉中去。

身在江州的刘备火了,这是赤裸裸的侵略行为!如果再不反击,三巴地区真的就要变成世界上最荒凉的地带了。刘备决定开辟巴西战区,把张郃赶出益州。

你刘备有五虎上将,我曹操也有五虎上将,只不过为了不侵犯刘备的专利权,曹操的五虎上将叫做五子良将,其中一个就是张郃(其他四个:张辽、乐进、于禁、徐晃)。

这个张郃勇武过人,其战力比得上刘备的任何一个五虎上将。巴西太守向朗根本就不是他的对手,于是刘备将向朗调任牂牁令,让征虏将军张飞去做巴西太守,跟张郃捉对厮杀。

张飞一到,果然风风火火,从巴西向东直插宕渠以北的瓦口关,切断了张郃退往汉中的后路。

张郃也不是吃素的,你切了后路,我就跟你死缠烂打,结果是棋逢对手,两人在瓦口关大战了五十多天,还是分不出胜负来。毕竟张飞绣过花,练过毛笔字,画过仕女图,胆大心细,最后还是略胜一筹。

张飞率领一万精兵从一条羊肠小道进攻张郃,在进攻之前,张飞还给张郃送去了一封挑战书。张郃也是个血性男儿,心想我张郃可是曹丞相的五子良将,从来就没有害怕过任何人。

于是张郃率军急匆匆地迎战去了，终于中了张飞的计谋。双方在狭窄崎岖的山路上展开了一场惊心动魄的战斗，简直就是站在摇摇晃晃的钢丝绳上掰手腕。狭路相逢，勇者必胜。张飞可是打起仗来不要命的主，张郃再狠，也狠不过张飞。结果在羊肠小道上，被张飞揍得灰头土脸。这一战，也许是张郃一生中最狼狈的一次败仗。前头的士兵要么被张飞杀死了，要么被挤坠到崖谷深处，后面的援军又因为山路太窄太险上不去。结果士兵都拼光了，张郃顾不得什么，连战马也丢给张飞做战利品，自己跟着十来个贴身的护卫，抄小路逃命到汉中的南郑城。

在江州观战的刘备兴奋不已，赤壁大战之后，自己跟曹操已经有七年没交过手了。每当想起长坂坡的惨败，刘备就恨得牙痒痒。没想到当年在长坂坡一吼立奇功的三弟张飞再次给刘备一个惊喜，替自己猛揍一顿张郃，继黄权之后再次让曹操染指益州的企图化为泡影。

刘备这才真正意识到，过去"遇曹不胜"的时代一去不复还了。于是刘备信心满满地回到成都，准备积蓄力量出兵北伐，先取汉中，再袭关中，克拔长安，兴复汉室，彻底完成诸葛亮"草庐对"中的战略规划。

"草庐对"作为刘备集团的最高行动纲领，诸葛亮为之倾注了全部的心血。可以说没有诸葛亮，就没有刘备的辉煌。但是刘备对诸葛亮似乎存在着隐隐约约的警惕心，不欲让诸葛亮头上的光环过于耀眼灿烂。所以刘备西征益州，带上了庞统，却把诸葛亮留在荆州，这很明显带有贬抑的意味。因为留在荆州，就等于给关羽做助手，剥夺了诸葛亮进一步建立功勋的机会。

对于日后的两路北伐，刘备心中似乎早做了安排，西线，自己跟法正、庞统从益州北上，东线，关羽跟诸葛亮从荆州北上。可是人算不如天算，庞统战死了，刘备又屯兵挫锐于雒城之下，骑虎难下，刘备只好把诸葛亮从荆州调过来，从侧背后直插刘璋一刀。

可是取得益州之后，刘备大行封赏，又把法正摆在了功劳簿上的第一位，身兼谋主与蜀郡太守两职，使得法正手握的军政大权远远在众人之上。而诸葛亮掌理左将军府事，专职于内务管理和后勤服务，已经跟法正形成不同的分工。大致是这样，法正主外，主军事决策，诸葛亮主内，主后勤管理。

而世人对法正的评价也似乎在诸葛亮之上，刘备的老对手曹操曾经无奈地

曹操的五子良将

感叹道，我能够把天下第一等的谋士都收归囊中，为什么偏偏缺了法正一个？（吾收奸雄略尽，独不得法正邪？）

陈寿把法正比之为曹操的大谋臣荀彧，晋朝的史学家孙盛更把法正跟战国时期燕国的奇人郭隗相提并论。

而诸葛亮屈居于法正之下，也是无怨无悔。法正虽然智略超人，但是心胸狭隘，这一点远远比不上诸葛亮。

头上扣着益州第二号人物的大帽子，让法正一时忘乎所以，除了主子刘备之外，根本就不把其他人放在眼里。于是毫无节制的放纵，骄横跋扈、恣意妄为，已经到了无以复加的地步。谁说了法正不爱听的一句话，法正都锱铢必较，大有顺我者昌，逆我者亡之势。那时候，仿佛法正就是法律，短短一句话就让不少人脑袋掉地。

一时间人们怨声载道，有人实在看不下去了，找到诸葛亮，法正简直就是无法无天，诸葛先生为什么不跟主公说一下，让法正稍稍收敛一点。

诸葛亮也是哭笑不得，老兄啊，你知道法正对主公有多大的贡献吗？简单一句话，没有法正，主公就没有今天。想当年主公在荆州公安时，北边一个曹操压着，东边一个孙权逼着，枕边又有一个孙夫人得防着。那时的主公，每跨出一步，都有翻跟斗的危险。幸亏有了法正的辅佐，让主公插上一双翅膀，才可以自由翱翔于蓝天。这是任何人都办不到的，怎么可以绑住法正的手脚，让他不得伸屈？

可见连诸葛亮对法正也是忌惮三分。但是对其他的不法之徒，诸葛亮绝不心慈手软。对于那些犯罪分子，无论罪行轻重，诸葛亮一律以大刑伺候。各个地方监狱都成了人间地狱，痛楚哀号声不绝于耳。

这一回，轮到法正成了人们的诉苦对象，诸葛亮如此残忍冷酷，简直就是滥用刑罚。照这样下去，恐怕益州的人都会揭竿而起啊！

法正找到诸葛亮，要跟他好好谈一谈：过去汉高祖刘邦进入函谷关之后，约法三章，关中的老百姓欢欣鼓舞。现在主公刚刚取得益州一地，还没有来得及给老百姓施加恩惠，主客角色尚未转换。诸葛先生为了主公着想，理应解除禁令，宽松用刑，以安抚人心，才能得到益州老百姓的真心拥戴。

诸葛亮拍了拍法正的肩膀，孝正老兄啊，你只知其一，不知其二。秦朝为什么灭亡？还不是因为严苛的刑罚，让老百姓忍无可忍,带头大哥陈胜、吴广振臂一呼,一呼百应,所以汉高祖得了关中之后,就得立即纠正秦始皇的暴政,才能取得人心。此一时,彼一时！刘璋父子统治益州二十多年,昏庸柔弱,只知道用甜言蜜语来笼络人心,那些大臣满口都是令人恶心的溜须拍马。结果落得两头空,德政没有推行,威望也没有树立起来。益州到处弥漫着官僚主义的腐烂气息,做奴才的不像奴才,做主子的也不像主子,有些官员甚至骑到刘璋的头上来了。刘璋只一味地乱封官爵,满朝都是将军、司马,结果贱到一文不值。天天滥施恩惠,弄得府库里金银、布帛成空,赏无可赏,结果怨声四起,都骂刘璋吝啬,一毛不拔。日复一日,年复一年,累积到今天,已到了无可救药的地步。如今我反其道而为之,严刑峻法,才能让人们知道什么是恩德？限制官爵,才能让人们知道什么是荣耀？大棒加胡萝卜,恩威并施,才能够做到上下有节,尊卑有别啊！

如此精深妙论的执政理念,恐怕是法正头一回听到的,佩服得五体投地,诸葛先生不愧为治国的能臣！

治大国若烹小鲜。一个区区的益州在诸葛亮手中,宛如热锅炒面,上下翻滚,嗞嗞作响,香气腾腾。于是在诸葛亮呕心沥血的治理之下,益州好像一个久病初愈的人,经过诸葛亮的精心调理,日益强壮,大腿粗了,胳膊粗了,肌肉也发达起来。再加上益州本来就是天府之国,沃野千里,年年丰收,根本就不缺粮草,只要有足够的兵力,自保是绝对没有问题的。

4.汉中争夺战

可是刘备集团的野心绝非自保而已,北伐中原,兴复汉室,成了刘备、法正、诸葛亮三人的最高奋斗目标。

身体强壮了,胃口也大了。刘备在益州站稳了脚跟,于是把目光投到北方汉中去。要想兴复汉室,就必须首先拿下汉中这个桥头堡,进可攻,退可守,伸缩自如。

法正不愧为刘备的谋主,益州第一大谋臣。他劝刘备说,按照常规的作战原则,曹操攻占汉中之后,理应迅速挥兵南下益州,那我们就麻烦了。奇怪的是,曹操一反常规，留下夏侯渊、张郃守卫汉中之后，自己就匆匆忙忙回河北去了。这并不是曹操不懂得战争，一定是后方出了问题，让曹操首尾难两顾。夏侯渊、张郃勇猛有余，智谋不足，根本就不是我们的对手。五虎上将随便叫一个出来，就会揍得他们鼻青脸肿。如今袭取汉中，就像大力士耍弄扁担一样轻而易举。拿下汉中之后，深挖沟、广积粮，静待北伐良机。

法正指出，占领汉中，可以做到三点。第一，讨伐曹操，恢复中原。第二，开拓疆土，蚕食雍、凉州。第三，作为屏障，固守益州。简单地说，就是上可以夺天下，中可以扩地盘，下可以守四川，简直就是一举三得。

法正说得口沫横飞，刘备听得也是眉开眼笑。有这样的天才做谋主，何愁天下不姓刘？当然不是许都城内那个可怜皇帝——汉献帝的刘，而是我一代枭雄刘玄德的刘。

于是在建安二十二年（公元217）的冬天，刘备大吼一声，夺取汉中，进军中原！

没等刘备大手一挥，张飞、马超、吴兰、雷铜率领一支人马，像一把飞刀，飞出葭萌关，直向西北的下辨，拉开汉中争夺战的序幕。

曹　洪

在邺城的曹操一看，大事不妙，张飞等人占领了下辨，不但可以从侧背掩护刘备进攻汉中，而且切断了汉中守军跟陇西、西凉的联络。曹操赶紧下令都护将军曹洪去堵截张飞、马超等人的行动。

这个曹洪是曹操的族弟，曹操起兵反董卓时打了败仗，连骑的马也跑了。眼看董卓的追兵就要杀来了，曹洪毅然把自己的马让给曹操。曹操很感动，说什么也不骑。曹洪说了一句令人泪奔的话，我是沙漠里的沙子，少一粒跟多一粒没有什么区别。但是你就是天上唯一的太阳,少了你万物就不能够生长。两个人你推我让,谁也不愿骑着马逃命,最后只好一起走路。走到了汴水,没有渡船,又是曹洪跳下水游到对岸,拉来了一条船,这才让曹操脱离了危险。让曹洪这样的亲信去下辨拦截张飞、马超,说明曹操早已意识到汉中得失的利害关系。但是曹操对曹洪有点不放心,因为曹洪有两个坏毛病,贪色嗜酒。于是曹操又让族子"千里驹"曹休去做曹洪的军师。曹操特别交代曹休,虽然你只是军师,其实就是大军的统帅。

曹 休

第二年正月,葭萌关旌旗飘扬,刘备亲率大军出征汉中,以谋主法正为军师。诸葛亮则坐镇成都,负责统筹粮草。

在河北邺城的曹操也很着急,曹洪一走,自己就到处调集人马,准备亲赴汉中,用切实的行动证明那个长耳朵的刘备,永远都是自己的手下败将。可是曹操还没有做好出征的准备,就传来了坏消息。许都城内汉献帝的随身忠臣太医令(负责汉献帝的体检工作)吉本、少府(负责汉献帝的日常生活)耿纪、司直(负责检举朝官的不法行为)韦晃,发动叛乱,试图联合荆州的关羽,推翻曹操的统治。

曹操长长地舒了一口气,幸亏我及时从汉中赶回来,不然真的就要摊上大事了。一旦让许都的汉献帝跟关羽勾肩搭背,那我的"挟天子以令诸侯"岂不成了搬起石头砸自己的脚?于是曹操对汉中的守将作出指示,你们兵力那么少,先给我顶住几个月。等我把汉献帝彻底摆平之后,再找刘备算账。

要顶住刘备的进攻,首先必须解决下辨的张飞、马超。因为氐雷定有七个部落一万多人在马超的号召之下,宣布投靠刘备,曹操在陇西的影响力剧减。

到了下辨,曹洪对战胜张飞和马超这两个猛人没有信心,所以避强打弱,八哥啄柿子,专拣软的欺负。曹洪各分出一队人马牵制马超和张飞,集中兵力偷袭吴兰。跟五虎上将相比，吴兰和雷铜绝对是两团烂棉花。果然战斗一开始，吴兰就抵挡不住曹洪的进攻，赶紧向固山的张飞求救。

张飞也被曹军绊住了手脚，山路弯弯又崎岖难行，所以就耍了一个花招，声称要抄袭曹洪的后路。曹洪有点害怕了，行军打仗最怕后路失守。曹休看出了张飞的破绽，劝曹洪说，要是张飞真的要断了我们的后路，那应该偷偷摸摸地行动，怎么会大张声势，让我们有所防备？很明显，这是张飞为了救援吴兰，搞的心理战术。我们应当在张飞靠近吴兰之前，先把吴兰解决了，张飞也就不战而退了。

于是曹洪发动最猛烈的攻势，打得吴兰七零八落，部属任夔等人阵亡。吴兰南逃阴平关，结果走到半路上被氐族的酋长强端杀掉。吴兰一死，张飞和马超一看形势很不利，连忙退回去，跟北上的刘备大军会合。

下辨之战，曹洪不但击退了刘备的两个五虎上将张飞和马超，而且牢牢控制了汉中通往西凉、陇上的要道，称得上一次大捷。曹洪一时也得意忘形，在庆功酒会上，竟然让一队舞女脱光衣服，站在战鼓之上大跳踢踏舞。一时间满座淫笑，令人不堪入目。

武都太守杨阜再也看不下去了，怒声大骂曹洪，太可耻了！男女有别，礼中的大礼。一大帮男人围着一圈，肆无忌惮地观看裸体女人，成何体统？就是暴君夏桀、商纣王也没有这么下流残忍啊！说着，杨阜愤愤而出。吓得曹洪目瞪口呆，连忙让那些女人下去，把杨阜请回来。

由于汉中曹军兵力弱小，各路将领只好抱团坚守，等待着曹操的到来。这时候曹军在汉中的兵力态势是这样的：曹洪在下辨，守住了陇上的门户。夏侯渊与赵颙（曹操设置的益州刺史）据守汉中要地阳平关，堵住了刘备进攻汉中的道路。徐晃屯兵马鸣阁、张郃屯兵广石，与夏侯渊互为掎角。

刘备和法正一看到夏侯渊、徐晃、张郃组成一个坚固的铁三角，头就疼了。硬攻了几天，阳平关岿然不动，倒是山上堆满了刘备大军的尸首。

法正出了一个主意，先攻克马鸣阁，敲掉徐晃这一角，切断夏侯渊和张郃之间的联系，就可以击垮曹操的汉中防线。

于是刘备派部将陈式率领十余个营（近两万人）的兵力去进攻马鸣阁。徐晃一看，大叫不好，马鸣阁一失，那铁三角不就成了烂泥团？徐晃不敢大意，也派出大军跟陈式打了一仗。结果曹军占据了制高点,将陈式的队伍赶到悬崖峭壁的边缘,让他们自行了断,全都跳下去摔得粉身碎骨。

先前是曹洪的下辨大捷,现在又是徐晃在马鸣阁大获全胜。远在千里之外的曹操兴奋得就要跳起来,赶紧给徐晃写了一封贺信,表扬说马鸣阁是汉中的咽喉要地,刘备企图攻取之后,断绝我军的内外之援,以便控制汉中。徐大将军的这一胜利,让刘备的计划化为泡影,再也没有比这更好的了。

5.定军山秒杀夏侯渊

杨 洪

两次惨败之后,刘备和法正并没有为此丧失信心。建安二十三年(公元 218)四月,刘备又发起进攻,这一回是据守广石的张郃。

刘备派出了一万精兵,分成十队,在夜里举着火把不停地轮番进攻。但这个张郃比徐晃和夏侯渊还要生猛,他身先士卒,冲入刘备的进攻队伍之中,展开了惨烈的肉搏战,杀得刘备的士卒哭爹叫娘,纷纷败下阵来。刘备除了在广石留下数不清的尸体之外,一无所获。张郃从此成了刘备最害怕的人。

刘备这才心慌了,本以为曹操不在了,跟他的部将交手绝对是稳操胜券。没想到曹操的部将各个都是硬桃核,不但啃不动,反而把牙齿都磕掉了好几个。出兵四个月,军队伤亡很大,眼看很快就要支撑不住了,刘备只好给成都的诸葛亮写了封信,让他赶快派兵增援。

诸葛亮却不应该地犹豫起来,在他看来,汉中争夺战似乎已经走进了泥潭,再征调援兵,无疑就是添油灯式的战术,只能越陷越深,永远抽不出身来。诸葛亮心中一片纠结,于是征求蜀郡功曹(太守的下属官员)杨洪的意见。

杨洪对诸葛亮的迟疑不决表示不可理喻,军师将军啊,汉中就是益州的咽喉,甚至关系到益州的生死存亡。没有了汉中,就没有了益州,等于自家的大门被强盗撬开了,随时都会大难临头。在这危急的关头,军师将军应该紧急动员起来，让男人上战场打仗，女人去运输粮草，更不必说要不要派兵增援了！

几句话说得诸葛亮豁然开朗，于是益州的生力军源源不断地被派到汉中前线去。这时候法正跟随刘备打仗去了，蜀郡没有长官，大事小事都没人理，乱糟糟的。诸葛亮一看杨洪是个人才，就向刘备建议，把杨洪提拔为蜀郡太守，代替法正。

法 正

这个杨洪本是犍为太守李严的手下，李严想把太守办公地点迁到其他地方，杨洪坚决反对，甚至以辞官相威胁。李严瞧得头疼，就把杨洪推荐到蜀郡去做官。没想到杨洪因祸得福，反而跃升为蜀郡太守，地位在李严之上。杨洪还是蜀郡功曹的时候，曾经将门下书佐（杨洪的手下文书官）何祗推荐给诸葛亮，诸葛亮稍稍面试一下，果然不凡，于是让何祗去做广汉太守，地位比杨洪还要高。诸葛亮就是这样善于发现人才，使用人才，让益州的老百姓看得人人服口服。

在诸葛亮增兵汉中的同时，曹操也平定了许都的叛乱，将汉献帝身边的最后一批忠臣完全宰杀干净，从此这个诸葛亮的同龄人真正成了孤家寡人，在落寞无奈之中度过战战兢兢的每一天。

曹操一看许都的危机解除了，心患已除，于是从邺城出发，亲赴汉中，准备与刘备再决雌雄。经过两个月的行军，曹操在九月份抵临长安。

刘备得到诸葛亮的增援之后，力量猛增，决定在曹操还没有到达汉中之前，扫荡曹军，夺取汉中，以报复这个曾经给自己无数个羞辱的老冤家。

但是阳平关的夏侯渊据险固守，就像一堵不可撼动的铜墙铁壁，让刘备一筹莫展。

大谋士法正没有刘备那么死心眼，夏侯渊现在是一味固守，等待曹操的到来。但是以夏侯渊的性子，他是绝不会心甘情愿做一只缩头乌龟的。我们可以把他引出来，然后在运动之中将他消灭。

　　法正给刘备支招,抛了阳平关,南渡沔水(汉水),抄小道直取南郑。一旦得到南郑,就可以控制通往关中的几条大道,夏侯渊绝不会眼睁睁看着我们捞到大便宜的。

　　于是刘备把队伍拉过了沔水,这一带的地形异常复杂,高山险峰、深涧峡谷,不要说人走过去,就是鸟儿也难飞。刘备和法正小心翼翼地绕过山梁,最后实在走不下去了,就在定军山安营扎寨。

　　夏侯渊打开地图一瞧,不妙啊!定军山翻过去就是南郑。曹操正在长安城盯着自己,如果南郑有了闪失,那自己岂不成了罪人一个?

　　夏侯渊果然中了法正的调虎离山计,跟着赵颙急急忙忙率领一支大军,抢在刘备之前占据了定军山的制高点。在广石附近的张郃一看主帅过去,也率部下赶到定军山,跟夏侯渊会合。经过商议之后,决定在定军山布置防线,沿着山势,绕着走马谷,用树枝、荆棘,筑起一大圈长长的鹿角(类似现代战争中的铁丝网),抵挡刘备的进攻。

　　打山地战正中法正的下怀,法正兴奋异常,可以出击了!

　　建安二十四年(公元 219)正月的一天夜里,刘备突然放火焚烧走马谷的鹿角工事。顷刻之间硝烟弥漫,火光冲天。

　　走马谷离夏侯渊的大本营约有十五里,于是夏侯渊让张郃守卫东区,自己率领一支轻兵守卫南区。

　　刘备首先进攻张郃的大营,尽管张郃势不可挡,但在刘备的全力猛攻之下,大营很快就淹没在潮涌般的刘备大军之中。张郃兵力不济,频频向南区的夏侯渊告急。于是夏侯渊派出一半兵力支援张郃,自己则亲率四百士兵前去修补被刘备毁坏的鹿角工事。刘备的老将黄忠早已静静地埋伏在高地上面,就像一只老鹰等待着猎物出现。

　　夏侯渊到了走马谷,正要停下来修补鹿角,忽闻鼓声如雷震天响,欢呼声鼎沸。只见一个胡须飘扬的老将军从天而下,出其不意地降落在夏侯渊的面前。没等夏侯渊反应过来,一道白光晃过,夏侯渊惨叫一声,颈上鲜血井喷,一颗血淋淋的头颅骨碌骨碌地滚出了好几步之外。曹操委任的益州刺史赵颙,连汉中也没走出半步,就窝囊地死在刘备大军的乱刀之下。夏侯渊的司马(参谋人员)郭淮侥幸逃过一劫,收集残兵,跑到东区投靠张郃去了。黄忠一天之内,手刃数百

黄忠秒杀夏侯渊

人,成为名副其实的杀手,让曹军听到黄忠这两个字就浑身颤抖不已,这就是闻名后世的定军山之战。

夏侯渊死后,大将张郃孤掌难鸣,只得率领余部退回阳平关。这时候曹军群龙无首,都成了惊弓之鸟,推举总指挥成了稳定军心的首要任务。督军杜袭和司马郭淮号令全军,张郃将军乃国家名将,就连刘备也忌惮几分,有张将军在,我等高枕无忧!

杜 袭

张郃果然不负众望,被推举为主帅之后,很快就让军心安定下来。

刘备携定军山大胜之余威,率部直渡沔水,准备进攻阳平关。曹操的守将都提心吊胆的,一旦让刘备的大军渡过了沔水,阳平关守军那么少,后果将不堪设想。不如在沔水一侧设下防线,不让刘备渡过江。

这样的战法马上被郭淮否决了。郭淮精通兵书,很会打仗。他反对说,这么做等于向刘备暴露了我们的恐惧,反而让敌人的气焰更加嚣张。不如在离沔水远远的开阔地带摆下阵势,诱骗刘备过河。等刘备渡河一半的时候,我们乘势出击,必能大败。

但是刘备也不是傻瓜,他在沔水的另一侧望见曹军的队伍一字形排开来,心中有些狐疑,敌人到底在搞什么阴谋,再加上一想起张郃的那个狠劲,刘备心里就发毛,于是不敢渡过沔水。就这样你不过来,我也不过去。刘备跟张郃隔着沔水对峙,相持不下,形成僵局。

在长安的曹操听到夏侯渊阵亡的噩耗,哀恸不已,妙才老弟,你好糊涂啊!身为督军统帅,本来就不应该一味蛮干,亲自跟敌人打白刃战。修补鹿角,这些本应该是士兵干的活儿,可是你也做了,轻重不分,简直就是白地将军!

6.两个大冤家的最后决斗

三月，赠送给夏侯渊一个愍侯的封号之后，曹操化悲痛为力量，离开长安，穿过斜谷道，亲自跑到汉中去跟刘备争夺地盘了。到了汉中，听说定军山之战都是刘备的谋主法正一手策划的，不是夏侯渊无能，而是法正太狡猾。曹操根恨地骂道，我早就知道那个长耳朵的刘玄德没有什么本事，肯定背后有高人指点！

曹操瞧不起刘备，但是在刘备心中，曹操也好不到哪里去。如今刘备已经全然脱胎换骨，早已具备了跟曹操一决胜负的资格了。

刘备听到曹操自长安亲率大军南征汉中的消息，不由得呵呵大笑，曹阿瞒怕是要白辛苦一趟了，汉中必定是我刘玄德的！

但曹操毕竟老谋深算，不可轻视。于是法正建议，不战而胜是最高明的战法，不要跟曹操直接交锋。无论敌人怎么挑战，我们只凭险固守，以不变应万变。时间一长，说不定邺城啊，许都啊，东北的乌桓什么的又发生叛乱，到时候曹操就会自动将汉中拱手相让！

乐得刘备一拍大腿，孝直先生，你真是人才！

于是刘备的大军抢占各个制高点，扼守各个险要路口，偃旗息鼓，整天就躲在坚固的防御工事背后，尽情地吃酒玩乐，根本就不想出战。

刘备这一招，果然令曹操没辙了。自己没在邺城，大后方每一天都要出事。这一次亲征汉中，本来就要速战速决。没想到刘备竟然玩起消耗战和静坐战来了，这个我曹操可不能奉陪啊！

当然刘备也不是一味的消极避战，时不时就派出一些人马，去偷袭曹操的运粮队伍。只要曹操断了粮草，就会不战而溃。

而后勤补给正是曹操最头疼的事，为了争夺汉中，曹操在北山（秦岭南麓）下囤积了数千万袋的大米。不料，很快就被刘备侦查到了。老将黄忠刚刚取得定军山大捷，斗志昂扬，于是自告奋勇带一队人去抢夺曹操的军粮。

刘备一瞧黄忠胸前长长的白胡子，有点不放心，唤来赵云，同去！

黄忠下山去搬运曹操的大米，赵云在山上接应。可是过了大半晌，不见黄忠的人影回来。赵云心想有点悬，万一碰到曹操的队伍，那就麻烦大了。曹操已经传出命令,要活捉黄忠祭奠夏侯渊的魂灵。于是赵云二话没说,跨上战马,带着几十个骑兵跑出大营,到处寻找黄忠。

不料黄忠没找到,却迎头撞上率领大军出寨的曹操。曹操扬起手中的马鞭一挥,捉了前方的赵子龙!曹操的部下都听说赵云是刘备最勇猛的五虎上将之一。当年长坂坡单骑救主让无数曹军将士为之胆寒,如果今日能够活捉赵云,从此就青史永垂了!诱惑力实在太大了,谁都不想错过这个扬名立万的机会,于是所有人只做一个相同的动作,那就是朝着赵云没命地冲锋。

大诗人李白喝酒作诗有个特点,酒喝得越多诗歌写得越出神入化。赵云也有类似的特点,敌人越多越强,赵云就斗志越强,越能发挥他那惊人的战斗力。结果赵云身边堆满了敌人的尸体,把曹操的先头部队冲得七零八落。

本以为是刘备的诱敌之计,打了老半天才发现只有赵云等区区的几十个骑兵。于是曹操的大部队就像潮水一般涌过去,把赵云包围得比铁桶还要牢固。

这时候,赵云让世人知道了什么才叫做战神,只见人山人海之中,一位年约半百的英雄左冲右突,如猛虎闯入羊群,刀枪所过之处,曹操的士兵无不割稻草似的纷纷一片一片倒地而亡。当年长坂坡那令人恐惧的一幕再次重演,看得曹操坐在马上,大腿直发抖。

打打杀杀了大半天,曹操的士兵仿佛是从地底下涌现出来的泉水,越冒越多,砍得赵云手都发软了。眼看渐渐体力不支,忽然瞧见了两眼发愣的曹操,赵云豁出去了,大不了与你同归于尽。赵云牙根一咬,就像半空中的老鹰猛扑向一只野兔。一时间曹军大乱,竟然被赵云的单枪匹马杀退了。

简直是天上的人,曹军无不被赵云的神勇吓得目瞪口呆,再也不敢逼近半步,只好眼睁睁地看着赵云脱身而去。赵云回到了大营,部将张著不见了,于是赵云又只身跑回去,把浑身挂彩的张著从曹军的重围之中救出来。

曹操也杀得眼红,恶狠狠地发下毒誓,如果今天再让赵云跑了,那我曹操就不是大太监的孙子!于是带上所有的人马,一路猛追,直追到赵云的营寨。留守营寨的是沔阳县长张翼,一看赵云捅了马蜂窝,招惹来了一大片黑压压的敌人,吓得魂不附体,准备紧闭寨门顽抗。

没想到更惊心动魄的还在后头,赵云进入营寨之后,竟然下令敞开寨门,偃旗息鼓,玩起空城计来。曹操杀到之后,一见寨门大开,里头静悄悄的毫无声响。按照战争教科书《孙子兵法》上的说法，这是典型的诱敌深入之策。

　　曹操是绝对不会笨到自投罗网的地步，赶紧下令掉转方向撤退。没走几步，大营内就传来了惊天动地的战鼓声，证实了曹操的猜疑。紧接着乱箭飞出，加剧了曹军的恐惧，整个队伍完全陷入一片混乱，为了活命，后面的挤压前头的，前头的踩踏后面的，结果谁也没有逃出去，自相践踏，都被挤坠入沔水中，淹死的不计其数。

　　第二天一大早，刘备视察赵云的大营，昨日惨烈的现场依旧在，简直令人泪奔，彻底让刘备无语了，许久才说一句话，子龙老弟什么都没有，唯一不缺的是浑身的胆子！于是下令为赵云举行庆功大宴，唱歌跳舞，尽情欢乐，直到夕阳西下。由此赵云名震三军，大家都恭恭敬敬地呼之为虎威将军！

　　法正的静坐持久战术很快就收到奇效：曹操攻也不是，除了满眼的险山峻岭、奇石突兀之外，根本就看不到刘备的一个士兵，怎么进攻啊？守也不是，除了整天坐牢似的憋屈在营帐中之外，时不时还要受到绝粮断炊的威胁。相持一个多月，士气一落千丈，每天都有大量的逃兵出现，怎么守啊？曹操没辙了，一天到晚就是喝酒吃鸡肉虚度光阴，终于在盛夏五月的一天夜里，下达了"鸡肋"的口令之后，很不情愿地放弃汉中，灰溜溜地撤回长安。

　　刘备热泪盈眶，了不起啊，一年又五个月了，终于占据了整个汉中！

7. 自称汉中王

　　汉中争夺大战，一波三折，双方互有胜负，刘备的谋主法正屡出奇谋，先是定军山诱杀夏侯渊，动摇了曹军的军心，而后在跟老冤家曹操的对峙之中，法正祭出消耗战法，一招制敌，逼迫本无战心的曹操自动弃守，将汉中这一战略要地拱手相让。

　　此消彼长，刘备夺取汉中之后，曹操的西部战线大幅后撤，张郃跟曹洪合军，退保陈仓。雍州刺史张既也将武都的五万氐族部落北徙到扶风、天水，渭水成了曹、刘攻守的分界线。

　　尽管刘备在汉中之战中占尽了便宜，但是并未因此停止扩张的脚步。为了让益州与荆州之间的走廊通道更加顺畅，刘备派遣宜都太守孟达从秭归北上，攻克新城（房陵）。新城太守蒯祺，也就是诸葛亮的大姐夫被杀。又派养子副军中郎将刘封跟李严从汉中顺着沔水而下，与新城的孟达东西夹击，夺取上庸、西城。上庸太守申耽战败投降。至此，刘备完全将益州与荆州连成一片，占据了长江中上游大片地区，与孙权分庭抗礼，曹、孙、刘三足鼎立的局面正式形成。

历经长达三十五年之久的艰苦奋斗，从大汉帝国的一个边陲地区转战到另一个遥远的边陲地区，其间的路途何止万里之遥？遭受的劫难又何止九九八十一个？到如今，终于修成正果，刘备完成了从遭人冷眼、寄人篱下，到称霸一方、乃至于敢于梦想天下的角色转换，有如神话一般，这是何等令人惊叹的奇迹！

可惜此时刘备头上的名号，还只是二十三年前老对手曹操恩赐给他的假左将军、宜城亭侯。至于益州牧，则是驱赶刘璋之后自封的。但无论是假左将军、宜城亭侯，还是益州牧，都与刘备当前的身份一点也不匹配。

于是益州有一百二十个各级官员，诸葛亮、关羽、张飞、黄忠、法正等等一干人马，联名上书给许都城内那位身陷图圄的汉献帝，要求赐封刘备为汉中王。至于联名书信能否顺利送达汉献帝手中，那是另外一回事了。

刘备等人也不需要耐心等候汉献帝的批复，大汉帝国这一块金字招牌，早已褪去灿烂耀眼的光芒，只是在散发出惨淡的幽暗，它的价值甚至连一块木牌也不如。

联名上奏汉献帝，与其说是闹剧，不如说是示威，向曹操示威，向孙权示威。让世人都知道，从此又多了一个能够主宰天下的人物。

既然是示威，那就应该有所实际行动。

建安二十四年（公元219）七月，在南郑沔水之源北岸的坛场之上，旌旗遮天蔽日，戈戟遍地林立，文臣武将左右分班，按序而列。诵读洋洋洒洒的奏表之后，刘备在无数双热辣眼睛的注目之下，缓缓登坛，戴上王侯的璀璨冠冕，捧还二十三年前赐给自己的假左将军、宜城亭侯印章、绶带。从今之后，刘备有了一个响当当的名号——汉中王。

主子的地位升级之后，做奴才的也总该跟着提升一下身份。于是益州的那班人一个个都加官进爵了。

王太子，刘禅。

太傅，许靖。

尚书令，法正。

前将军，关羽。

右将军，张飞。

左将军，马超。

后将军，黄忠。

刘备能够顺利攻取汉中，法正立下了第一功，刘备封他为尚书令，实际上就是丞相的职位。五虎上将除了虎威将军赵云之外，全都冠以前后左右的荣誉称号，刘备为什么这样安排，实在令人费解。

至于诸葛亮，仍然做他的军师将军、署左将军府事——内务部长和后勤部长，在刘备集团中的重要性已经远远落于法正之后。可见此时诸葛亮在刘备心目中的地位跟荆州之时相比，已经渐渐沉沦下去了。莫非在征讨汉中之时，向诸葛亮紧急求援，诸葛亮却反应迟钝，由此引起了刘备的猜忌？

在刘备两次最重要的军事行动——益州之战和汉中之战中，刘备都没有带上诸葛亮。这多多少少表明，刘备对诸葛亮的军事指挥才能不太信任了。刘备对诸葛亮的信赖连庞统也比不上，更遑论谋主法正了。曾经策划出"草庐对"这么一个宏伟壮观的战略构想，而如今的地位却是如此的微妙、尴尬，这叫诸葛亮情何以堪？

但诸葛亮就是诸葛亮，为了自身的理想，他是决计不会有任何顾虑的。

刘备即位为汉中王，定都南郑。但只是对汉中主权的一个宣示，毕竟还是要回成都的。可是回去之后，汉中这么一个极其重要的北伐前沿要交给谁，成了最为人瞩目的大事。

论重要性，汉中足以与关羽镇守的荆州相提并论。既然荆州给了二弟关羽，那么汉中非三弟张飞莫属了。这似乎一点悬念也没有，就连张飞自己也信心满满，甚至做好接手汉中的心理准备。

没想到刘备临门一脚，火线提拔牙门将军魏延为镇远将军，领汉中太守，令众人大跌眼镜。刘备用人就是如此地神秘莫测。

回到成都之后，为了更有效地管辖汉中这块宝地，刘备下令从成都到白水关一千五百里之间，沿途设置了馆舍、筑起了亭障，一共有四百多处。

此时的刘备仿若天上的炎日，傲然藐视着整个大地。是啊，经受过那么多苦难,如今霸业已成,统一全国指日可待,忍气吞声、仰人鼻息的日子一去不复返了,难道还有必要像过去那样深藏不露、韬光养晦吗?一个人活在世上,该抬起头的时候就应该像一朵寒冬的梅花,骄傲地扬起高贵的脑袋。

8.傲慢的二把手

但是在刘备集团中,最傲慢的并非刘备,而是荆州的守护神关羽。世间的英雄人物,除了大哥刘备之外,还没有谁能够让关羽仰视着。五虎上将,说白了只是关羽的一个陪衬。没了关羽,恐怕连五鼠小兵也谈不上。张飞是自己的义弟,无论如何都要屈身于自己之下。常山赵子龙虽然勇猛,但是入道时间比自己晚。

至于那个被诸葛亮吹捧"黥、彭之徒"的西凉马超,一提到他就让关羽生气。一个被人追杀得无路可逃,连自己的老婆和儿子也不保的残花败柳,怎么会跻身于五虎之列?关羽曾经一度闹着要入川,跟马超单挑,以证明自己质疑的合理性。要不是诸葛亮啰里啰嗦地说了一大堆肉麻的话,恐怕关羽早已和马超扭打成一片了。

但最让关羽生气的是老将黄忠。

刘备自称汉中王之后,赐封关羽为前将军,赐封黄忠为后将军。虽然一前一后,地位高低一目了然,但是关羽压根儿就瞧不起黄忠。尽管黄忠也是胡子一大把,可跟关羽飘逸如流水的美髯简直不可同日而语。

所以当刘备派往荆州的前部司马费诗,恭恭敬敬地奉上"前将军"的大印时,关羽涨得满脸通红(罗贯中说关羽面如重枣权当娱乐而已),怒发冲冠,关某堂堂伟丈夫竟然跟一个白发苍苍的老兵并驾齐驱,岂不遗笑千年?麻烦你把大印拿回去吧!

吓了费诗一大跳,赶紧搜肠刮肚,举出一大堆典故来,小心翼翼地劝说,要想建立一番丰功伟绩,就必须使用各色各样的人才。西汉的萧何、曹参在穿开裆裤时就跟刘邦一起玩过泥巴,而韩信、陈平在很迟之后才因走投无路加入了刘邦的队伍。可在论功劳排座次的时候,韩信是第一位,萧何、曹参却从未埋怨过一声。黄忠由于一时的立功,汉中王才不得不在功劳簿上记下他的名字。可是在汉中王的心中,怎么可以跟关大帅一般轻重?再说,汉中王与关大帅同为一体,休戚与共，荣辱相依，关大帅根本就没有必要计较那些什么身份高低、爵位尊卑的蒜皮小事。我只是一个小小的使者，奉君命而来。如果关大帅不想要大印，我就拿回去好了。只是收回去之后，恐怕到时候关大帅就后悔莫及了。

关羽听得眉开眼笑，什么狗屁前将军、后将军，不都是一个符号而已。我跟大哥结拜为兄弟，大哥的也就是我的，又有什么区别。如果把大印送回去了，被人笑我心胸狭隘不说，反而让人觉得我跟大哥的关系生疏了些。于是关羽欣欣然地接下大印。

虽然关羽没有参加过攻取益州的任何战斗，汉中也不是关羽打下的，但是关羽凭着刘备二弟这个身份，以及自身不可抵挡的独特魅力，牢牢坐稳了二把手的位置。

关羽骄傲是有资本的。从三英战吕布，到百万大军之中取颜良之首，再到乌林追击曹操败军，关羽成为那个时代最耀眼的将星之一。对刘备的忠诚至死不渝，再加上美髯公令人羡慕的雅号，关羽几乎成了一个完人的代称。

在刘备高举"兴复汉室"的旗帜之下，关羽被赋予了另一个象征——大汉帝国的希望之星。

汉献帝，那位被囚禁在许都城内命苦的皇帝，虽然他的心儿在飞，但是永远飞不起来，就是连爬行一步都要付出惨重的代价。他曾经顽强地抗争，甚至无惧于失去生命。但是曹操用一条任何利刃都斩不断的铁链，残忍地将汉献帝捆绑起来，让他生死不能。汉献帝身边的大汉忠臣，如飞蛾扑火，前仆后继，可惜都被曹操的铁拳打得粉身碎骨，无一成功。这才使汉献帝和他的忠臣们意识到，与曹操相比，自己只不过是泰山脚下的一株小草。

对自己的绝望渐渐变成了对关羽的希望。曹操的敌人就是汉献帝的同盟者。这个镇守荆州的绝世英豪，是距离汉献帝最近的同盟者，也是最有希望重振大汉雄风的人。在曹操的高压统治之下，所有忠心于大汉帝国的人，心中都在高声呼唤着关羽的到来。

建安二十三年（公元 218）十月，正当刘备在汉中与曹军打得难分难解的时候，南阳的老百姓受不了曹操残酷盘剥，在守将侯音、卫开的率领下，发起暴动，准备跟江陵的关羽联手，里应外合，把曹操的囚笼砸烂。可惜暴动的力量实在太弱小，没等关羽作出反应，就被曹操的名将曹仁以迅雷不及掩耳之势镇压

战神关羽

下去。

此时曹军在许都以南只有曹仁的数千人马驻扎在襄樊，孤悬在汉水的中游，西北侧的上庸郡完全被刘备控制，征北将军申耽驻守上庸，建信将军申仪驻守西城，刘封与孟达驻守新城，三股兵力就像三把尖刀，随时都可能往襄樊曹仁的肩背插上一刀。东侧则是孙权控制的江夏郡，就像一只躲在岩石后的老虎，冷不丁就会扑出来狠咬一口。而南边的江陵关羽，此时此刻更是对着曹仁血口大张，恨不得一口将他吞下。

局势对关羽来说，简直是好得不能再好了。曹操陷在汉中的泥沼之中，根本就无法脱身，孙权又在淮南合肥一带牵制了大量的曹军主力。许都城内人心惶惶，一股股反曹逆流暗自涌动。曹仁形单影只，四面楚歌，一旦关羽杀来，凭着手中的数千兵力，螳臂当车，谈何容易？

但是关羽却错过了攻取襄樊的最佳时机，在曹仁北去镇压侯音暴动之时，襄樊完全成了一座空城。关羽却趾高气扬地坐在江陵城内，孤芳自赏，既没有出兵配合刘备的汉中之战，也没有加强对东吴的防备。傲慢换来的代价是无法估量的，当得知曹仁悄悄北上，又悄悄地回到襄樊时，关羽暴跳如雷，这小子竟然在我的眼皮下蹿来蹿去，简直就没有把我放在眼中。于是在刘备自立为汉中王之后，关羽决心出兵把曹仁撵出襄樊城，为日后的两路北伐奠定基础。可惜太晚了，曹操已经回到了中原，开始认识到襄樊这个软腹部的危险性，大量的兵员正源源不断地向南阳、襄樊开拔。更危险的是，关羽身侧的东吴君臣们正秘密谋划着一个惊天的行动，准备剪除关羽的势力，将荆州据为己有。

第七章 | 荆襄剧变

关羽的惊天壮举

水淹七军

没有永远的敌友，只有永远的利益

书生雄才陆逊

两个拳头砸关羽

战神关羽的最后日子

祸不单行

1.关羽的惊天壮举

荆州对曹、孙、刘三方的重要性,就像躯干与肢体一般,是三者势力的消长点,谁完全控制了荆州全境,谁就掐紧了其他两方的咽喉。于是,谁都想独占荆州。四年之前,刘备和孙权差点儿因为荆州而撕破脸,关羽和鲁肃一度在益阳单刀会上针尖对麦芒,上演了令人窒息的一幕。虽然之后孙、刘达成了瓜分荆州的协议,以湘水为界,以东归孙权,以西归刘备,但这是暂时的权宜之计。在鲁肃的竭力倡导之下,荆州就像一条随时都会断裂的绳子,勉勉强强维系着无比脆弱的同盟关系。

吕 蒙

两年之后,建安二十二年(公元217)冬天,随着和平事业的缔造者——鲁肃撒手人寰,孙、刘联盟如同入春的冰雪,渐渐破裂、融化了。刘备无限哀恸这么一个为抗曹事业不懈努力的伟人,特意派遣了诸葛亮出席鲁肃的葬礼,表明了改善孙、刘两方关系的极大愿望。但是这一愿望还是落空了。

鲁肃的继任者吕蒙,是一个主张用武力解决荆州问题的强硬派。鲁肃生前,虑及曹操的威胁,故而与诸葛瑾等人一再奉行绥靖政策,主张与刘备结为兄弟关系,齐心协力,共抗曹操。所以尽管关羽在荆州屡屡与东吴产生过摩擦,但是在鲁肃的克制之下,最终都不了了之。

到了吕蒙时代,他就没有这个耐性了。吕蒙接替鲁肃之后,鲁肃的一万部下也归他所有。孙权还封他为汉昌太守,辖下隽、刘阳、汉昌、州陵四县。吕蒙的势力迅速膨胀,驻屯在陆口,严密监视着关羽的一举一动。

经过观察之后,吕蒙对关羽完全失去了友好的信心。这是一个野心勃勃的人,满脑子都是狂热的侵略扩张。关羽雄踞荆州,处于东吴的上游,迟早都会顺流而下,并吞东吴。

于是吕蒙暗地里告诉孙权，干脆一手夺了荆州，让征虏将军孙皎（孙权的堂弟）驻守江陵，潘璋驻守白帝城，蒋钦率一万机动部队，沿着长江上下巡游，哪里有敌人就往哪里去。再让吕蒙自己攻取襄阳、樊城，如此曹操就成了一只纸老虎，根本就不需要借助关羽，替东吴守住荆州。况且刘备、关羽等人，狡诈多端、反复无常，东吴不能把他们当作真正的好朋友。关羽早就图谋东下长江，只是忌惮主公的圣明，以及吕蒙等人而已。现在东吴如日中天，蒸蒸日上，如果不趁此夺回了荆州，一旦我们都不在了，那荆州就永远回不来了。

吕蒙一席话说得孙权心中怦然而动，但是孙刘联盟毕竟经过了血与火的洗礼，孙权不希望这么快就破裂了，缔造者鲁肃尸骨未寒啊！于是孙权提出了一个北伐的替代方案——夺取徐州。在争霸天下策略方面，东吴有两个方案。一是鲁肃、甘宁、周瑜的西进方案，先取荆州，再夺益州。如今这个方案已经彻底破产了。二是孙权自己的主张，由建业北攻合肥、扬州、徐州的淮海方案。几年以来，孙权一直为这个方案的实现不懈努力过。赤壁惨败之后，建安十八年（公元213）正月，曹操亲率十余万大军，声称四十万，卷土重来，进军濡须口（今安徽无为），意欲一雪赤壁之仇。孙权以七万大军迎战，双方对峙一个多月之后，以曹操的主动撤退而告终。建安十九年（公元214）闰五月，孙权以牙还牙，亲率大军，跨过长江，一举攻克皖城，把势力扩伸到江北去。建安二十年（公元215）八月，孙权更拿出大手笔，率兵十万，深入到淮河流域，直取合肥。可惜曹操的守将张辽以一敌百，仅以七千守军，就把孙权的十万大军打得落花流水。

合肥之辱，一直让孙权耿耿于怀，就向吕蒙提出了攻取徐州的计划。

吕蒙一听，立马反对。现在曹操整天待在邺城的铜雀台上，忙于安抚幽州、冀州的人心，根本就无暇顾及东南的战事。徐州的敌军弱小，一战可下。但是平原作战，靠的是千军万马纵横驰骋，不同于江面上的水战。今日纵然拿下了徐州，明天曹操必来争夺，就是有七八万守军，也会有被曹操包饺子的可能。不如扬我所长，直取关羽，长江天险都是我们的了。那时候江东势力大长，攻守自如了。

孙权无话可说了，这个吴下阿蒙的才干一点也不输给周瑜、鲁肃。

但是吕蒙在陆口时，对待关羽的态度却比鲁肃生前还要好十倍，不但没有任何挑衅动作，而且时不时地给关羽送些礼物，大套近乎。要想让猎物走入自己挖好的深坑，首先就应该给点甜头尝尝。

关羽对吕蒙的礼物照单全收,因为在他看来,这是理所当然的事。如果世界上还有谁不屈从于自己的英雄气概,那月亮就不是晚上现身,太阳也不会白天出来。

吕蒙越是对自己唯唯诺诺,关羽越是放心。因为这时候关羽很忙,忙于筹划北攻襄樊的战争。已经错过了消灭曹仁的时机,关羽不想再错过,也坚信自己不会再错过了。

四年之前孙权的十万大军大举进攻合肥时,曹操东面各州县的兵力都集结在淮河以南一带。曹仁在襄樊只有区区的七千人,援兵虽然滚滚而来,可是还在遥远的路上。只要全力以赴,速战速决,攻克襄樊那是十拿九稳了。

当然曹军之中有眼光的人多得不可胜数,扬州刺史温恢就是一个。他看到淮河以南的狭窄地带,塞满了数不清的军队,而曹仁却孤悬在千里之外的襄樊,实在令人揪心。

温恢忧心忡忡地告诉兖州刺史裴潜,这里虽然有敌人,却不足为虑。现在进入了雨季,曹仁四面被围,关羽是个很狡猾的人,一旦进攻曹仁,恐怕远水救不了近火啊!

温恢的担心绝对不是多余,因为在他说这番话的同时,关羽正磨刀霍霍,准备往曹仁的头上砍去。

建安二十四年(公元 219)七月底,关羽刚刚接受汉中王赐封的"前将军、假节钺"之后,就让南郡太守麋芳守江陵、将军士仁守公安,自己亲率三万大军,浩浩荡荡地向襄樊而去了。三国历史上最悲壮的一役就此拉开了序幕!

曹仁也是个善于打硬仗、恶仗的家伙,堪称神奇将军。他几乎参加过曹操的所有重大战役,大破袁术、陶谦、吕布、袁绍、刘备、马超,无不看到曹仁英勇的身影。近三十年来,一路走过来,为曹操立下了无数难以磨灭的功劳。赤壁之战后,曹操一败涂地,曹仁硬是将生猛的周瑜拖在江陵城外一年之多。尽管最后因援绝粮尽不得不弃城而逃,但为曹操赢得了宝贵的休整时间,还让周瑜搭上了一条性命,曹仁虽败犹胜。而在关羽的眼皮下迅速地平定了南阳侯音的叛乱,更让曹仁在功劳簿上狠狠地增添了一大笔。

曹操把曹仁放在襄樊,目的是要他发挥神奇的一面,震慑住关羽的威风,同时在南阳还驻扎着徐晃的一支队伍。有了曹仁和徐晃的镇守,就可以铸成一堵铜墙铁壁,把关羽牢牢地阻挡在襄樊以南。

2.水淹七军

现在面对关羽的气势汹汹，曹仁一丝畏惧也没有，自己驻守樊城，派出部将吕常进驻襄阳，互为掎角，准备跟关羽恶战一场。

曹操一听说关羽北上襄樊了，严令左将军于禁的三万人马和立义将军庞德所部以最快的速度，昼夜兼驰，直达樊城，加入到抵抗关羽的大军之中。

曹操的增援实在是太及时了，而且派来的是五子良将之一——于禁。曹仁把这支生力军放在樊城的北边制高点上，这么一来防守襄樊的梯次兵力形成一个等腰三角形，底部是曹仁和吕常，顶尖是于禁和庞德的重兵，可打可撤，互为支援。曹仁一下子信心爆棚，关羽毕竟是人不是神，要想拿下襄樊至少也得一百年！

面对襄樊的防守态势，关羽真的有点棘手。曹仁、于禁、吕常，到底要先对哪一个开刀？无论先打谁，其他两个都会一窝蜂跑来救援。可是分割包围，关羽带来的兵力又不足。

正当关羽左右为难，手足无措的时候，老天爷帮了关羽一个大忙！

进入八月以后，雨季来临了。襄樊本来就是一个小盆地，地势西高东低，中间凹陷。瓢泼的大雨就像是天河决堤，没完没了地下个不停。汉水彻底崩溃，凶猛的洪水从西部的山地一泻千里，短短的十来天，襄樊小盆地就水满为患，水位竟然高出地面五六丈（20米）。放眼过去，除了襄阳、樊城、樊北高地三个点之外，都是一片汪洋。更可怕的是洪水每天都往上猛涨，有如一条巨大的水怪，张大嘴巴，不把襄樊吞下肚子誓不罢休。

大水一来，本来襄樊的曹军是一个坚固的三角形，由于缺乏水上交通工具，全都被大水阻断了，成了三个孤零零的小点。曹仁、吕常、于禁三个人面对着一眼望不到边的洪水，什么法子也没有，只好整天拼命地摇晃着旗帜，互相通报自己还活在世上。

关羽却眉开眼笑，虽说自己无所不能，但打水仗才是最拿手的项目。关羽一点也不缺战船，在江陵待了这么多年，穷得只剩下了数千艘战船。于是关羽下令把江陵的战船都开过来，排成长龙，在襄樊城外耀武扬威，看得曹仁等人眼红不已。

当然关羽是来打仗的，要取曹仁性命的，不是划龙舟让他免费参观的。关羽坐着高大的战船绕着襄樊悠闲地逛了一圈，襄阳和樊城尽管都泡在水中，还是蛮坚固的，于是决定先对樊北高地的于禁下手。

在樊北高地上于禁的七个军叫苦连天，所有的帐篷全部被洪水冲走了，三四万人马一天到晚都是浸在水中，双脚都发白了。别说架锅做饭填饱肚子，就连合起眼打个盹儿也没法做到。随着水位越来越高，于禁的部队只好一步一步往高地上挪移，到了最后高地上人满为患，拥挤不堪。

庞德

这时候荆州的水军来了！关羽犹如天神下凡，神态安详，胸前飘逸的长须依旧是那么好看。看得于禁等人个个惊呆，还没有等关羽发出战斗的号令，于禁就自动举起双手，大叫一声，别打了关大帅，我投降了！

能够败在关羽手下，其实也是一种荣誉！曹操的五子良将从此永远少了一个！

主将于禁投降了，但是立义将军庞德依然负隅顽抗。此人原是西凉马超的部下，以骁勇善战闻名。后来投奔汉中张鲁，再后来成了曹操的人，跟随曹仁平定南阳侯音、卫开的叛乱。

庞德俨然一个威武的铁甲战将，身穿厚厚的盔甲，在太阳光的照射下灿烂耀眼。他骑着一匹白马，威风凛凛地站立在樊北高地的堤岸上，拉起长弓，瞄准着冲锋上来的关羽士卒。冲上一个，就倒下一个，箭无虚发，荆州的水军无不惊呼为白马将军。

看到训练有素的部下一个个成了庞德的箭下鬼，气得关羽嗷嗷大叫。于是坐着战船直冲过去，要登上岸亲自跟庞德决斗。没想到嗖的一声，一支利箭飞过来，竟然射中了关羽的额头，差点儿让这个战神提前升天。关羽什么人都不怕，就怕庞德这样的亡命之徒。可是又拿他没有办法，只好让士兵拼命地往高地冲锋。

庞德身边的人马越来越少了，将军董衡和庞德的部将董超眼见支撑不住了，准备逃下去投降关羽。庞德一气之下，一刀将他们砍成两段。惨烈的战斗从早晨一直打到中午，庞德终于把弓箭都用光了。关羽一见，机会来了，怒气冲冲地大吼一声，冲上去，活捉了那个白马将军！

没了射箭，凭着人多势众，荆州的士兵壮了壮胆，一拥而上，把庞德等人紧紧围在核心。庞德却面无惧色，慷慨激昂地对曹操的督将成何说了一句令人震撼的话，优秀的将领是不会贪生怕死的，忠烈的勇士是不会变节求生的！明年的今天就是我的忌日！（原文：良将不怯死以苟免，烈士不毁节以求生！）前一句似乎在痛骂于禁，后一句似乎为表自己的决心。不知道于禁听了要做何感想？

面对着潮涌而上的关羽水军，庞德不但没有后退一步，反而冲上前跟他们短兵相接，越战越勇，让关羽看得目瞪口呆。到了午后，水位又涨高了一大截，眼见整个樊北高地都要被淹没了，庞德的余部彻底崩溃了。除了庞德的一个部将、两个小队长（五伯）之外，都逃到关羽那边去了。

再这样蛮干下去岂不是白白送死了？于是庞德带上剩下的三个人，跳上一只小船，一边让那三个人给自己传箭射击敌人，一边拼命地划着小船，准备逃到樊城去。结果小船里都盛满了水，没等庞德划几下，扑通一声就翻过去了。

庞德死死地抱紧小船，这才真正体会到旱鸭子下水的味道。

关羽的水兵立刻跑过去，把气喘吁吁的庞德捆成一个粽子，推上去见关羽。任何人见了关羽，都会屈膝于他的气冲霄汉，但是庞德依然昂首挺胸，巍然站立，仿佛眼前根本就没有关羽这个人。

在战场上你越是顽强，对手就会越尊敬你！尽管关羽差点儿就死在庞德的箭下，但此刻关羽没有忌恨。关羽平生从未服过任何人，却被庞德的大无畏精神深深折服了。如果这样的勇士能为我所用，那我将无往不胜。

于是关羽转动脑筋，想把庞德挖过来：立义将军，你的旧主人马超现在是益州的五虎上将之一，你的哥哥庞柔也在益州做官。投降我吧，想当什么将军当什么将军！

关羽的双眼充满了任何人都无法抵抗的诱惑力，以他一贯傲慢的禀性，说出这样的话，就表明关羽已经把架子放到了最低处。

没想到热脸贴冷屁股，庞德一点也不领情，反而破口大骂，臭小子！你知道

关羽战荆州

什么叫投降吗？魏王统兵百万，横扫天下。你家主子刘备乃无能之辈，根本就没资格当魏王的对手。庞某号称立义将军，宁可做鬼，也不愿做贼寇的大将！

关羽今生今世从未遭受如此的羞辱，大吼一声，那我就让你站立着就义！

3.没有永远的敌友，只有永远的利益

樊北高地之战，关羽大获全胜，逼降了于禁的三万大军，擒斩了庞德，彻底让樊城的曹仁成了瓮中之鳖。除了关羽的战船把樊城围得团团转之外，无情的漫天大水也在帮助关羽，试图乘隙而入。樊城的守军拼命地堆沙包、砌砖头，可是洪水还是灌了进来，就像一条啃树叶的虫子，慢慢地侵蚀着城墙，时不时地就有一段城墙坍塌。洪水也侵蚀着每一个守军的意志，照这样下去，不待关羽杀到，樊城的守军都成了淹死鬼。

人们都跑去见守城最高指挥官曹仁，赶紧逃吧，在关羽完成最后的合围之前，乘坐小船趁着黑夜溜吧！

一同守城的汝南太守满宠是个厉害的角色，他对逃跑主义的悲观论调甚是担忧。洪水已经发了这么多天，难道还要涨到天上去不成？现在的关键不是洪水，而是关羽的威胁。听说关羽的队伍已经到了郏县了，距离许都只有百里之遥。许都以南，民心大乱。关羽之所以没有趁火打劫，还不是因为我们坚守在这里，随时都可以在背后捅他一刀。如果弃城而逃，那么洪汝河以南的大片地区都将是关羽的天下了！

弃城的后果这么严重，看来不得不硬着头皮坚守下去了！于是曹仁把一匹白马扔到水里去，与守军誓约，同心同德，不离不弃！当年守江陵，拖住周瑜一年之久。现在守樊城，只要顶他个三个月，形势马上就会发生转机。

这时候樊城才数千人，洪水又不断上涨，很快就要淹没到城头了。更可怕的是，关羽也亲率水师船队，把樊城围了一圈又一圈，所有的外援彻底断绝了。如果洪水再继续往上涨，关羽根本就不需要攻城，搭乘着战船就可以直接进入樊城了。

除了围困樊城之外，关羽还派军把吕常防守的襄阳城包围得水泄不通。荆州刺史胡修、南乡太守傅方经受不住关羽的打压，赶紧溜出襄阳城投降了。

关羽也三番五次地写信给襄樊西北四百里外的刘封、孟达,要求共同出师,两面夹击曹仁,但是刘封完全不顾叔侄情谊,拥兵自重,一个兵也不出。

战争,首先是意志上的较量。尽管关羽的部队多出了好几倍,但是曹军紧紧团结在曹仁的身边,展现了高度的凝聚力,上下一心,顽强地熬过了最困难的三个月。

十月,曹操亲率大批援军,抵达洛阳城。这将是他一生中最后的军事行动。但是曹操的到来,并没有使局势马上改观。关羽反而给了曹操一个狠狠的下马威。洛阳以南一百里处的陆浑县民孙狼发动暴乱,袭击县衙,杀死主簿,公开打起关羽的旗号,南下荆州,与关羽取得了联系。

关羽给了孙狼大印、一些兵马,让他好好回去发展势力。许都以南的反曹势力风起云涌,与荆州的关羽遥相呼应。一时间地动山摇,山河变色,到处都插着关羽的旗帜。

如今曹操看得心惊胆战:关羽只要抖一抖,中原大地就会发生地震。都快打到自己的眼皮底下了。毕竟是快要奔西的老人了,曹操雄心不再。准备派人通知许都的守军,把汉献帝转移到其他的安全地方去。

这时候大谋士司马懿和蒋济现身了。司马懿总是在最关键的时刻现身,不说则已,一说必定扭转乾坤。当年司马懿建议曹操趁热打铁,夺了汉中之后赶紧再夺益州,结果曹操略微迟疑了一下,就被刘备占了大便宜。眼见曹操即将犯下同样的大错误,司马懿再也看不下去了,就拉上蒋济去见曹操了,安慰说,于禁投降,并非战败,而是被大水淹没。但是一个于禁对我们来说,只不过九牛一毛。刘备跟孙权同床异梦,尿不到一个壶里去的。关羽得意了,孙权就不得意。不如派人劝孙权趁机出兵,端了关羽的老窝,然后大行分封。如此一来,樊城之围,不救自解了。

司马懿的围魏救赵之计堪称经典,短

蒋 济

短几句话，扰动乾坤，让孙刘联盟彻底破裂，曹魏坐收渔翁之利，彻底改变了三足鼎立的格局。可以说，这是三国历史上最为关键的几句话，司马懿轻松地打出精妙绝伦的无影掌，一下子就把诸葛亮苦心策划的"草庐对"砸得七零八落。司马懿从此成了诸葛亮的克星。

照这么一说，关羽败走麦城的元凶，既不是曹操，也不是孙权，更不是诸葛亮借刀杀人，而是冢虎司马懿在背后捣的鬼。

至于曹操有没有派人到东吴去游说孙权，史无明载，但可以找到蛛丝马迹。从司马懿说的那番话，还有日后孙权与曹操之间鬼鬼祟祟、三番五次地互抛媚眼，可以确定的是，曹操已经暗中跟孙权勾结在一起了。这恰恰印证了英国首相丘吉尔在著名的铁幕演说中的一句话，没有永远的朋友，也没有永远的敌人，只有永远的利益。

曹操和孙权，为了共同的敌人——刘备、共同的利益——荆州，终于抛开过去的恩恩怨怨，狼狈为奸了。

对孙权来说，出兵荆州，借口很多。关羽傲慢无礼，多次驱赶东吴的使者，屡屡制造边境纠纷。但是最令孙权恼火的是，为了巩固孙刘联盟，他处心积虑，力图通过婚姻关系，让孙、刘真正成为一家人。为此，孙权把妹子嫁给了刘备，又准备向关羽提亲，跟关羽结成儿女亲家。关羽不但没有答允，反而把孙权的求婚使者骂得狗头喷血。

太伤感情了，这样的结盟不要也罢！至此，孙权跟刘备的蜜月彻底走到头了。就是没有曹操的挑拨离间，恐怕也是难以为继了。既然早晚都是敌人，那还客气什么？干脆一不做、二不休，先下手为强，夺了关羽的荆州。

在陆口时刻盯防着关羽的东吴大将吕蒙，把江陵的底细打探得清清楚楚。此时不取，更待何时？于是吕蒙给孙权写信，关羽北攻樊城，也不忘在江陵和公安布下重兵留守，分明是在提防我。我常常生病，不如借口回建业治病。关羽心中必定放心，就会把留守的兵力都调到樊城前线去。如此一来，江陵空虚，我们可以趁机偷袭，杀了关羽，夺了荆州。

没等孙权回话，吕蒙就迫不及待地到处宣扬自己病危了，孙权也是顺水推舟，扯破喉咙，大喊大叫，吕蒙快回建业疗养吧！一时间吕蒙病入膏肓的消息传得沸沸扬扬，东吴、荆州无人不知。

关羽平生最忌惮吕蒙，吕蒙一离开，关羽心中就偷着乐。樊城的战事正紧，赶快把留守江陵的部队抽调出一大半，派到樊城去。

吕蒙的瞒天过海之计，不但骗了关羽，也骗了东吴的文武大臣。在回建业的途中，吕蒙路经芜湖，碰到了一个叫陆逊的军官。这个陆逊虽然仅仅是个定威校尉，但是他的雄才大略绝对胜过任何一个人，周瑜、鲁肃、吕蒙，乃至于诸葛亮、庞统，跟冢虎司马懿也有一拼。

善用女人来笼络人心的孙权绝对不会错过陆逊这个厉害的角色，一不小心，就把哥哥孙策的女儿许配给了陆逊。

4.书生雄才陆逊

由于吕蒙和孙权行事机密，就连陆逊这样精明过人的家伙也信以为真。

陆逊忧心忡忡地对吕蒙说，关羽打下樊城之后马上就会把矛头对准东吴，吕大帅这么一走，日后怎么办？前途堪忧啊！

吕蒙也不实言相告，仍然是病恹恹的模样，陆老弟说得一点也不错，可是我实在是病得不行了！

陆逊仍然被蒙在鼓里，关羽简直就是一头长颈鹿，身高气傲，从来只会欺负人。刚刚打了胜仗，就把尾巴翘到天上去了。如今他一意北进，根本就没有把我们放在心上。吕大帅又离开了，关羽更加麻痹大意。出其不意，攻其不备，擒杀关羽，就在今朝。吕大帅到建业之后，一定要让主公好好抓住这个千载难逢的良机！

直到现在，吕蒙仍然对袭击荆州的计划守口如瓶，只是叹了口气，关羽号称天下无敌，刚猛无比。如今在樊城打了胜仗，他的气势就更强大了。要想击败关羽，那是难上加难了。几句话就把陆逊说得灰心不已。

吕蒙到了建业，孙权问的第一句话就是，谁可以接替你挡住关羽？毕竟称病事小，荆州事大。万一乘虚而入的是关羽，杀了一个回马枪，直捣陆口，东吴守军群龙无首，那真是弄巧成拙。

吕蒙毫不犹豫地推荐了陆逊：这小子绵里藏针，能够忍辱负重，堪挑大任。更妙的是，陆逊虽然满腹韬略，可是极为低调，关羽根本就不知道有陆逊这么一个人。

孙权二话没说，立刻把陆逊叫来，提拔为偏将车、右都督，让他去陆口。

陆口这个名字对陆逊实在是吉利得很，陆口陆口，陆逊的口，那就是准备吞吃关羽的一张大口。

但是陆逊一到陆口，并没有马上血口大张，摆出一副恶狠狠的样子。反而比吕蒙更加谦逊、更加低调，不断地阿谀奉承关羽，甚至连肉麻的话都说出口了，成了一个没有骨气的读书人。

比如陆逊给关羽写了这么一封书信：我有幸目睹了关大将军的用兵之道，大为敬佩。关大将军目光锐利如刀，一眼就看穿了对方的破绽，用兵如神，弹指之间，敌人灰飞烟灭，这是何等光辉的战绩啊！敌人的失败，就是我们同盟军的胜利。我听到关大将军的捷报之后，不甚欣喜，真想跟随着你横扫天下，一道捍卫大汉帝国的威严。在下不才，有幸得到主公的信任，来到这里，才有机会见到此生最仰慕的人，还望关大将军不吝赐教！

这样的书信，哪里像出自一个统帅之手，完全是一个卑微的下人所写。关羽看了，浑身舒服得都酥到骨子里头去了。

又如这封书信：樊北高地之战，贼帅于禁被擒，贼酋庞德授首，令小弟佩服得五体投地。关大将军的丰功伟绩，从此将永载史册，千年流芳。就是晋文公的城濮大捷，韩信的灭赵之役，也不过尔尔。在下听说徐晃驻扎在南阳，对着关大将军虎视眈眈。曹操何等狡诈之徒，绝不会就此善罢甘休。羞怒之下，必会暗中调集大兵，以实现他的狼子野心。关大将军虽连续奋战了几个月，但仍然骁勇无比。就是大胜之后，常常轻敌，所以古人有一个杖打之术，以示警惕。祝愿关大将军群策群力，大获全胜！在下只是一介书生，愚昧无知，不堪重任。闻得关大将军威德无比，简直比自己打胜仗还要高兴。在下对关大将军的仰慕之情，想必你也感受到了。如此，在下也无憾了。

满篇不怀好意的恭维、吹捧、戴高帽子，竟然让关羽飘飘然地欲升九天。关羽傻乎乎地仰天长叹，孙权派了一个乳臭未干的读书人来带兵，东吴也太无人了。周瑜死后，还有鲁肃。鲁肃死后，还有吕蒙。现在吕蒙病倒了，东吴就绝种了！

连续长声叹息之后，关羽心中大安，如果吕蒙在陆口，还得防一防。可现在却换了个陆逊这样的脓包,在江陵留下重兵,简直就是浪费。于是,又把江陵的留守兵力抽出一大半,只剩下一些老弱病残的人看守城门。

陆逊万万想不到关羽会如此轻易地上当,动动笔头、费费口舌,就让江陵成了一座近乎无人防守的空城。在建业日夜寝食不安的孙权很快就接到陆逊的报告,关羽可擒,荆州可取!

万事俱备,只欠东风。袭击荆州的一切准备业已万全,现在缺的就是一个堂堂正正的出兵借口。尽管老虎吃人是不需要理由的,但毕竟是多年的同盟军,如果贸然发动进攻,那岂不在道义上先输一着?

正当孙权为此急得团团转时,关羽自动找上门来,拱手送给孙权一个名正言顺的出兵理由。在樊北大捷中生擒了于禁的三万人马,让关羽背上了一个沉重的包袱。本来军中粮草就不足,现在又要填饱这么多人的肚子,荆州难免捉襟见肘。这时候,关羽竟然打起东吴的歪主意来。孙权不是在湘关有个粮仓吗?何不向他借支一点,待日后再还?当然对关羽这样傲慢的人来说,所谓的借支就是光天化日之下,把湘关白花花的大米拿得一粒不剩。拿了人家的财物不但不吭声,就连借据纸条也没有留下。

这是赤裸裸的强盗行径!孙权的脖子涨得比鸡冠还要红,不杀了关羽,他还真以为自己是天下第一。在曹操抵临洛阳一个月后,建安二十四年(公元219)闰十月,孙权偷偷地离开了建业,立刻下令,兵分两路攻打江陵。孙权的堂弟征虏将军孙皎为左路统帅,装病的吕蒙为右路统帅,陆逊为先锋,向荆州南郡进军!

孙权的命令一下达,吕蒙就有意见了。用兵之法,最忌讳的是号令不一。吕蒙对自己屈居孙皎深为不满,于是毫不客气向孙权摊牌,如果认为孙皎行,那就直接任命他为总指挥吧!如果认为吕蒙行,那就用吕蒙好了。过去周瑜、程普也是督兵攻打江陵两路统将,周瑜名义上是统帅,但是程普自恃老资格,与周瑜相互扯皮,结果什么事也没有做成!前车之鉴,后事之师啊!

孙权是个十分英明的人,马上就发现自己做了一件非常愚蠢的事。既然有错,那就改呗!终于遂了吕蒙所愿,任命他为大都督,孙皎为后援。

5.两个拳头砸关羽

徐 晃

孙权这边紧锣密鼓，为攻打南郡忙得不可开交。曹操那边，却被关羽逼得快要疯了。

消灭了樊北的于禁之后，关羽派兵继续北上，屯兵于樊城西北五里的偃城，筑下堡垒，准备阻击从南阳南下的曹操大将徐晃。这个徐晃是关羽的老乡，治军严明，曹操骄傲地称之为当代的周亚夫。

偃城再往北一点点，是阳陵陂。徐晃一听到关羽进攻襄樊了，连忙率部增援。可是到处都在发大水，不清楚哪里是道路，哪里是江河。等到大水渐渐退去之后，徐晃这才重拾路途。可是到了阳陵陂，关羽的先头部队已在偃城驻扎下来，挡住了南下的道路。

徐晃是个很有计谋的人，故意在阳陵陂挖了许多坑坑沟沟，扬言说要一直挖到偃城背后。偃城的关羽先头部队立即慌了神，连夜烧了营帐，逃之夭夭。于是徐晃兵不血刃，拿下偃城，扫清了南下通道的障碍。

但是徐晃的兵力实在太少，而其他的援军还在远方的路上。让自己去救樊城，简直就是抱薪救火。所以徐晃往南走了几步之后，就停下脚步了。徐晃的部将意见纷纷，人家曹仁被困在樊城，半死不活的，你还在这里兜圈子。于是都跑去见前来督军的赵俨，要他向徐晃施压，赶快去救曹仁。

赵俨也是深谙用兵之道，他告诉那些性子比猴子都急的将军，如今关羽把樊城围得像铁桶一般，洪涝积水还没有消退。我们力量单薄，只有一些徒手步兵，又跟曹仁隔绝不通，去了只会被关羽包饺子，根本就无济于事。不如逼而不救,派人通知曹仁,告诉他并不是孤军奋战。樊城守军必然大受鼓舞,士气高涨。只要能够再顶住十来天,大批的援军就会滚滚而来,然后与曹仁里应外合,必破关羽。我赵俨甘愿以自己的脑袋做担保,绝不会误了救援大事。

赵俨这么一保证,大家都欢天喜地的。于是徐晃继续往前,逼近关羽的大本营。两军相隔只有十来米,这么近的距离别说可以看到关羽的脸蛋,就连他在营帐中说什么话也听得很清楚。

赵 俨

按照预定的计划,徐晃让人绕着大营挖了一条深沟。在平原作战,坑道绝对是最好的防御手段。然后徐晃用最便捷的通讯联络方法,将书信射入樊城中。绑着书信的箭在空中飞来飞去,关羽却一点法子也没有,干瞪着眼睛看着徐晃跟曹仁互通消息,商讨大计。

结果,关羽很快就丧失了战场的主动权。樊城内的曹仁斗志昂扬,樊城外的徐晃也是精神抖擞,而被夹在中间的关羽一下子信心全无,反而陷入了两面夹击的困境。

但是更要命的还在后头,孙权给洛阳的曹操写了一封信,告诉他东吴的大军已经出动,关羽很快就会束手待缚。同时请曹操严守机密,不要泄露出去,让关羽有所防备。

曹操拿着书信去问大臣们,大臣们都说既然孙权这么苦心,那就替他保密好了。

只有谋臣董昭有另外一个想法,答应孙权保密,暗中将消息泄露给关羽。

大臣都傻了眼,你这么一说,简直就是搬起石头砸自己的脚,不但坏了孙权的好事,也坏了救援曹仁的大事。

桓　阶

董昭狡黠地嘿嘿大笑，我正要坏了孙权的好事。关羽听说江陵要出事，如果撤军回去，那樊城之围不解自开了。让关羽跟孙权拼个你死我活，我们可以坐收渔翁之利。如果替孙权保密，那岂不便宜了这小子？何况樊城的曹仁不知道这回事，天天都会惊恐不安地看着仓库里的大米渐渐少了。万一曹仁一时想不开，那就糟了。还是把孙权的消息捅出去，以安慰安慰曹仁。再说关羽是个极其傲慢的人，不相信江陵和公安这两座坚固的城池一下子就会被攻破。所以也不会马上撤军回防，一点也不影响孙权的袭击行动。

曹操一听，有理！就让徐晃把孙权的书信抄写了两份，一份射给曹仁，一份射给关羽。

曹仁的守军闻讯后欢呼雀跃，关羽则犹豫不决，既舍不得樊城这颗即将吞下的金蛋，也害怕江陵老巢有失。

尽管一切都安排妥当，曹操对樊城还是不放心，正犹豫着要不要离开洛阳南下，亲自去救援曹仁。

大臣们又吵吵嚷嚷，魏王赶快去啊，晚了一步，曹仁就会败得一塌糊涂！

侍中（曹操的顾问）桓阶却不以为然，魏王认为曹仁不懂得守城吗？

曹操连忙摇头否定，曹仁的最大本领就是守城！

桓阶又问，魏王以为曹仁和吕常不肯卖力吗？

曹操又是连连摇头。

桓阶奇了，那魏王为什么要亲自去救援？

曹操回答，关羽的兵力那么多，徐晃又占了下风。

桓阶说道，魏王啊，你知道为什么曹仁死命守城吗？就是因为他知道魏王离得远，一切只能靠自己了。兵书上说，置之死地而后生。现在曹仁内有视死如归之士，外有徐晃的援兵，再加上魏王大兵压顶，却岿然不动，表明毫不担忧樊城的事。关羽肯定吓得屁滚尿流，又何苦怕这怕那，要亲自赶着去救援？

曹操从洛阳南进两百里之外，就在郏县东南的摩陂停下来了。此处离樊城还有五百余里，但是曹操沉住气息，派部将殷署、朱盖率领十二个营（二三万人），随同先前的徐商、吕建，南下增援徐晃。

徐晃兵力大增，再加上洪水退去了一大半，决定反守为攻。

关羽的兵力驻扎在樊城外的几个山头上。指挥部设在一个大山头上，称之为头屯。其余的兵力分布在周围的四个小山头，称之为四冢。徐晃虚张声势，扬言要去攻打头屯，暗地里却调遣主力，对四冢展开密集的进攻。

关羽对这个老乡的主攻方向判断不明，只注意加强头屯的防守，结果四冢的营寨被徐晃打得破破烂烂。关羽发现自己中计之后，连忙率领步骑五千，没等冲出大营，就迎头撞上了徐晃。两个人各为其主，客客气气地相互问候之后，就把老乡的情谊全都抛到脑后，杀得天昏地暗。

遇到徐晃这样的强劲对手，关羽总算倒霉了一回。很快地就被徐晃杀得落花流水，关羽一时心慌，连忙退回大营。关羽的大营非常坚固，坑道外面是鹿角，鹿角外面还有坑道，里外共十重。徐晃却一点也畏惧，只见他紧紧跟在关羽的屁股后面，大喝一声，冲入重围，把关羽的大本营打得支离破碎，七零八落。荆州大军哭爹叫娘，四处逃散。投降关羽的曹操部下胡修、傅方躲避不及，也死在徐晃的刀下。

大败之后，关羽不得不把大军撤到沔水的战船上，依然舍不得离去，把樊城跟襄阳分割成两块，准备随时再战。就在这时候，关羽的老巢南郡大火冲天，各个城头上的"关"字大旗，纷纷被推倒，插上了东吴的战旗，吕蒙偷袭得手了。

当关羽在樊城与徐晃对峙顶牛时，吕蒙也偷偷地从九江、寻阳出发。他的部下全都躲藏在首尾相接的船上，穿着白色的衣服，假扮成商人的模样，让老百姓摇着船桨，昼夜兼程，逆流而上。沿途所经，先干掉关羽设在岸边的巡逻人员，让关羽彻底成了一个聋子瞎子，完全摸不清东吴的情况，然后吕蒙神不知鬼不觉地兵临江陵和公安城下。

吕蒙对荆州的底细了如指掌，甚至比关羽自己还要清楚。守卫江陵的是南郡太守麋芳，守卫公安的是士仁。江陵和公安是关羽的大后方，一切补给都依赖着这两座城，是全军的生命线。如此重要的地方不容有失，理应交给关羽最信赖的人来镇守。偏偏关羽把自己认为最有用的人都带走了，留在江陵和公安的是他两个最讨厌的人——麋芳、士仁。以关羽的傲慢个性，教训人难免成了家常便饭，麋芳、士仁这两人就是关羽的出气筒。关羽攻打襄樊，不但没有给他们参战立功的机会，反而让他们在后方筹集粮草，充当运输队长。

筹粮可是个吃力不讨好的苦差事，麋芳、士仁拼着老命，还是耽误了些时间。在樊城的关羽暴跳如雷，怒气冲冲地威胁说，回去之后，一定严办，决不轻饶！麋芳、士仁吓得心惊肉跳，惶惶不可终日。

吕蒙是个很会运用心理战术的人。四年前凭着几句话，就轻而易举地夺取了刘备的荆南三郡——长沙、零陵、桂阳。这一次吕蒙故技重演，让虞翻给士仁送去一封劝降的书信。士仁看了书信之后，立刻出城投降。

这么快就投降，士仁到底是诈降还真降？虞翻心中没谱，为了安全起见，虞翻劝说吕蒙把士仁带上，留下东吴的军队守城。

迫降公安之后，下一个目标就是荆州重镇江陵。守城的麋芳正准备战斗，吕蒙就推出士仁，希望麋芳以他为榜样，弃暗投明。麋芳早就有投降的打算，在担任南郡太守时，江陵城中发生火灾，军器、储备损失惨重，关羽大发雷霆，麋芳心中害怕。孙权得知后，秘密派人离间，麋芳也暗中附和。

麋芳的哥哥麋竺在益州是权倾一时的大人物，可是一想到关羽那张凶巴巴的脸，麋芳什么也不顾了，赶紧步士仁的后尘，乖乖地举起双手，挑着美酒，赶着牛羊，出城恭迎吕蒙，把坚固无比的江陵城拱手相让。就这样，吕蒙兵不血刃，以最快的速度夺取了江陵和公安。

进入江陵之后，吕蒙下令打开囚牢，释放曹操的降将于禁，和言安抚关羽和荆州士卒的家属，严令全军，不得袭扰老百姓，不得索取财物！

有一个士兵，自恃是吕蒙的老乡，擅自从老百姓那边拿了一个斗笠，用来覆盖官府的铠甲，结果被吕蒙杀了。杀鸡儆猴的效果马上显现，江陵在吕蒙的掌管之下，竟然成了一个太平世界，路不拾遗，夜不闭户。每天早晚，吕蒙还按时让身边的人去慰抚

麋　芳

老人,病了给药,饿了给吃的,冷了给穿的。老百姓沐浴在新主子恩赐的幸福阳光之下,吕蒙由是深得民心。

此外,吕蒙对关羽仓库中的财物珠宝分文不取,全都封闭起来,等待着孙权前来处置。

关羽听到老巢被端的消息,犹如晴天霹雳,连忙派人去江陵跟吕蒙交涉。没想到那些人反而被吕蒙所用,吕蒙让他们在江陵城内走一圈,满眼所见,尽是无比的欢乐。自己的家人也是安然无恙,过着愉快的日子。有的还写了家书,让关羽的使者带回军营报平安。结果关羽的部队军心涣散,斗志全无。

再这样下去,士兵都会走光,自己也将成为一个光杆司令。关羽无奈之下,只好撤军南逃。曹仁的数千守军终于重见光明,奇迹般地度过了无比艰辛的四个月。当徐晃的大军鱼贯而入时,曹仁双眼饱含热泪,与他紧紧拥抱。难熬的四个月啊,每一天都在饱受洪水的吞噬,都在顽强抵抗着关羽的枪林弹雨。

得救之后,曹军将士都恨不得追出城去,趁着关羽仓皇撤退,狠狠地砍杀一阵,以报四个月的围困之仇。

这时候又是赵俨站出来劝阻了,孙权趁火打劫,包抄关羽后路,生怕我们等着他们之间斗得筋疲力尽的时候,坐收渔利,将他们通吃,所以卑辞请和。如今关羽已成困兽之斗,我们更应该放虎下山,让他去找孙权报仇。如果我们尾追其后,反而被孙权所用,给我们带来难以预料的祸害。魏王心里也一定很担忧这个的!

曹仁一听,有道理,于是下令不得追击。曹操听到关羽跑了,也怕部下一时头脑发热,赶紧给曹仁下了一道命令,命令的内容竟然跟赵俨所说的如出一辙。

这是历史上勾心斗角、尔虞我诈的一个典型案例,由于曹操处处占据上风,所以进退自如。孙权有进无退,只好硬着脑袋干下去。最可怜的是关羽,成了狐狸与老虎争抢的一块大肥肉,遭受到曹操和孙权的双重夹击和暗算,为自己的傲慢付出了惨痛的代价!

6.战神关羽的最后日子

孙权为了争夺荆州,可以说是倾全东吴之力,不但派出了所有的精锐部队,孙权也亲临前线,每下一城,就安抚一城,采取怀柔政策,收拢民心。结果孙权一到江陵，关羽原来的部属就纷纷改弦易辙，全都投靠东吴的旗下。

占领江陵、公安之后，十一月，东吴大军四面开花，向荆州全境发起地毯式的大扫荡。陆逊向西，一路摧枯拉朽，刘备的守军闻风而散。宜都太守樊友不战而逃，宜都全郡降服。陆逊又派李异、谢旌率三千人马大败刘备的守将詹晏、陈凤，攻克枝江、夷道、秭归。秭归扼守益州、荆州之间的咽喉，再过去就是巴东、奉节、白帝城，那已经是益州的地域了。陆逊此举，彻底切断了关羽退往益州的长江通道。

与此同时，孙权又派周泰、韩当直插荆州西北的房陵、南乡两个郡，刘备的两个太守邓辅、郭睦一看情况不妙，赶紧投降。上庸的刘封、孟达也是吓得浑身发抖，紧闭城门，荆州发生了那样惊天动地的大事，似乎跟他们一点关系也没有。至此，孙权的几路大军对关羽形成了关门打狗之势。关羽完全成了一条落网之鱼，一代英雄走到了穷途末路。

关羽从襄樊南撤，准备收复江陵城。没走到当阳，就被吕蒙截住了。关羽的部队一下子去了大半，关羽只好退走麦城。麦城在当阳东南五十里，沮漳二水之间。春秋时期伍子胥曾经在此大败楚军，扫清了通往楚都郢（江陵）的大道。所以麦城虽然地处偏僻，但其位置重要。孙权派人前来诱降，关羽假装投降，在城头上竖起了幡旗，远远看去，像是无数的士兵在守望着。结果骗过了孙权的眼睛，关羽金蝉脱壳成功。但是逃出麦城时，关羽的手下都作鸟兽散，只有十几个亲信跟随着自己。

这时候关羽的处境比当年的项羽还要悲惨数百倍，所有的退路都布满了孙权的人马，谁活捉了这个盖世英雄，谁就可以扬名千古！于是无数双眼睛瞪得圆圆的，关羽插翅难逃，只好丧魂落魄地往北而去，依托高山密林打游击，然后寻机跑到上庸去。

折腾了大半个月，关羽从麦城跑了一百多里，在临沮章乡中了埋伏。孙权早已派部将朱然、潘璋在此布下天罗地网，就等关羽自投罗网了。

十二月，关羽及其儿子关平被潘璋的部下马忠擒获，依照孙权先前的指令，马忠当场将关羽父子宰杀。对于这样的惨剧，关羽早有预感。裴松之注引《蜀记》时提到一则旧闻，关羽刚刚出兵围攻襄樊时，曾经做了一个奇怪的梦，梦见一头猪正在啃咬自己的脚。关羽醒过来之后有点伤感地告诉长子关平，我快六

关羽败走麦城

十了,气力都大大不如以前,恐怕这次出征,是回不来了。而关羽被杀的那一年,恰好是己亥年,正应了梦中的那头猪。

关羽之死,标志着荆州的彻底沦陷,也标志着诸葛亮的"草庐对"中跨有荆益、联吴抗曹的失败。刘备集团的势力从此就像傍晚的太阳,渐渐西沉下去。

荆州七郡再次被瓜分,只不过成了曹操和孙权的天下。孙权任命吕蒙为南郡太守,封屏陵侯,赐钱一亿,黄金五百斤;陆逊领宜都太守,右护军、镇西将军,进封娄侯。为了加强对荆州的控制,孙权甚至还将统治中心迁移到公安去。

孙权占据了大半个荆州,得了便宜还卖乖,派梁寓向洛阳的曹操进贡,还送去关羽的头颅,上书称臣,请求曹操顺应天道人心,称帝君临天下。

孙权自己跟刘备结下血海深仇,现在还想把曹操拉下水。想不到小把戏立马被曹操戳穿,曹操把孙权的《劝进书》公诸于世,得意洋洋地笑骂说,这小子竟然想把我放在火炉上烧烤!毅然拒绝了众大臣的建议,宁死不当皇帝。还留下一句耐人寻味的话,如果老天垂青于我,那就让我做周文王吧!(若天命在吾,吾为周文王矣)

关羽死后不久,孙权在公安城内的大殿上举行盛大的欢庆宴会,大将吕蒙无疑是夺取荆州的最大功臣。吕蒙一路走过,车马随从,鼓吹乐奏,不甚荣耀。可惜乐极生悲,吕蒙久劳成疾,终于死在公安内殿,年仅四十二岁。

刘备集团和孙权集团中两颗最耀眼的将星相继陨落了,为波澜壮阔的建安二十四年画下了无比悲壮的一个句号。

关羽的覆没,对刘备来说,是一次前所未有的失败。这一次失败,根源在哪里?就在刘备的身上,就在关羽的身上,就在刘备集团的所有人身上。历经十七个月的汉中大战,彻底打破了刘备的"恐曹症",刘备的自尊心也因而得到了最大程度的释放。自领汉中王之后,刘备已经是盲目的自信,甚至到了狂热的地步,仿佛北伐中原的胜利就在眼前,触手可及,至于什么曹操、孙权,都不在话下。从南郑回到成都,刘备一直沉浸在无比亢奋的状态之中,益州处处歌舞升平。

老大如此,镇守荆州的老二关羽更是目空一切、自命不凡,傲慢得无以复加。刘备宠着他,诸葛亮让着他,他就像一个越飞越高的热气球,简直就要冲破云霄。关羽不但瞧不起自己人,马超、黄忠同列为五虎上将,关羽气急败坏;而且更瞧不起敌人,孙权派人求亲,关羽口出狂言,要打到江东去,活捉孙权!于是在刘备称王后一个月,关羽擅自主张,发动了襄樊大战。而远在数千里之外的刘备,对这个结义兄弟更是听之任之,完全不关心他在荆州过得如何,都做些什么?

在当时交通通讯异常落后的情况下,从益州到荆州,跑一趟都要几个月,所以刘备跟关羽长期处于信息隔绝的状态。在没有益州的强有力配合之下,关羽看似雄心勃勃的行动,其实只是无助而且尴尬的蛮横单干。以刘备集团当时的处境,诸葛亮为他拟定"联吴抗曹"是唯一的出路,抛弃了孙权这个盟友,刘备只有死路一条。但无论是刘备还是关羽,都没有深刻认识到与东吴结盟的必要性,背弃盟约,关羽的覆灭是必然的。这是刘备集团的悲哀,也是诸葛亮个人的悲哀。

经历了建安二十四(公元219)年那场惊心动魄、发人深省的大战之后,历史翻过了新的一页,曹、孙、刘三方的力量进行重新整合。曹操稳坐老大,孙权屈居第二,而刘备自此之后永远排在了最末位。

7.祸不单行

建安二十五年(公元220),荆州大战刚刚落下了帷幕,东汉帝国也走到了最后。这一年的正月二十三日,曹操死去。继任者曹丕秉承老爹的遗愿,要做一个像周武王那样的革命者。革了汉献帝的命,革了四百年汉王朝的命。

汉献帝

囚禁在许都城内那个与诸葛亮同龄的末代皇帝——汉献帝,已经被曹操榨干了所有的剩余价值。所以到了曹丕手中,就连一个废人也不如。没有人愿意把一个多余的废人高高供养起来,除非他是一个笨蛋。曹丕当然不是笨蛋,他的才干不亚于其父。于是曹丕一上台,就毫不犹豫地把汉献帝从供养台上踢下来。

十月十三日，汉献帝浑身颤抖，跪倒在宗庙里汉高祖刘邦的灵位前。四百二十二年，一个沛县的小混混开创了历史最伟大的帝国，如今自己就要亲手将这个曾经辉煌过的大帝国埋葬在地底下。此时此刻，汉献帝的心中除了悲愤，只有无奈和凄怆了。半个月之后，曹丕在河南繁阳的禅让坛上，接受汉献帝的特使——行御史大夫张音给他的玉玺、绶带，摇身一变，成了大魏皇帝，改年号为黄初。

十一月初一，汉献帝刘协被贬为山阳公，这位人生坎坷、命运多舛的皇帝，从他落地的那一刻起，就注定了他凄苦悲凉的一生。平心而论，汉献帝并非一个无能愚蠢的皇帝，他聪明仁慈，面对不幸的命运，无论是董卓还是曹操，都大无畏地抗争过。但对手实在太强大了，而支持者寥寥无几，所以汉献帝的反抗终究是苍白无力的。他的每一次抗争，只能带来追随者的大量消亡。

而口口声称尊奉汉献帝、兴复汉室的皇叔刘备在这一年，也从巅峰上摔落下来。关羽跟荆州早已地亡人亡了，孙刘联盟也被无情地扫进垃圾堆，成了一个过去式，代替它的是满腔的愤怒和难以磨灭的仇恨。

此时的益州，也是多事之秋。才能之士，相继凋谢，五虎上将之一——老将黄忠，谋主、尚书令法正病亡。特别是失去了法正，对刘备造成的损失是不可估量的。他的军事才干和谋略，不论是诸葛亮，还是蒋琬、费祎等等，无人可以超越。刘备对法正的依赖信任，也是其他人无法取代的。

彭羕

再之后，益州治中从事彭羕图谋造反。彭羕本来被刘璋弃用，成了一个专做苦工的刑徒。刘备入川时，彭羕拍了军师庞统的马屁，为刘备所用，提拔为治中从事。后来诸葛亮来益州之后，一眼就瞧出来彭羕是个小人。凡是小人就不能让他得意，小人一得意，就会忘形，好人受气。果然彭羕升官之后，立即露出嚣张本性。诸葛亮表面上不露声色，暗中多次密报刘备，彭羕志大才疏，日后难免出事。刘备也仔细地听其言、察其行，最后做出了跟诸葛亮一样的判断，孺子不可教也！就把彭羕贬到益州南部去做江阳太守。

见刘备如此藐视自己，要把自己赶出成都，彭羕怏怏不乐，跑去向马超诉苦。

马超很奇怪，人人都说彭先生才华出众，主公也很器重你，常常称诸葛亮、法正、彭羕是益州的三驾马车，怎么突然间就让你到南方小郡去做官？

彭羕羞愧难当，恨恨地暗骂刘备昏庸糊涂，不过此时亦无计可施。他对马超说了一句很暧昧的话，你在外头，我在里头，我们手牵手，就可以出头。（卿为其外，我为其内，天下不足定也。）

马超长年带兵在外，回到成都之后，心里总有点忐忑不安。听到彭羕大逆不道的话，心中震惊，表面上却跟诸葛亮一样不露声色。彭羕离开后，马超立即把彭羕的话原封不动地告诉刘备。

反了你！刘备怒气冲天，立刻把彭羕打入大牢。

在牢狱中，彭羕这才有所悔恨自己的言行，于是给诸葛亮写了一封长长的书信，痛骂自己自甘堕落，并不埋怨他人。还不忘给诸葛亮戴上高帽子，夸赞诸葛亮有伊尹、吕太公之才，应该好好地跟刘备共谋大业。

诸葛亮当然不吃这一套，最后把彭羕处死。

更令刘备伤透了心的是，义子、副军中郎将刘封又出事了。

在关羽征战襄樊期间，曾经多次向镇守上庸郡的刘封和孟达求援。但刘封对关羽存有偏见，就与孟达借口刚刚攻取上庸，人心不稳，一旦出兵相援，曹军必定乘虚而入，根本就不听关羽的话。关羽覆没之后，刘备由是心中痛恨刘封和孟达。

可是刘封和孟达也是矛盾重重，相互怨恨，连孟达的鼓吹乐队也被刘封夺走了。孟达外怕刘备降罪，内怕刘封逼迫，干脆给成都的刘备写了一封辞职书信，率领部属四千家投靠了曹丕。

曹丕一见孟达长得威风凛凛，甚是高兴，马上委以重任，升官晋爵，授散骑常侍、建武将军，封平阳亭侯，还把房陵、上庸、西城三郡合为新城，任命孟达为新城太守，并让孟达跟征南将军夏侯尚、右将军徐晃一道，南下攻打刘封。

孟达给刘封写了一封劝降书，晓以利害。引用古人的话，说什么"疏不间亲，新不加旧"，你跟刘备本来只是路上相遇之人，并无骨肉血缘的亲情。自从刘备的亲生儿子阿斗被立为太子之后，大家都替你捏了一把汗。何不如学一学春秋时期的公子小白、公子重耳，暂时出奔在外，然后回去，夺取政权。否则一旦有人在刘备耳边说你的闲话，恐怕到时候你就危险了。你背弃父母，为螟蛉之子，实在不合伦理；明明知道大祸将至，却傻傻地坐以待毙，实在是不智之举；曹魏这么强大，这么仁慈，你却不投靠，实在是不义之极。有这三不，你怎能傲然立于世间？

孟达向刘封热乎乎地招手，赶紧来投吧，曹丕很需要你的！

毕竟跟随了刘备那么多年，没有亲情也有友情，再说自己的地位还算荣耀，于是刘封拒绝投降曹丕。这时候，西城太守申仪、上庸太守申耽兄弟叛投曹魏，袭击刘封。刘封再也待不下去了，只好逃回成都。

没想到一进入成都，就被刘备狠狠地训斥了一顿，骂刘封欺负孟达，骂刘封见死不救，让关羽蒙难。

诸葛亮一看刘封勇猛异常，生怕刘备死后成了祸害，就劝刘备趁机除掉刘封。于是刘备让刘封自行了断。刘封临终前长声叹息，真后悔没有听孟达的劝告！

刘备听后，泪流不止，虽说不是自己的亲骨肉，但叫了这么多年的爸爸，说什么也是自己身边最亲近的一个人。

第八章 | 风雨飘摇

刘备称帝

陆逊的大雁阵

三把大刀砍大雁

猇亭大交锋

败走白帝城

诸葛亮时代的到来

1.刘备称帝

曹丕

世间的恩怨反反复复,过去的生死之交有可能一夜之间成为仇敌。而过去的仇敌突然间回忆起来,似乎也不是那么讨厌。曹操死后,刘备想一想,竟然还有点思念之情。换做自己,说不定也会干出同样的"挟天子以令诸侯"的事。何况曹操对待汉献帝还是蛮不错的,汉献帝虽在囚笼之中,但却是唯一让曹操低头弯腰的人。倒是孙权,曾经的盟友,口蜜腹剑、笑里藏刀,这样的人才是最可恨的。一想到他就是杀害关羽的凶手,刘备就怒目眦裂,今生今世不报此仇,誓不为人!

刘备就派了一个叫韩冉的军中参谋,让他去吊慰曹操,还送了一些精美的蜀锦、布匹,以为赙赠之礼。但是曹丕却一点也不领情,反而觉得刘备很可恶,趁着丧事前来通好,那不是幸灾乐祸是什么?于是一怒之下,曹丕命令荆州刺史一旦抓住韩冉,就砍了他的脑袋,以示绝不与刘备结好。

韩冉走到上庸,听了曹丕的命令,吓得称病停下,让上庸的曹魏官员代为转交刘备的悼书给曹丕。这时候流言四起,说汉献帝已经惨遭不测。韩冉回到成都之后,刘备遂下令为汉献帝发丧守制,追尊刘协为孝愍皇帝。

汉献帝死后,兴复汉室的重担就落在刘备这个中山靖王后裔的肩膀上了。很快地,益州那些文武大臣,太傅许靖、安汉将军糜竺、军师将军诸葛亮、太常赖恭、光禄勋黄权、少府王谋等人,前后有八百余人,纷纷上书刘备,痛陈逆贼余孽曹丕篡位弑君,屠灭汉室,窃取国家,迫害忠良,荼毒百姓,人鬼共怒。如今天下无主,人心惶惶,不知所从,然后举出瑞命符应数例,请求刘备即皇帝位,以继承汉高祖、光武帝的大统。

一切都是那么顺理成章。天命所在,人命不可违抗,刘备就是推也推不掉。

于是在建安二十六年(公元221)四月初六,刘备在成都武担山之南,登坛称帝,大赦天下,改元章武。以诸葛亮为丞相,许靖为司徒。

武担山在成都的西北,有个来历。据说很久很久以前,武都有一个男子突然间变成一个大美女,被蜀王迎到成都,纳为妃子。可是来成都不久,那妃子水土不服,很快就病入膏肓,整天哭闹着要回家。蜀王舍不得她的美貌,不准她回去,结果没几天就死了。蜀王哀伤不已,派了五个大力士把武都的土挑担到成都来,筑起一个面积数亩、高十丈的坟陵,称之为武担,然后把妃子安葬下来。

故事是这么凄美,也是这么令人惊叹!要把妃子老家武都的泥土挑到成都去,在地图上的直线距离是六百五十里,路途又是那么遥远、艰辛,最终还是积土成山。可见爱的力量有多大,由此更是印证了有志者事竟成这句话。

之所以挑选在武担山下即位称帝,刘备就是想告诉世人,不管北伐的道路有多么遥远,依然挡不住自己的脚步。不管敌人有多么强大,我都会带着笑容去面对!

今天刘备的敌人只有一个,他就是杀害关羽的凶手——孙权。

五月,立吴氏为皇后,车骑将军吴懿的妹妹。刘禅为太子。

六月,册封儿子刘永为鲁王,刘理为梁王。

七月,刘备调集十万大军,准备东征孙权。

刘备已经失去了理智,离疯狂只有半步之遥。自关羽死后,刘备活下去的目的只有一个,那就是血债血还,替关羽报仇。至于什么兴师北伐,恢复汉室,全都是浮云。我现在不就是大汉帝国的皇帝?

一听说刘备头脑发热,要去找孙权算账了,蜀汉的大臣们都吓得脸色苍白。诸葛亮更是满腹凄苦,"草庐对"已经彻底被刘备抛弃了,这可是蜀汉的立国之本啊!

翊军将军赵云哭肿了双眼,劝说刘备。国家的敌人,是曹操,而不是孙权。只要先灭了曹魏,孙权自然臣服。现在虽然曹操已死,可是他的儿子曹丕篡夺大位,不得人心,理应趁此良机,夺取关中,然后从黄河、渭水顺流而下,讨伐逆贼。王师所至,关东义士必定一呼百应。不应该本末倒置,放过曹丕,先与孙权交战。一旦开启战端,就无法收拾了。

大臣们相继蜂拥而上,苦劝不停,刘备全当耳边风。广汉高人秦宓搬出了刘

武担山刘备称帝

备最喜欢听的什么天时地利那一套理论,反而被刘备关押起来。

诸葛亮摇摇头,连声叹气,刘备的脾气恐怕就是九头牛也拉不住。自己更加劝不了,哥哥诸葛瑾就在孙权手下身居要职。在这风口浪尖,诸葛亮才不会傻笨到被刘备嫌疑的地步,只好眼睁睁地看着刘备干了一件最愚蠢的事,破坏自己既定的方针——联吴抗曹。只有一个人可以说服刘备,他就是法正。可惜世上已没有法正了。

刘备听说四川有一个神仙叫李意其,自称是汉文帝时代的人物,已有四百岁了,有未卜先知的神通。刘备客客气气地把李神仙请到成都,向他询问东征的吉凶。

李神仙什么也没有回答,只要求拿来纸笔。画了几十个兵马刀剑,然后用手一一撕裂。又画了一个很大的人物形象,挖地把他埋葬了。画完之后,李神仙就扬长而去。

刘备的三弟张飞,喜欢文人却时常虐待士兵。刘备告诫他,你滥用刑罚,鞭打军中壮士之后,又时常让他们伴随在身边,早晚会大祸临头。张飞却不以为然。张飞驻军在阆中,听到关羽战死的噩耗,急匆匆带上一万人马准备开拔到江州去,跟刘备会合。没想到临行之前,张飞帐下的两个叛将张达、范彊杀了张飞,提着他的脑袋,顺江而下投奔孙权去了。

刘备听说张飞那边来了一个哭哭啼啼的人,一问之下惨叫一声,啊!三弟张飞也死了!

2.陆逊的大雁阵

孙权听到刘备亲率十万大军就要杀来了,顿时惊慌了,赶紧派人求和。南郡太守、诸葛亮的哥哥诸葛瑾也写信劝告刘备,陛下你要清醒一点,是关羽亲还是山阳公亲?是荆州大还是九州大?是曹丕仇还是孙权仇?如果能想出答案,一切都清楚了。

但诸葛瑾提这些问题无异于给刘备的伤口撒上一大把盐,只能适得其反。

既然刘备执意要战,那就开打吧!孙权也不是孬种,大不了再来一次赤壁大战。于是孙权紧急动员起来,把能调派的兵力都调到荆州去。这可是事关东吴生死存亡的命运大决战啊!

这一战早在孙权的意料之中,躲不开也逃不掉。为了避敌锋芒,孙权又把都城从公安后撤七百里,迁移到鄂城去,并把鄂城改名为武昌。任命镇西将军陆逊为大都督、假节,统率五万大军,抵御刘备的进攻。

陆逊沿着长江一线,从最西边的巫山,到最东边的江陵,大约六七百里,阶梯式地布下了层层重兵。就像一只大雁,朝着益州方向展翅高飞。

雁阵的头部:将军陆议守巫山、将军李异守巴山、振威将军潘璋守秭归、郎将李阿守兴山。一旦战争爆发,他们作为第一道防线,将首当其冲,直接面对刘备的攻击。

雁阵的颈部:大都督陆逊亲率主力镇守夷陵、安东中郎将孙桓屯兵夷道。陆逊占据长江的咽喉位置,手握重兵,一旦第一道防线被刘备击溃,陆逊就会毫不犹豫地与之展开殊死搏斗。荆州的安危、江东的存亡,就全系于陆逊一人身上了。

雁阵的腹部:将军宋谦屯兵枝江、建忠郎将骆统屯兵屖陵、绥南将军诸葛瑾守公安、虎威将军朱然守江陵。

雁阵的南北两翼,庇护长江防线的侧背安全。北边,建武将军徐盛屯兵当阳,防备曹魏暗中捣鬼。南边,都尉鲜于丹防守武陵、平武将军步骘守长沙,防止荆南的蛮夷受到刘备的诱惑,倒戈一击。

雁阵的尾部:孙权坐镇大后方武昌,进行总调度,随时准备向各个方向增援。

排下了如此精妙的大雁阵形之后,再看看各路大将,都是千锤百炼的过硬汉子。而普通的士兵们也是斗志昂扬,随时准备着为保卫东吴而献身。陆逊不由得信心爆棚:来吧刘备,要和就和,不想和就痛痛快快地大干一场。

孙权却没有像陆逊这些好战的将军们那么轻松,他心中很清楚,孙刘联盟破裂意味着什么。首先就是政治上的孤立,最可怕的是北方还蹲坐着一只凶猛的大老虎,曹操的继任者曹丕,此时此刻恐怕正待在洛阳城内,掩紧嘴巴偷着乐呢。

一旦孙刘交手,势必两败俱伤,如果这时候曹丕忽然起了个念头,那后果……孙权再也不敢想下去了。

　　于是在八月，孙权赶紧向曹丕俯首称臣，还把被关羽俘虏的五子良将之一于禁送回去，以表诚意。这时候的曹丕确实很好奇，刘备和孙权都凶巴巴地摆出打架的样子，到底会不会真的干起来？

　　曹丕很想看看这一出好戏，一旦真的打起来，那将是何等的精彩！曹丕把大臣们都叫过来，给他们出了个题目，预测一下，刘备究竟会不会出兵为关羽报仇？

　　可是大部分人的答案让曹丕很失望，蜀汉只是一个小国，所谓的名将只有关羽一人而已。关羽死后，蜀汉都吓破了胆，哪里敢出兵？

　　只有侍中(秘书长)刘晔有他独特的看法，蜀国虽然弱小偏僻，但正是因为弱小偏僻，刘备才想打出威风来，以攻为守，显示自己的力量是不可战胜的。况且刘备跟关羽，名义上是君臣，实际上却比父子关系还要亲。关羽死了，如果不为他出兵报仇，那刘备怎么对得起自己的良心？

　　刘晔刚刚回答完问题，新的问题又来了，孙权的求降使者已经进了洛阳城。曹丕到底要不要接受孙权的降服呢？

　　文武大臣都对孙权的降服振奋不已，纷纷向曹丕祝贺。

　　刘晔却说，孙权无缘无故降服，一定是被刘备逼急了。刘备重兵压境，东吴人心惶惶，又怕我们趁火打劫，两面受敌，所以委曲求全，并非出于本意，却有一箭双雕的效果，一则可以解除北方的威胁，二则狐假虎威，棒喝刘备。今天下三分，我们占了十分之八，孙权和刘备各占十分之一。他们理应联手起来，一旦有难，相互支援。现在却自相残杀，此乃天赐良机，应该大军南下，直过长江，攻打东吴。刘备攻其外，我们攻其内，不出半个月，孙权就会灭亡。一旦孙权灭亡了，刘备就岌岌可危。就是将东吴的一半领土割让给刘备，恐怕也撑不了多久。

　　曹丕反驳刘晔说，人家诚心降服于我，我怎能加害于他？不如接受孙权的降服，然后袭击刘备，还不是一个样吗？

　　刘晔哭笑不得，蜀国远东吴近啊，如果听到我们攻打蜀国，刘备立刻就会回去，到那时候什么也做不成了。现在刘备正是怒气当头，听到我们攻打东吴，一定会争着跟我们瓜分东吴的领土，高兴还来不及，哪里会改变念头，救援东吴？东吴只有灭亡的命了。

　　曹丕似乎有点敬佩孙权的英雄行为，对刘备这个枭雄很厌恶。尽管刘晔分析得这么透彻,曹丕还是听不进,于是派遣邢贞册封孙权为吴王。

这个刘晔可以说是一个伟大的战略家,目光高远,思虑精深。他的这些话,可谓一针见血。如果曹丕能够遵照行事,那么三国的统一势必提前半个世纪。可惜曹丕一念之差,错过了这么一个足以扭转历史的大好时机。

3.三把大刀砍大雁

曹丕的失算就是孙权的造化,也是孙权高超的外交政策的成果。而孙权的造化就是刘备的晦气,现在刘备不但要直接面对孙权顽强的抵抗,而且后院也有起火之忧。但刘备却非打不可,孙子兵法说过,"主不可以怒而兴师,将不可以愠而致战",简单一句话,冲动是魔鬼。

更令人纳闷的,即使刘备你要打孙权,也要任用一些有丰富战斗经验的将领来带兵。可是我们瞧一瞧,刘备带去的各路将领到底都是哪些人?

中领军吴班,也就是统帅。这个吴班是车骑将军吴懿的族弟,也就是吴皇后的亲戚。虽有豪侠之称,却只能算是未入流的战将。什么大都督冯习、将军赵融、陈式、廖淳、傅彤、刘宁、杜路等等,都是蜀汉的无名小辈。至于一个五溪蛮的酋长沙摩柯,恐怕也是有勇无谋。只有侍中马良、治中从事黄权、尚书刘巴勉勉强强算得上谋士。但是跟孙权的陆逊、潘璋、徐盛、骆统等那些战功赫赫的将领相比,简直就是小巫见大巫。在整体素质上,刘备的将领跟陆逊等人根本就不在同一个档次上。

这也难怪,法正死后,蜀汉本来就没有什么顶尖的人物。刘备集团可称名将的,屈指可数,只有五虎上将和大将魏延了。但是五虎上将已经去了三个,剩下的马超镇守西北,脱不了身。赵云又强烈反对东征孙权,所以刘备让他做后军都督,驻守江州,扼住入川的咽喉要道。而汉中太守魏延也是重任在身,一旦曹丕偷袭益州,只有魏延才能挡得住。

于是刘备带上来一大班业余的打手,浩浩荡荡地从江州顺流而下,准备跟孙权的专业高手打群架。仗还没有开始打,胜负就已经显现出来了。

可是在战争初期,刘备凭着人多势众,如同拿着一把犀利的牛刀宰割一块烂布条,势如破竹,将陆逊大雁阵的头部打得破破烂烂。将军吴班、冯习率领四万先头部队，自江州顺流而下，尽管路上耽搁了几个月，但是出了白帝城之后，一路凯歌高奏，连闯三关。击溃巫山的陆议、巴山的李异、秭归的潘璋，江北兴山的刘阿守军也不战自溃，孙权的第一道防线很快就被刘备的大军冲垮了。胜利的红旗高高地飘扬在秭归上空！

黄 权

第二年（公元 222）正月，刘备进驻秭归，在这里设立了临时指挥部。接下去要怎么打？军中意见不一。最大的问题是身为皇帝的刘备亲征，只许赢，不许输。治中从事黄权认为，东吴的军队很强悍，而大军顺流而下，前进容易撤退难。所以黄权自告奋勇，要亲率一支尖刀部队，直插向荆州的软腹部，刘备的主力随后跟进。

这个黄权算是远征大军中最能打仗的将领，但是刘备似乎过高估计了自己的能力，他带来的人马超过十万，是孙权守军的两倍多，两个扭打一个，绝对没有问题的。所以刘备要长驱直入，亲眼看到孙权惨败之后的狼狈模样，以泄心头之愤。

最后，刘备决定兵分三路，犹如三把大刀，直砍向陆逊的大雁阵。

任命黄权为镇北将军，率北路军从秭归登岸之后，前出到临沮和当阳之间，如此既可以监视曹丕南下搞突然袭击，又可以从侧背翼包抄夷陵的陆逊主力部队。

刘备自己所带军队为中路，以将军吴班、陈式的水军为先锋，从秭归南下夷陵。以将军张南的军队为陆路先锋，翻越崇山峻岭，直取夷道城。孙权的安东将军孙桓跟张南打了一仗，结果大败而归，逃入夷道城，被张南围得水泄不通。孙桓急了，连忙派人向江北夷陵的陆逊求援。

没想到陆逊断然拒绝了孙桓的要求，理由是本来自己手头的兵力不足，一旦分出去了，就形不成一个强有力的拳头。

帐下的诸将却很担心，安东将军孙桓可是主公的亲族啊！如何见死不救，万一被刘备俘房了，主公的颜面何存？

陆逊胸藏百万雄师,韬略惊人,怎么打败刘备,早已胸有成竹。他呵呵笑道,你们担心我可一点也不担心。安东将军极会用兵,深得军心,再加上夷道固若金汤,城中粮草充足,根本就没必要为他捏一把汗。我只要略施一计,安东将军便可不救自解。

孙桓听说陆逊不发一兵一卒,气得破口大骂。

张南围住了夷道城,让孙桓动弹不得。刘备心中大安,于是在二月,亲率各路将领,从秭归出发,在长江南岸登陆之后,也是翻山越岭,集结在夷道、猇亭的丛山密林之间。等待攻陷夷道城,扫清前进的障碍之后,再向东进攻江陵。

南路,刘备派遣马良翻越长阳佷山南下,绕了一大圈,到达湖南西部、沅水上游的五溪蛮夷地界。蛮夷戎狄最喜欢中原的金银、布帛,这一次刘备没有让他们失望。一见到刘备的闪光灿烂、花里胡哨的礼物,五溪蛮夷首领的双眼立刻发亮,马上表示臣服刘备。

就这样,刘备的三路人马就像三只利爪,抓烂陆逊大雁阵的头部之后,又毫不留情地伸向大雁阵的软腹部和两只翅膀。

打烂陆逊的防御阵势之后,本以为陆逊会气急败坏地倾巢而出,跟刘备血战一场。没想到陆逊仿佛从世界上失踪了似的,一连几个月,夷陵那边静悄悄的,一点动静也没有。

以弱击强,取胜的秘诀就是打持久战,把强敌拖入泥潭之中,在挣扎之中慢慢消耗生命力,然后一举灭之。反过来,以强击弱,就要以泰山压顶之势,速战速决,绝对要避免被对方拖入持久战。再大再壮的野牛,一旦被小牧童牵住了鼻子,满山跑动,也会筋疲力尽的。

这个刘备很清楚,也很想找到陆逊,然后凭着优势的兵力,给予猛烈而且致命的一击。

问题是陆逊根本就不想作战,整天就是龟缩在夷陵的军营里优哉游哉地喝酒、看书。一点也不心急,仿佛陆逊不是来打仗的,而是来度假的。

刘备没辙了,但是心里也不怕,耗就耗吧,倒要看看到底谁先憋不住?四川号称天府之国,别的什么没有,白花花的大米还是有的。成都有能人诸葛亮镇着,汉中有猛人魏延顶着,江州后路有牛人赵云守着,大后方安如泰山,所以刘备一点也不担忧。

但是问题马上又出来了，十多万人，如果都在猇亭、夷道的狭小地带里挤成一堆，那岂不很难受？于是刘备下令砍倒长江两岸的树林、竹林，沿着江岸，从最西边的巫峡，到最东边的夷陵、猇亭，一共七百余里，筑起了数十个大屯营。以将军冯习为大都督，张南为前部，辅匡、赵融、廖淳、傅肜等各为别督。数不清的营寨连绵不绝，此起彼伏，蔚然壮观，再加上各色各样迎风招展的旗帜，骑着战马跑来跑去的士兵，动感十足，犹如一条长蛇蜿蜒盘旋在长江的中上游。

在战争史上，从未出现过如此雄伟的奇观，这哪里是在扎营，分明是长江边上巍峨的长城，看得东吴的战将各个心惊肉跳。

陆逊依然是那副毫无表情的脸蛋，干净、嫩白，简直就是一个白面书生。不过倒是可以隐隐约约看到几丝微喜之色。但陆逊心中却是抑制不住的激动，因为他很清楚，狡诈的刘备被自己逼得精神错乱，竟然出了这么一个昏招，而这个昏招早晚会让刘备的十万大军葬身长江水底。至于用什么办法，大破刘备的长蛇阵，陆逊现在还没有找到。

陆逊绝不打毫无胜算的战争，既然目前没有破敌之策，那就继续耗着吧！只要一直耗下去，终究会看到胜利的曙光，因为持久战正是以弱胜强的法宝。

双方没有冲突、没有接触，更没有对话，就这样一直对峙着，从正月持续到六月，几乎每一天都在漫长、枯燥无味的静坐对峙之中度过的。

4.猇亭大交锋

刘备毕竟是久经战斗，他发现还是上了陆逊的大当，这是要打一场持久战。这时候已经进入了炎热潮湿的盛夏，十万大军情绪低落，无精打采。大半年过去了，几乎无事可做，士兵们闲得都在捉自己身上的虱子。

刘备紧皱眉头，再这样下去，恐怕连虱子也没得捉了。这令刘备忆起汉中大战的情形，当年自己正是用静坐战术，玩得曹操一点脾气也没有，结果只好撤军了事。

没想到现在陆逊运用同样的静坐战术，肆无忌惮地玩弄着刘备。

刘备却不像曹操没有了脾气，相反脾气越来越暴躁了！

刘备急着要打，于是想出了一个主意，诱敌出战。

他派吴班带领着数千人，在夷陵陆逊大营的前面找了一片开阔的地方，扎了个大营。扎营之后，那些士兵又是脱光身子、又是肆意辱骂挑逗，目的很明显，就是把陆逊骗出来。

东吴的将领气得牙痒痒，纷纷向陆逊请战。

陆逊却出奇的淡定，无论诸将怎么哀求，陆逊就是不准出战。陆逊解释说，现在刘备倾巢而出，士气正旺，锐不可当。况且刘备占领了制高点，居高临下，难以进攻。即使攻下了，也难以将刘备大军全部歼灭。万一战有不利，那就坏了我的全盘计划，实在是得不偿失。如今只要鼓舞将士们，让他们保持高涨的士气，然后静待其变。这个地方是平原旷野，盲目出战，恐遭中计。绕着山路接近他们，又无法展开队形。不如乖乖地待在营帐中，找到时机后再出战也不迟。

那些将领们根本就听不进陆逊的一个字，都骂孙权怎么派了一个畏敌如虎、胆小如鼠的书呆子来统兵作战？

陆逊刚受命的时候，大家就有意见。那些孙策时代的老将，什么韩当、骆统等等，孙权的亲族，什么孙桓等等，根本就不把陆逊这个后生小辈放在眼中。陆逊狠狠地把宝剑放在案桌上，厉声喝道，不错，我是一个手无缚鸡之力的读书人，主公之所以委以重任，就是看在陆逊能够忍辱负重！大家各有其职，岂能不守？如果犯了军法，这把尚方宝剑就不单单是一个摆设品了！

陆逊所以能够号令三军，全凭着手中的那把宝剑，所有人的心中并不服陆逊其人。

开战之后，孙桓被张南包围在夷道城，苦苦求援，陆逊却视若无睹。从这时候起，有人开始不满陆逊了。现在吴班肆意挑逗，陆逊却连屁也不敢放一个，那些热血冲天的东吴男儿看了无不泄气，要不是陆逊手里老拿着那把尚方宝剑，恐怕早已把他生吞活剥了。

但是陆逊的判断很快就被证明是正确的。

刘备看到吴班闹了几天，就像拼命地耍了猴戏，却没有一个观众，自讨没趣，只好拆台不再演出了。结果把东吴将军看得目瞪口呆，原来除了吴班在前台表演之外，后边的山谷里还埋着八千多个伏兵。幸亏陆逊下令禁止出战，要不然都会被刘备包饺子的。

进入了六月酷暑之后，夷陵地区成了一个大火炉，热气熏天。刘备连营七百里，更是让士兵们叫苦连天。甚至在秭归周遭十里内，可以看到骇人的黄气滚滚腾空，有数丈之宽。

这时候，陆逊也沉不住气了，他上书孙权，夷陵，要害之地，江东的关键。得来容易，失去也容易。一旦失去了，就不仅仅是一个夷陵的问题，全荆州都危险了。不战则已，战则必胜。刘备违逆天理，不看好自己的巢穴，反而跑过来送死。我虽然愚笨，但是借助主公的神威，坚信正义必定战胜邪恶。我研究了刘备过去的作战历史，胜少败多，没必要担忧。本来怕刘备水陆并进，现在他却弃船登岸，步步为营，我仔细察看一下刘备的行军部署，不会变化。主公只要安心等待，胜利必定属于我们！

陆逊沉不住气，那些将领们更加毛躁。他们纷纷埋怨陆逊，攻打刘备最好的时机在于战争初期，你却让刘备长驱直入五六百里，相持了七八个月之久。所有的要害之地都被刘备占据了，我们还打什么鸟仗？

陆逊回应说，刘备，一代枭雄也，狡猾异常，经验老道，交战之初，精神专一，不可战胜。如今相持了这么久，刘备占不到便宜，士气一落千丈，已经是黔驴技穷了。歼灭此贼，就在今天。

将士们听到陆逊的豪言壮语，半信半疑。

陆逊先出兵攻打刘备的一个大营，结果大败而归。于是将士们又嘲笑道，白白损失了这么多弟兄的生命！

陆逊却洋洋得意，我找到了破敌之术！

其实只要稍稍懂得打仗的人，都会有击破刘备的方法。刘备虽然兵力众多，但是战线拉得太长，随便找个地方一击，就可以大破他的长蛇阵。

远在洛阳的曹丕听说刘备竖起栅栏，连营七百余里，不禁失声叫道，刘备根本就不懂得兵法！两军对阵，从未见过扎营七百余里的。在草木茂盛、低洼险要、闭塞不通的地方安营扎寨，此乃兵家大忌。这回刘备惨了！

刘备的致命弱点，长蛇阵的七寸，陆逊看到了，连局外人曹丕也看到了。但刘备就是身在祸中不知祸，甚至面对着巍峨壮观的七百里连营，还有点孤芳自赏。

刘备的末日很快就来临了！

七月的一天，可惜具体是哪一天历史没有记载。那一天闷热得要命，人们就像置身于一个密不透风的罐子里，空气仿佛都凝固了。

陆逊马上就要用憋了大半年的怒火将密不透风的罐子点燃、引爆。

只见黑夜里忽然一阵亮如白昼，从深山密林间钻出了无数个人，他们手里各拿着一把大火炬，在一片惊天动地的杀喊声中，如潮水般地涌向猇亭刘备的营寨。俄而火光冲天，爆炸声、哭喊声此起彼伏，震彻山野。尽管一丝风也没有，但是干燥的空气成了助燃物，噼里啪啦的熊熊烈火四处蔓延，一夜之间，四十多个大营全部化为灰烬。兵仗器具、车马辎重，随处可见，狼藉不堪。人肉的烧焦味，臭气冲天。

大崩溃首先从猇亭的刘备大本营开始，很快就波及到绵延了七百余里的各处营帐。人们惊慌失措，流言四起，于是成了一场大灾难，被杀死的，被大火烧死的，践踏而死的，坠死山崖的，淹死长江里的，不计其数，惨不忍睹。

陆逊一声令下，各路东吴大军展开全线反攻。朱然、韩当吼叫着从江陵杀出，大破蜀军于涿乡。潘璋一马当先，斩杀刘备的大将冯习。骆统从屠陵杀出，诸葛瑾和周瑜的儿子周胤也从公安杀出，跟陆逊会合，所有人的目标只有一个，猇亭的刘备。一阵混战之中，张南、五溪蛮酋长沙摩柯被砍为两半，杜路、刘宁等人败得找不到南北，乖乖地举起双手，投降了陆逊。这是一个震撼的夜晚，长江之水为之赤红，明月为之惨淡，山中的鸟兽为之悲鸣。

数万人马很快就消失在这个令人恐惧的黑夜之中，刘备只好率领着残兵败将，退到马鞍山。蜀军一圈又一圈地环绕着马鞍山，准备作困兽之斗。

陆逊的大军就像蚂蚁似的，黑压压地爬满了马鞍山的山坡。一队又一队不要命地往上冲锋，那气势比长江的浪潮还要凶猛。惨烈的攻防战又持续了一天一夜，蜀军死伤累累，一下子土崩瓦解，又损失万把人马。刘备见大势已去，连忙组织突围。

将军傅肜殿后，掩护着刘备撤退。手下的士兵都战死了，吴军挥舞着武器，一步步地逼近。有一个人叫道，快快投降吧！刘备很快就要成了江东的阶下囚！

没想到招来了傅肜的一阵痛骂，你们这一群吴狗听着，蜀汉的将军没有一个愿意投降！骂声刚落地，就被吴军的乱刀剁成肉酱。

从事祭酒程畿搭乘着一条船，溯江而上。背后东吴的水军没头没脑地追赶过来，船上的人吓得发抖，大叫道，敌人追上来了，赶快解开缆绳跑吧！程畿却慢条斯理地回答，我从军这么多年，还没有学会怎么逃跑！最后也是悲壮地死去。

夷陵之战

被围困在夷道城内、整天骂骂咧咧的孙桓终于解围了，他把对陆逊的所有怨恨都撒在刘备身上。逢人就砍，杀得两眼通红，像一个疯子似的，一路向西狂奔，恨不得一脚迈入四川，踏平成都。

刘备狼狈不堪地西逃到石门山之后，望见身后尘土飞扬，杀声震天响，赶紧下令烧毁辎重器械、铁铠盔甲，堵塞石门山的山口，这才遏止了陆逊的追兵。

过了石门山，前方就是夔道，这是通往四川的要道。刘备心里略微放松了些。忽地前方冲杀了百余名骑兵，孙桓犹如神兵从天而降，截断了刘备退往四川的道路。

刘备又是羞愧，又是愤怒，又是无奈，感叹道，我当年去江东做女婿的时候，孙桓还只是个梳着两条辫子的孩童(那时孙桓十一岁)。没想到现在他竟然要我命！只好连战马都不要，翻山越岭，抄小路逃到白帝城去。正好迎头撞见了从江州赶来救援的赵云，刘备不由得热泪盈眶，救命将军又来了！

危难之中见真情，之前赵云两次救过刘阿斗，现在又救了刘备，赵云不愧为蜀汉的一颗大救星！

从猇亭一路逃出来，大船小舟，水军、步兵的器具，丧失殆尽。沿途所见，触目惊心，蜀军的尸体漂流而下，几乎塞满了整个长江。刘备越看心里越是难受，气得就要呕血，仰天惨叫，我被陆逊这样无名小辈所羞辱，这难道是天意吗？

5.败走白帝城

八月，刘备在赵云的护送之下，灰头土脸地回到了白帝城以西的鱼复。一见到鱼复这个地名，刘备伤感而愤慨，这是诅咒我丧身鱼腹！于是改了个吉利的名称，永安。

刘备一溃败，南北两路的马良、黄权也先后遭殃。

南路马良统率的五溪蛮人，也在武溪遭到东吴平武将军步骘的攻击，兵败身亡。

在临沮、南漳附近的镇北将军黄权，后路被陆逊所断，来不及撤退，只好投降了曹丕。

陆逊

潘璋

孙桓

儒生雄才陆逊

　　益州的人都很气愤，准备把黄权的老婆、儿子抓进大牢。刘备摇摇头，是我对不起黄权，不是黄权对不起我！

　　曹丕也很欣赏黄权，刘备既然让他做了镇北将军，我就让他做镇南将军，气一气刘备。

　　这时候谣言说刘备把黄权的老婆、儿子都杀死了。曹丕下诏黄权，赶快发丧吧！发丧之后，我再给你娶亲！

　　黄权也是摇摇头，我做出了对不起刘备的事，但是刘备绝不会做出对不起我的事！

　　刘备君臣之间，相知相惜，推心置腹，可见一斑。

　　夷陵之战败得实在是太惨了，刘备躲入永安之后，怎么想也想不开，整天抑郁不乐，羞愧难当，终于落了个重病，再也没办法回到四川去了。

　　孙权听说刘备在白帝城，心中也很恐惧。虽说陆逊取得夷陵大捷，但那也只是重创刘备而已，益州的力量还是很强大的。孙权生怕在成都的诸葛亮把一切豁出去了，倾国而来，为刘备报仇。况且杀人一千自损八百，孙权也付出了惨重的代价，国库业已挥霍一空。刘备丧失了理性，自己可不能失去理性。孙权只想教训一下刘备，并不想完全吞并了蜀汉。不要忘记，洛阳城中的曹丕还在瞪着大眼，随时有可能给自己致命的一击。

　　有其父必有其子，当年曹操夺取了汉中之后，死也不听司马懿的话，导致刘备轻而易举地占据益州全境。现在曹丕又犯了同样的错误，开始眼红了，很后悔没有听大谋士刘晔的劝告，让孙权一时坐大。假如再这样任其发展下去，恐怕到时候矛头一转，连自己也对付不了。

　　夷陵的战事渐渐沉寂下来了，蜀汉受到了极大的削弱，而东吴却牢牢地保住了夺取荆州的胜利果实。这是曹丕最不愿意看到的结果，于是跟孙权的和议成了一张废纸，号令南征荆州。

　　这时候刘晔却站出来劝阻，夷陵一战东吴大捷，现在上下一心，而且又有江河湖泊做屏障，荆州打不得啊！

　　曹丕的脾气也是很犟的，根本就没听进去刘晔的劝告，大手一挥，三路大军滚滚而下。

　　东路，征东大将军曹休、前督军张辽、镇东将军臧霸出洞口。

中路，大将军曹仁率步骑数万出濡须。

西路，上军大将军曹真、征南大将军夏侯尚、左将军张郃、右将军徐晃围江陵。

曹丕万万想不到，自己的这一愚蠢举措拯救了刘备。

刘备在白帝城时，东吴战将徐盛、潘璋、宋谦等人一时杀得眼红，纷纷向孙权请战，准备一鼓作气，直捣白帝城，活捉刘备。

兹事体大，孙权赶紧征求一下大统帅陆逊的意思。陆逊跟朱然、骆统以为曹丕假托出兵帮助东吴剿灭刘备，那是黄鼠狼给鸡拜年——没安好心。孙权一听，连忙把大军调回来，迎战曹军。

兵来将挡，水来土掩。你几路来，我也几路去。孙权让建威将军吕范率领水军，挡住曹休。任命裨将军朱桓为濡须督，截住曹仁。派遣左将军诸葛瑾、平北将军潘璋、将军杨粲救江陵。

同时，孙权主动放低姿态，派太中大夫郑泉（相当于议长）去白帝城向刘备求和。

经历过那么多恩恩怨怨之后，再看看一个欣欣向荣的蜀汉已经被自己折腾得差不多了，刘备静下心来，仔细思虑之后，决定答应孙权的求和，也派了太中大夫宗玮跟孙权讲和。

但是很快就传来曹丕三路出兵的消息，刘备有点兴奋，那是曹丕在找孙权的晦气。刘备给陆逊写了一封书信，曹贼现在云集江汉，我又准备向东前进了，看你还有什么本事？

陆逊毫不客气地反驳：你的部队惨败不久，元气大伤，现在双方刚刚求和，你应当好好地休养一下，不要穷兵黩武了。如果你心有不甘，恐怕你的那一点剩余的兵力来了之后，也是肉包子打狗——有去无回。

当然，刘备只是说说而已。一想起猇亭惨败，刘备就心有余悸。更何况重病缠身，久治不愈，当下之急，就把太子刘禅和诸葛亮召到永安来，交代后事。

诸葛亮听到刘备溃逃白帝城，病入膏肓的消息，心中焦虑万分。诸葛亮急得直跺脚，长声叹道，要是法正还在，肯定可以阻止主公的轻率东征。如果没有东征，就不会出现这样的败局。诸葛亮很镇定，并没有带上刘阿斗同去，毕竟永安那边的情况还不甚明了，稍稍不慎，就会人心惶惶，容易惹出事端。所以诸葛亮稍稍禀告十六岁的太子刘禅之后,就一个人先行去永安探病了。

可是诸葛亮一离开成都,益州还是出事了。十二月,汉嘉太守黄元听说刘备病入膏肓了,起兵造反。原因是黄元跟诸葛亮有矛盾,深怕刘备死后,诸葛亮找自己的麻烦。于是没等诸葛亮离开四川,黄元就竖起反旗,一路烧杀抢掠,很快就祸及蜀郡的临邛,引起成都的一片恐慌。刘阿斗吓得浑身发抖,多亏了益州治中从事杨洪推荐将军陈曶、郑绰,一举平定了黄元的叛乱。

诸葛亮到达永安,已经是第二年(公元 223)的二月了。这时候刘备的病情越发沉重,已经有一只脚跨入了鬼门关。本来刘备就患有腹泻的病,惨败之后,情绪压抑,导致百病丛生,已经无法治愈了。于是刘备作出一生中最重要的一件事,白帝城托孤。

当时的情形并不像罗贯中描写的和电视剧里的那样,大笨蛋阿斗哭哭啼啼地跪在病床前,诸葛亮也在旁边陪着掉眼泪。实际上刘禅还在成都,要来永安城送老,恐怕来不及了。所以刘备托孤,只对诸葛亮一人托孤。

综观刘备的一生,历尽磨难,终成大业。刘备最突出的才能并非军事才能,而是他的知人善任。刘备的军事才能不如曹操,但是在识才、用才方面,刘备可以说是三国时代最为突出的一个人,恐怕连曹操也要甘拜下风。什么人有什么特点,该安放在哪个位置,刘备对此洞若观火,几乎没有出过差错。

刘备所用的战将,都是忠心不二、英勇善战的虎贲之士。五虎上将,个个都是猛人。委以重任的汉中太守魏延更是难得的将才,在诸葛亮时代是蜀汉的顶梁柱。

刘备所用的谋臣,各有千秋。在军事谋略方面,法正最为厉害,简直就是个打仗的天才。庞统次之,而诸葛亮就不那么擅长了。所以刘备西取四川,只把法正和庞统带在身边,而把诸葛亮留在荆州,丢给关羽做副手。

6.诸葛亮时代的到来

诸葛亮最善长的是内政、后勤,所以汉中大战也好、夷陵大战也好,诸葛亮都是镇守成都,辅佐阿斗,管理好益州,做好粮草筹运工作。可见,刘备对诸葛亮的行军打仗很不信任。

刘备唯一打走眼的是错误地提拔了刘璋的弃人彭羕，可是经诸葛亮的提醒，刘备也认真观察了几天，果然发现此人不可用，于是将他贬出成都。

刘备鉴定人才的最典型案例，就是认定马良的弟弟马谡"言过其实，不可大用"，甚至比不上纸上谈兵的赵括。可惜诸葛亮跟马良有八拜之交，甚至还有可能是裙带关系。爱屋及乌，蒙蔽了诸葛亮的双眼，最后酿成大祸，让诸葛亮后悔不迭。

既然刘备这么会识别人才，那在夷陵大战时，为什么不听从黄权的话，让他做先锋，自己在后？那是因为刘备太清楚黄权了，水战绝对不是他的强项，一百个黄权也抵不上东吴的任意一个战将。

刘备善于识别人才，也非常注重感情，倡导信义立世，把忠义摆在了人生的第一位。所以刘备的部下都死心塌地跟随着刘备，留下了一个个千古传颂的美好故事。比如桃园三结义、与诸葛亮的鱼水之情、赵云救主、张松冒着杀头的危险也要招引刘备入川、马超投效、黄权投奔曹丕仍不忘旧情等等。但是刘备成也感情，败也感情，因为结义兄弟关羽被杀，让刘备方寸大乱，彻底丧失理性，最后踏上了败亡的不归路。

话题回到白帝城托孤，刘备对诸葛亮的信任并没有像流传两千年的佳话那样，完全信任他，甚至是无条件的信任。

刘备心中很清楚，除了诸葛亮之外，再也没有人能够撑起一片即将倾塌的天空，辅佐阿斗，继承自己的事业，诸葛亮是唯一的选择。诸葛亮也许并不善于征战，可他的组织才能，内政管理能力，无人能及，所以刘备毫不犹豫地把阿斗交给了诸葛亮。

但在委以重任的同时，刘备又煞费心机，防止诸葛亮日后擅权专政，甚至取代孤弱的阿斗。曹丕逼迫懦弱的汉献帝交出政权的情形如在昨昔，是有前车之鉴的啊。为此，刘备临终之前，做了三件事，件件都是针对诸葛亮的。

第一，任命尚书令李严为副丞相，其用意就在牵制诸葛亮。刘备很清楚李严的才能和个性，他性情孤傲，让他做诸葛亮的副手，就等于埋藏了一颗定时炸弹，让诸葛亮小心谨慎地行事。

第二，搞悲情战术，笼络诸葛亮的心。有句流传甚广的话说，刘备的江山是哭出来的。虽然话说得有点过头，但是刘备确实很擅长演戏，很会矫情。赤壁大战后，刘备向周瑜伸手要领地，周瑜给了一个油口。刘备又嫌油口太小，只够三个兄弟蜗居，于是又跑到京口去，在孙权面前大哭大闹。一个大男儿哭哭啼啼的，定是心中有无限的委屈，孙权一时心软，就把大妹子许配给了刘备。俗话说，女人的眼泪是武器，而男人一旦要起悲情，那简直比一颗烈性炸药还要厉害。刘备懂得，要让诸葛亮像对待自己那样对待阿斗，那就得让诸葛亮刻骨铭心地记住阿斗是刘备的儿子，让刘备的形象在诸葛亮心中得到升华，永世难忘。

李 严

于是刘备温馨地握住诸葛亮的双手，满眼充满异样的期待：诸葛先生的才华胜过曹丕十倍，必能安邦定国，终成大事。如果阿斗有点出息，那就麻烦诸葛先生了。如果阿斗实在扶不起，诸葛先生干脆取而代之。

这些话真真假假，其用意令人不可捉摸，却产生了震撼的效果，在诸葛亮心中深深地打下了一个烙印，我只是臣仆而已，永远不要辜负了刘备对自己的期待。

刘备话没有说完，诸葛亮立即涕泪涟涟，对天发誓说，我定要竭尽全力、忠心耿耿地为陛下的大业奋斗到死！

第三，教导阿斗，善待诸葛亮。尽管诸葛亮信誓旦旦，但是刘备心中还是放心不下，又给阿斗留下遗训，人活到五十岁死去，就不算夭亡。我现在六十多了，所以心中了无遗憾，只是挂念你们几个兄弟而已。你们一定要加油啊！恶事没有大小之分，好事也没有大小之分。恶事虽微千万不能做，好事虽小千万不能不做。只有自己贤惠仁慈、品德高尚，才能让人臣服。老爹无德无福，不要学我了。（勿以恶小而为之，勿以善小而不为！惟贤惟德，可以服人。汝父德薄，不足效也。）

即将赶赴黄泉之时，刘备把小儿子鲁王刘永叫到自己身旁，最后说了一句话，切记切记，我死之后，你们兄弟跟丞相共事时，要把丞相当作自己的老爹

诸葛亮辅佐阿斗

看待！

如此反复交代之后，刘备这才觉得可以瞑目了。四月二十四日，一代枭雄刘备病逝于永安，享年六十三岁。

五月，诸葛亮留下李严为中都护镇守永安，自己护送刘备的灵柩回成都。

年仅十七岁的太子刘禅继位，大赦天下，改元建兴。赐封诸葛亮为武乡侯，领益州牧，国家一切军国大事，全都赖于诸葛亮一人，从此开启了诸葛亮时代。

对于后主刘禅，历史上评价不一。大致在西晋之前，那时候人们对刘禅的印象出人意料，都认为刘禅天资聪颖、雅量豁然，根本就不是一个低智商的傻蛋。西晋之后，刘禅的美好形象一落千丈，"扶不起的刘阿斗"成了妇孺皆知的俗语。到了罗贯中时代，刘禅正式沦为低能儿的代名词。后人为何对刘禅泼下如此的脏水，还不是刘禅回答司马昭那句"此间乐，不思蜀"话惹的祸？

当时世人对刘禅评价甚高，鱼豢在《魏略》中说到刘禅在五六岁时就知道刘备字玄德。蜀汉名臣中郎将射援曾经跟诸葛亮聊到刘禅，诸葛亮对刘禅大加赞赏，说刘禅简直就是一个天才，更难能可贵的是虽然身为太子，心胸却比蓝天还要宽广。刘备听了，心里也是乐滋滋的，生儿如此，夫复何求？（丞相叹卿智量甚大，增修过于所望，审能如此，吾复何忧！）

刘禅继位一年之后，他的表现可圈可点。诸葛亮在给杜微的信件中，又把刘禅热烈地赞颂了一回，说刘禅虽然只有十八岁，但是生性仁慈，聪明无比，礼贤下士，颇有老爹刘备的王者风范。（朝廷年方十八，天资仁敏，爱德下士。）

对刘禅评价最高的是西晋的大文人李密，把他比作春秋五霸的第一霸齐桓公。他在跟大政治家张华聊天时，张华提到已经被封为安乐公的刘禅。

李密赞不绝口，刘禅简直就是齐桓公复生。

张华有点惊讶，为何这么说？

李密回答，齐桓公得到管仲之后，称霸中原。后来因为宠信太监竖刁，才堕落下去。刘禅也是任用诸葛亮，与魏国相抗衡。后来宠信太监黄皓，导致灭国。两个人的事迹如出一辙，有着惊人的相似。

而对刘禅投降魏国，甚至"此间乐，不思蜀"的那句话，也有人认为这是刘禅顺应历史潮流，大智大慧、大仁大德的表现。

不管怎么说，诸葛亮辅佐的是一个仁义之君。诸葛亮与这个年轻人的关系，已经完全超越了跟刘备之间的"鱼水之情"。刘禅毫不顾忌地把军国大事全部交给诸葛亮，诸葛亮也是毫不犹豫地把自己的一切都献给蜀汉，感恩戴德，誓死以报。如此一对君臣黄金搭档，在中国历史上是少见的。

现在，诸葛亮成了国家的元老，是蜀汉这条大船的掌舵人，属于他的时代真正来临了。

第九章 ┃ 临危受命

蜀汉的好领导

儿子、蜀锦和八阵图

南中烽火连天

三路大军下南中

七擒孟获

孔明阿公

1. 蜀汉的好领导

诸葛亮执政之后第一道措施就是革除官场陋习，提倡讲真话。

诸葛亮谆谆教导属下，治理好国家说白了就是要集思广益，发挥所有执政团队成员的智慧。这需要大家开诚布公，不要因为某个人有一点小过失，害怕指出来之后会伤害彼此之间的关系，如此一来很难做到畅所欲言，存在的问题也就无法曝光。存在问题并不可怕，可怕的是无法认清问题。大家要相互指出问题，才能减少决策失误，取得共同进步。这好比扔掉的只是一双臭鞋子，换来的却是黄金珠宝。但在参政议政时，往往每个人都不希望把别人的毛病挑出来。只有过去的徐庶不怕这一点，还有就是董和参政七年来，不厌其烦地指出我的过错，何止是数十次。如果大家能有徐庶的十分之一，或者像董和那样的兢兢业业，那我诸葛亮就可以少犯错误了。

诸葛亮又特意提到了四个人。第一个是出道之前的好朋友崔钧，常常使诸葛亮认清自己的不足。第二个是荆州的同事徐庶，经常受到他的启迪教诲。第三个就是前面提过的董和，有话必说，有说必尽。最后一个是主簿胡济，屡有谏言。诸葛亮虽对这四人的话并没有全部听进去，但是一点也不影响跟他们之间的亲密关系。

像诸葛亮这样的好领导实在是少见。他能够虚心求教，勤恳踏实。蜀汉在诸葛亮的治理之下，干部清正、政府清廉、政治清明。大多数官员都能廉洁奉公，克己修身，实属不易。

诸葛亮的最大优点是勤勉，而他的最大缺点也是勤勉。如果把蜀汉比作一部机器，诸葛亮不但要做引擎，而且还要做润滑油，每一天都要把所有的零部件抹上一遍，以保证机器时时刻刻保持高速运转的状态。诸葛亮不但包揽了军国大事，而且连下级官员送来文书上的错别字都要挑出订正一下。正因为如此，诸葛亮不但适合当领导，更适合做一个模范工人。

对此，蜀汉有的官员提出了质疑，身为丞相，应当把所有的精力都放在辅佐皇帝、处理好军国要事上，怎么可以连母鸡下了几个蛋的蒜皮小事都要过问一下？应当有所为、有所不为，抓住工作重心、突出工作重点。正如公鸡负责报晓，小狗负责报警，老牛负责载重，老马负责载人，至于主人，只要看管好田里的庄稼就可以了。

但是无论如何，诸葛亮是一位好同志，具有高度的责任心和使命感，永远值得后人学习。

在外交上，诸葛亮的首要任务就是恢复孙刘联盟，重新走上正确的轨道。早在十六年前，刘备三顾茅庐时，诸葛亮就给他指出一条正确的发展道路，也就是"草庐对三步走"，跨有荆益、联吴抗曹、两路北伐。刚刚开始，刘备像水面上的浮萍，随波漂流，居无定所，所以把诸葛亮奉为圭臬。可是取得西川之后，刘备有了新欢——法正和庞统，渐渐跟诸葛亮疏远了。于是三顾茅庐变成了虚无缥缈的传说，而草庐对也成了过眼云烟，慢慢在刘备的心中淡去，乃至于消失。

压抑了这么多年，理应重拾旧梦，让雄心壮志和远大抱负不停地拍动着翅膀，冉冉高飞。

要实现草庐对的宏伟目标，就必须修复与东吴的关系。尽管刘备临终前，孙刘双方互派使者，暂时缓和了剑拔弩张的紧张气氛，但是战争留下的创伤并不会那么快就得到愈合。

邓芝

夷陵大战之后，人们再也不愿意提起孙刘联盟的事，诸葛亮需要一个志同道合的人，一起来扫清弥漫在人们头上对孙权的恐惧和仇恨。可是诸葛亮环顾四周，所有的人对重新缔结孙刘联盟的意识都是那么淡弱。

正当诸葛亮为此寝食不安之时，突然有一天有一个叫邓芝的人找到诸葛亮，说了这么一句话，如今皇帝年幼，刚刚即位，应该派人去东吴重申蜀吴联盟的必要性。

这个邓芝便是先前的粮仓总管——郫邸阁督，后来升任广汉太守，颇有政绩，刘备就把他调到成都，如今官居尚书(政务大臣,权力很大)。

诸葛亮眼睛一亮,这真是踏破铁鞋无觅处,得来全不费工夫。

诸葛亮显得无比高兴,我早就这么想了,就是一时找不到合适的人选。现在终于有一个了!

邓芝也很兴奋,凡是诸葛亮高兴的他也高兴,顺口问道,此人是谁啊?

诸葛亮拿着羽毛扇笑呵呵地拍了拍邓芝,远在天边,近在眼前。

邓芝无话可说,谁叫他前来自投罗网的?但是他心里确实比诸葛亮还要高兴。

十月,邓芝满怀信心地来到了武昌。当时孙权尚未跟曹丕断绝关系,他不想脚踏两条船,所以拒绝召见邓芝。

邓芝只好给孙权递了一张小纸条,上面写着,我今天来不仅仅为了蜀汉,更是为了东吴。

孙权很郁闷,如今的蜀汉弱不禁风,诸葛亮为求自保,所以又把结盟的冷饭菜端出来了。怎么说也为了东吴?

于是孙权把邓芝叫来,冷冷地说,我也很想跟蜀汉结盟,但是阿斗那么年幼,国力又那么衰弱,早晚会被曹丕所吞并。自己都快成了一尊泥菩萨,还想保佑东吴。

邓芝的口舌之功一点也不亚于诸葛亮,当年诸葛亮前往江东寻盟时,一惊一乍的几句话就彻底征服了孙权。邓芝却是开门见山,侃侃而谈,有如一把利刃,将结盟的重要性剖析得淋漓尽致。

邓芝分析说,吴、蜀两国合起来一共有四个州:荆、扬、梁、益州。你是天降奇才,诸葛亮也是一代英豪。蜀汉内外山河环绕,东吴也有长江天险,简直就是天生的一对。如能合为一体,唇齿相依,进可以争夺天下,退可以三足鼎立。如今你臣服于曹丕,曹丕一定要你入朝叩拜,甚至要把你的儿子当作人质。假如你不顺从,就给了曹丕一个口实,发兵南侵。到时候蜀汉也趁火打劫,顺流而下,那么江东要么姓曹,要么姓刘,不会再姓孙了。

孙权不是毫无主见的人,听了邓芝的话,也是想了老半天,最后只说了四个字:你说的是!

又想了想曹丕真是可恶,三番五次陈兵边境,仿佛在孙权的脖子上架起了一把明晃晃的大刀，随时都可能砍下来。还是诸葛亮厚道，于是孙权狠下心来，与曹丕一刀两断，专跟诸葛亮好上了。

就在诸葛亮拉拢孙权的同时，曹丕也在费尽心机地拉拢诸葛亮。曹魏的各大政界要员，司徒华歆、司空王朗、尚书令陈群、太史令许芝、谒者仆射诸葛璋等人，轮番出马，纷纷给诸葛亮写了书信。当然信中所写，无非是什么天意难犯，人心不可违，识时务者为俊杰，奉劝诸葛亮还是早点归顺为好。

但诸葛亮根本就不理会曹丕的痴心妄想，任尔东西南北风，我自岿然不动！

当年曹丕老爹曹阿瞒就给诸葛亮送去了五斤鸡舌香，希望与诸葛亮口含鸡舌香，同朝为官，企图把诸葛亮挖过去，就被诸葛亮严词拒绝。

诸葛亮的坚贞不屈理应受到后人的崇敬，可是今天竟然有人大骂诸葛亮抗拒统一，给人民带来了无穷的灾难，实在荒唐之极，可笑之极！

魏、蜀两国的对峙，无论是诸葛亮，还是曹丕，谁都认为自己才是正统的。曹丕是由汉献帝禅让给他的，与大汉帝国一脉相承，这跟刘邦取之于秦三世子婴是一样的，所以曹丕很正统。而诸葛亮认为，刘备、刘禅的身上都流淌着汉高祖刘邦和光武帝刘秀的基因，延续着四百年汉室的血统，所以蜀汉才是唯一的合法政权。至于曹魏和东吴，仅仅是地方僭伪政府，理应统一在蜀汉的大旗之下。

大国固然声势吓人，但小国也有翻盘的机会。逐鹿中原，还不清楚鹿死谁手？我诸葛亮凭什么就要俯首称臣？富二代孙权堪称绝世英雄，你老子曹操都曾经是手下败将，更没有理由向曹操的儿子曹丕低头。

于是孙权不再有所顾忌，紧紧拉住了诸葛亮伸过来的一只手。第二年，也就是建兴二年（公元224）四月，作为对诸葛亮结盟愿望的善意回应，孙权派遣辅义中郎将张温、郎中殷礼出使成都。诸葛亮对殷礼颇为赏识，感叹说想不到东吴杂草丛生之中，也会有如此的奇伟男儿！

从那以后，双方的使者就像织布一般，来回穿梭。东吴和蜀汉一同度过了甜美的蜜月。

还是那句话，没有永远的敌人和朋友，只有永远的利益。孙权和诸葛亮犹如一对新婚不久吵架之后的夫妇，又重新鸾凤齐鸣。孙权常常让驻守荆州的陆逊跟诸葛亮书信谈天，甚至还刻了一个大印，就放在陆逊那边。凡是孙权写给刘禅和诸葛亮的信件，都经过陆逊的手。至于信件上的内容，恰当与否，都由陆逊全权改定之后,再盖上大印,送到成都去。

诸葛亮也是投我以桃,报之以李。又让邓芝到东吴去见孙权,孙权无比亲切地会见了他,笑容可掬地说道,要是天下太平了,两人分而治之,那也是一件很快乐的事!

邓芝也对孙权开了玩笑,古人云"天无二日,土无二王,家无二主,尊无二上"。假如灭了曹魏之后,你还不懂得天命所在,那大家只好各为各的,磨刀霍霍,上战场比试锋利了。

孙权笑得更开心了,邓先生真是一个老实巴交的人!

2.儿子、蜀锦和八阵图

孙刘又重新结盟了,而且远胜于过去。一切又回到了正常的轨道上,"草庐对"中宏伟理想的实现可能性大增,诸葛亮感到无限的欣慰。呕心沥血操劳国事,可是偶尔想起家事,诸葛亮又叹气连连。

别的男人像自己这样四十四五的岁数,膝下儿女早已长成,可是在诸葛亮的家中,除了一日三餐跟丑媳妇黄氏寂寞相对之外,别无他人了,不知道往后这两口子将怎么过日子。丑媳妇愁容不展,诸葛亮看得揪心,真想大声问苍天,难道长得丑也是一个错误?

瞧瞧在东吴的哥哥诸葛瑾,已经当了两回的爸爸。大儿子诸葛恪二十一岁,二儿子诸葛乔也二十岁了,两个都是青年隽才,诸葛亮越想心里越是羡慕。

没有孩子的家庭,就体会不到真正的天伦之乐。黄夫人外貌丑一点内心却很美,她深深自责,这都是我的错!诸葛亮很过意不去,毕竟是大男人,要勇于承担责任。千错万错爱你没有错,我才是唯一的错!可是不管是谁的错,不能再继续错下去了,成了一个丁克家庭。

于是诸葛亮给哥哥诸葛瑾写了封书信,给我一个儿子,诸葛恪和诸葛乔,随便哪一个都行。

诸葛瑾也很同情弟弟的遭遇,兄弟俩相隔遥远,好几年才能见一次面。偶有公事来往,却从未有过私事交谈。这恐怕是兄弟俩之间唯一的私事了!

诸葛瑾不敢做主,先报告孙权再说。

孙权感慨万分，你们哥儿俩怎么啦？家里的事也要来烦我？

于是诸葛瑾毫不犹豫地把小儿子诸葛乔送过长江，送到益州去，过继给诸葛亮。

虽非亲生，却胜似亲生。诸葛乔一来，诸葛亮激动得眼中的泪花直打滚。诸葛乔本字仲慎，改为伯松之后，正式成了诸葛亮的儿子。既然是自己的儿子了，那就好好地教育吧。诸葛亮对诸葛乔的期望值很高，深怕他成了一个庸人，所以苛责甚严。

政治清明了，东吴和解了，儿子也有了。诸葛亮完全没有了后顾之忧，现在诸葛亮的首要任务就是富国强兵，为日后北伐曹魏奠定基础。于是诸葛亮进行了大生产、大开发运动。

农为国家之本，谁当国家领导人，谁都要紧紧抓住发展农业这个根本。为此诸葛亮提出了"务农殖谷，闭关息民"，等人们都填饱了肚子，自然而然就会响应政府的号召。为此，诸葛亮设置了农业部长——大司农来劝农、管农。担任大司农的都是一些饱学之士，诸如秦宓、孟光等这样名流人物。而对于最重要的水利工程——都江堰，这可是蜀汉的命根子啊，诸葛亮倍加重视，设置了堰官，常年驻兵一千二百人轮流护理。

蜀汉还有一个极其重要的国家战略物资——蜀锦。所谓的锦，就是以精练染色的蚕丝为原料，再使用多种金银线织造而成的。闻名于世，畅销海内外，其价高过黄金。诸葛亮颁布了最高法令——《言锦教》，称国库空虚，百姓贫穷，蜀锦成了战争唯一的仰仗物资。诸葛亮更是以身作则，在自己的宅第后院栽种了八百株桑树，养蚕缫丝。在诸葛亮的示范之下，绿油油的桑树到处都是，蜀汉成了桑树的国度。成都也是家家织锦，清脆响亮的机杼声，通宵达旦，不绝于耳，更使成都获得了锦官城的美称。

富国之后，就要强兵。兵不强马不壮，那你就是任人随意践踏的一条虫子了。诸葛亮练兵有一个独特的布阵，就是神奇的八卦阵。据说八卦阵是上古黄帝时代的大将风后发明的，称之为邱井之法。阵形像一个井字，统帅坐镇井字的中央位置。周围紧密摆放着八个方阵，每个方阵一万两千五百人，其中八千七百五十人为正，另外三千七百五十为奇。打仗的时候除了面对面的短兵相接，还有一对奇兵从背后插你一刀。这就是《孙子兵法》上面的"凡战，以正合，以奇胜"。

　　八卦阵和武功套路一样，都是死的，交战时候就要随机灵活应变。战争是一种艺术，而不是科学。八卦阵完全不像书上所写的那样神奇，什么天覆阵、地载阵、风扬阵、云垂阵、龙飞阵、虎翼阵、鸟翔阵、蛇蟠阵，阵势的名字起得玄妙，让人看得眼花缭乱，实际上八卦阵的实战价值很低。

　　诸葛亮也从来没有在交战时使用过八卦阵，但诸葛亮完全是按八卦阵的结构来安营扎寨的。唐代大诗人杜甫写过，功盖分三国，名成八阵图。八阵图就是诸葛亮的屯兵模式。

　　史书上记载，诸葛亮的八卦阵有三个地方，以夔州永安的八卦阵最负盛名。据说陆逊夷陵大败刘备之后，一直追到夔关，望见前方杀气冲天。陆逊很奇怪，以为是刘备埋下了伏兵，跑过去一看，哪里有什么伏兵，只有八九十堆乱七八糟的石头。陆逊越看越奇怪，打听一下才知道这个地方叫鱼腹浦，那些石头堆是诸葛亮入川之前留下的。陆逊糊涂了，诸葛亮在搞什么鬼，进入石头堆之后，四面飞沙走石，吓得陆逊惊魂失魄，可是怎么也逃不出这个迷宫。原来这是诸葛亮的神奇之作——八阵图。按奇门遁甲摆布，有休、生、伤、杜、景、死、惊、开八门。陆逊恰好从死门进去，要不是诸葛亮的老丈人黄承彦指点，陆逊恐怕就葬身鱼腹浦了。

　　据《荆州图副》所云，八阵图在奉节县（汉代称鱼复县）西南七里，永安宫（也就是刘备逝世之处）以南一里的长江滩水上。诸葛亮让人捡来一些细碎的鹅卵石，垒了六十四堆。箕张翼舒，鹅形鹤势。每堆高五丈，有十围之大（大概是十个人才能抱拢）。堆与堆之间距离为九尺，就像棋盘上的棋子一样，井然分布，正中间开了一条宽约五尺的南北走廊。在八阵图附近三里，有五口盐井泉。历经千年之后，或被人为散乱，或被江水洗刷，但是无论江水如何冲激，八阵图依然如故，堪称神奇。夏天淹没在江水中，冬天又跑出来了。

　　永安八阵图的功能，应该是诸葛亮为了保护刘备行宫的安全，在长江边岸垒砌石块，精巧地设置了屯兵之所，此处驻守的极有可能是刘备帐下勇将陈到统帅的精锐部队白耳兵。

　　东晋的大将桓温剿灭四川的成汉时，路经奉节八阵图。桓温察看了之后，惊叹不已，说八阵图犹如常山之蛇，首尾呼应。还在石头堆上刻了一首诗："望古识其真，临源爱往迹。恐君遗事节，聊下南山石。"以表纪念，桓温到此一游。诸葛亮对自己的杰作也是洋洋得意，在《八阵教》中说道，八阵摆成了之后，行军布阵，就不会失败了。

除了永安之外，在成都新都县三十里外的弥牟镇，也有个八阵图。每堆高三尺，宽一丈。八堆为一行，一共有八行。那是诸葛亮用来训练五营将士的场所。

第三个八阵图遗址在汉中沔阳城南。老将黄忠秒杀夏侯渊的定军山以东有座山，唤作高平山。诸葛亮北伐时曾经在此扎营，高平山以东就是八阵图。从高平山上俯瞰八阵图，可以看到八行六十四个石堆。石堆的上端浑圆，根本就看不到凹凸之处，走进一看这才知道都是用鹅卵石垒起来的。附近的人经常可以听到八阵图中发出战鼓敲打、兵器相击的响声，越是阴暗，鸣声就越响亮。

这些八阵图设计巧妙，结构合理，形体美观，是古代典型的营垒。怪不得司马懿在诸葛亮死后察看蜀军营垒时赞不绝口，诸葛亮真乃天下奇才也！

3.南中烽火连天

看来诸葛亮正在有条不紊地为日后的北伐做好各项准备。诸葛亮决心沿着当年自己在"草庐对"中拟定好的路线，坚定不移地走下去。这条路线是，西取益州，东连孙权，南和夷越，北伐曹魏。现在要走的是第三步，南和夷越，也就是经营好益州南中四郡。

南中四郡包括越嶲郡、益州郡(今云南东部)、牂柯郡、永昌郡，地域辽阔，东接荆州五陵郡，南接交州，向西则囊括了今天缅甸北部的大片领土。但是并非人们印象中的不毛蛮荒之地，实则人口众多，物产丰盈，一点也不逊于中原大郡。其中永昌郡竟然有二十三万余户，近一百九十万口，是当时的第三大郡，仅次于南阳郡(二百四十四万口)、汝南郡(二百一十万口)，远远超过了蜀汉的政治中心——蜀郡(一百三十五万口)。越嶲郡也有六十二万余口，也算得上一个大郡。牂柯郡二十六万多，益州郡最少，也有十一万口，跟东北边区、西北边区的金城、安定、北定、武威、张掖等那些只有万把人口的郡相比，简直就是大哥大。所以认为南中人烟稀少，那是大错特错了。

南中四郡的金属矿产资源尤其丰富。越嶲郡的邛都、益州郡的俞元多铜矿；越嶲郡的台登和会无、永昌郡的不韦、益州郡的滇池盛产铁矿；而益州郡的律高、双柏更是以出产锡、银著称。所以用人口众多、地大物博来形容,一点也不过分。

只要牢牢控制了南中四郡,不但赋税收入没有问题,而且用来打造冷兵器所必需的铜铁金属也是宽绰有余。

但是现在的南中四郡却是烽火四起,人心动荡,蜀汉的统治岌岌可危。

究其原因,还得从刘备夷陵惨败说起。章武二年(公元 222)十二月,与诸葛亮有仇的汉嘉太守黄元听说刘备在白帝城奄奄一息了,率先举起反旗,发动叛乱。虽然黄元叛乱很快就被平息了,但是随着刘备的死去,幼主阿斗上台,蜀汉处于风雨飘摇之中,失去向心力,南中四郡的汉族豪强和蛮夷相勾结,纷纷造反。东吴孙权的势力也在邻近的荆州、交州煽风点火,企图肢解蜀汉的统治。

在孙权势力的诱惑之下,益州郡的地方大姓雍闿,策动南方的夷王领袖孟获、牂牁太守朱褒、越嶲郡的夷王高定起来闹事。他们恶毒地到处散布谣言,谎称蜀汉朝官要强征胸前尽黑的乌狗三百头、玛瑙三斗、三丈长的斫木三千根。

蛮夷的老百姓听了无不义愤填膺,要我们的命倒是有一条,可那些都是一辈子也难以见过的稀有之物,这岂不是把大家都逼到绝路上?煽动加上挟持,南中四郡风起云涌,都把矛头对准了蜀汉的官员。益州郡太守正昂被乱军杀死,成都派去的新太守张裔一到益州郡,屁股还没有坐稳,就被雍闿的叛军捆成一个粽子,送到东吴去。

雍 闿

看到蜀汉国内乱哄哄的,孙权也是幸灾乐祸。干脆给烈火添上一把木柴,任命雍闿为永昌太守,还趁机扶植刘璋的儿子刘阐为益州刺史,让他们好好干,共创美好明天。雍闿未到,永昌郡原太守早已不知去向,只有府吏吕凯、郡丞王伉率领郡人死守不韦县(今云南保山)。这个不韦县就是秦始皇流放老爹吕不韦的地方,与缅甸接壤。吕凯、王伉坚壁清野,让雍闿野无所掠,成了南中的一个孤岛。

面对南中叛军的咄咄逼人之势,诸葛亮一开始似乎束手无策。益州从事常房巡察牂牁时,听说太守朱褒图谋不轨,将朱褒的主簿抓起来审讯后杀掉。朱褒见阴谋败露,攻杀常房,反而向诸葛亮诬告常房谋反。

　　诸葛亮正忙着收拾刘备死后的烂摊子,无暇顾及南中的事。于是他用慰抚的办法,试图平息事态。诸葛亮不但把常房的几个儿子都杀了,还把常房的弟弟贬职调外,给雍闿吃一粒定心丸,又让李严亲自给雍闿写了一封招安书。但是雍闿根本就不把诸葛亮放在眼里,傲慢无礼地回应了诸葛亮的善意。俗话说天无二日,土无二王。可现在天上有三个太阳,地上也有三个大王,雍闿偏远之人愚昧无知,实在不知道该听谁的?

　　一味的姑息纵容,只会招来变本加厉的侵害。南中四郡除了不韦县孤悬边外,已经全部沦为叛军的地盘了。眼见南中的叛乱大有愈演愈烈之势,诸葛亮再也无法忍耐下去了,若不加以平定,恐怕等不到出师北伐的那一天,蜀汉的力量就已在无休止的内耗之中浪费精光了。

　　可要派兵南征,诸葛亮又不得其人。魏延、赵云就像蜀汉两尊门神,一个守卫着北大门,一个拱卫着东大门,抽调不得。把蜀汉的将军花名册翻了一大遍,诸葛亮仍然是摇头不止。干脆亲自率军南征吧!一听说诸葛亮要亲征,马上就有人反对了。丞相长史王连竭力阻挠,说南中偏远之地,疫病横行,丞相乃是蜀汉的定海神针,不可贸然而去。

　　诸葛亮要去,王连硬是扯住了诸葛亮衣襟,死活不让去。诸葛亮无奈之下,搁置了很长一段时间。直到王连咽下了最后一口气,这时候再也没有人反对诸葛亮亲征了。

　　建兴三年(公元 225)三月,成都城外战旗飘扬,军歌嘹亮,诸葛亮亲率三四万大军出征南中。临行前派遣陈震出使东吴,以巩固孙刘联盟,丞相长史向朗则留守成都,辅佐刘禅料理政务。这个向朗就是诸葛亮在未出山时的老同学,荆襄教父、水镜先生司马徽的得意门生。

　　刘禅特意赏赐诸葛亮象征刑法权威的斫刀和利斧,鸟羽车盖和鼓吹乐队,再配上一把曲柄伞,还有六十名肌肉男,做诸葛亮的

向　朗

贴身警卫。

尽管南征大军威风凛凛，但是诸葛亮心中对能否彻底平定南中叛乱却没有谱。蛮夷之人，习惯了茹毛饮血的日子，对他们来说，忠信礼义简直就是一坨狗屎。当文明人遇到野蛮人，要想彻底征服，唯一的手段就是屠杀了，直接消灭肉体。

但有人想出了另一个办法——攻心战。只要能够赢得了一个人的欢心，他就会乖乖地顺从你。

想出这个办法的是诸葛亮异常器重的人——白眉马良的弟弟、前越嶲太守马谡，现在的职务是参军，也就是诸葛亮的智囊人物。马谡是一个典型的兵法理论家，精研各种兵书，什么孙子兵法、吴起兵法、六韬等等。一旦谈起兵法来，马谡口若悬河，滔滔不绝，就是三天三夜也说不完。诸葛亮虽然也是谙习兵书，但是一碰到马谡，就甘拜下风。再加上跟马良有特殊的感情，所以诸葛亮对马谡的倚重远远超过他人，甚至想把马谡培养成自己的接班人。

马谡也心知肚明，竭力讨好诸葛亮。诸葛亮要南征了，马谡形影不离地送出了几十里。

诸葛亮感动不已，我跟马参军共事了许多年，屡屡得到马参军的教诲。今日恳请马参军再赐教诲！（虽共谋之历年，今可更惠良规。）

诸葛亮绝对是一个没有任何架子的领导，他平生的最大乐趣就是有人给他提一些中肯的意见。在诸葛亮的眼中，马谡仿佛就是一个经验老到的长者。

马谡也不会装蒜，世界上能够把《孙子兵法》倒背如流的人毕竟没有几个。真正的智者是不会吝惜把自己的智慧无偿奉献出来的。

于是马谡说得口沫横飞：叛军以为山高皇帝远，朝廷鞭长莫及，早就怀有二心。即使今天把他们打垮了，明天还会卷土重来。周而复始，永无休止之日。现在叛军料定丞相忙于北伐战争的各项准备工作，无暇南顾。所以他们就会肆无忌惮地烧杀抢掠，驱赶朝廷委派的官员。可是要把叛军屠戮干净，既违背了人道的原则，又时间太仓促，不容许可。

最后，马谡说了一句非常经典的话，"用兵之道，攻心为上，攻城为下，心战为上，兵战为下"，丞相要想平定南中叛乱，就必须彻底征服乱党的心。

马谡的那句话出自《孙子兵法·谋攻篇》，"故上兵伐谋，其次伐交，其次伐兵，其下攻城"，再加以阐述发挥，让诸葛亮佩服不已，马谡真是熟读兵书的第一人。立即下令，将马谡的名言以法令的形式——《南征教》颁发全军。

于是，马谡的话成了诸葛亮南征的指导思想。

4.三路大军下南中

从成都到南中四郡，有两条交通干线。一条是翻越邛崃山之后，又过大渡河，抵达越巂郡。再从越巂郡南下，渡过金沙江，穿越青蛉、弄栋，最后到益州郡、滇池。因为要借道古羌人牦牛羌的地盘，故称为牦牛道。另一条是五尺道，又称滇僰古道。沿岷江南下，至犍为，再从犍为南下犍为属国的朱提，后直贯而入，到达益州郡、滇池。

但是腐败的东汉政府残酷地盘剥西南的少数民族，牦牛羌发动暴动，让牦牛道这条交通干线瘫痪了百余年。五尺道又过于狭隘，不利于大规模的行军作战，诸葛亮只好改走其他道。大军自成都南下武阳，抵临僰道（今天四川宜宾）之后，兵分三路：

左路军，由诸葛亮亲率，自安上由金沙江进入越巂，那儿是夷王高定的叛军根据地。

李恢

中路军，庲降都督李恢、益州太守王士，沿着五尺道继续南下，跟诸葛亮会师益州郡、滇池，围剿益州土豪雍闿和夷王孟获。这个李恢也算得上蜀汉有名望的人。当年刘备入川时，从葭萌关南攻成都。李恢了解刘璋的无能，于是跑到绵竹，投奔了刘备。雒城之战，刘备屡攻不下，又派李恢到汉中去劝降马超。凭着三寸不烂之舌，鼓动马超投靠了刘备。由是有功，先为功曹书佐主簿，后升任别驾从事。

章武元年（公元221），庲降都督（刘备设置的南中地区最高长官）邓方死了，刘备问李恢,谁可继任?李恢的回答很巧妙,人各有所能,所以孔夫子说过,用人的时候要量才而用。有英明的皇帝,必有尽忠的臣下。当年先零之役,赵充国毛遂自荐,我虽然老了,却是最适合的统帅。谁来做庲降都督,我就不推荐了。你心中最清楚!李恢的暗示刘备岂能不懂,刘备善于察人,深知李恢的才干,立即任命他为庲降都督,领交州刺史,驻守平夷县(今云南华宁宁州镇),总管南中各郡县。李恢深谙南中习俗,故而诸葛亮让他统领中路军。

右路军,诸葛亮任命马忠为牂牁太守,率部直取牂牁郡,目标直指原牂牁太守朱褒。

由于叛军的主力集中于越嶲郡、益州郡,所以在三路之中,以诸葛亮左路军的作战最为激烈。高定在越嶲郡的旄牛、定笮、卑水三个县,用大石头筑起了数不清的堡垒,负隅顽抗。

诸葛亮并没有强攻硬打,而是率部直扑向越嶲郡的郡治邛都(今天四川西昌),那儿是高定的巢穴。俘获了高定的老婆和儿子以及叛军的家属之后,叛军在越嶲郡的防线立即土崩瓦解,高定见势不妙,赶紧逃到益州去,跟雍闿会合。越嶲郡一举光复,诸葛亮任命龚禄为越嶲太守之后,马不停蹄挥师南下,直捣益州郡。

但是李恢的中路军就不那么顺利了。刚出发不久,王士就被叛军打死。李恢的部众由于兵力太少,也被大量的叛军围困在朱提境内的昆明十四姓地(今天云南昭通)。李恢寡不敌众,又跟诸葛亮失去联络,一时难以突围。于是李恢要了个花招,哄骗叛军说,军中的粮食都吃光了,仗也没法打下去,只好撤退。但是我屡屡被人所排斥,现在是回去肯定不会有好下场,准备跟你们一道造反,希望大家齐心协力。

那些叛军根本就不懂得谋略,很快就上了李恢的大当。听到李恢也要谋反作乱,高兴得忘乎所以,于是把包围圈撤走了一大半。李恢趁着叛军疏忽大意,突然发动袭击,把叛军杀得哭爹叫娘,落荒而逃。李恢乘胜追击,直到盘江。这时候右路马忠的进攻也进展顺利,从僰道南下南广、南秦,扭头向东,一路势如破竹,克平夷、鳖县(今天贵州遵义),在牂牁郡的且兰(今天贵州黄平)与朱褒的叛军打了一仗。叛军不堪一击,四处逃散,朱褒掉了脑袋,残部逃到盘江,恰好撞上了李恢,结果全部成了落汤的饺子。

李恢如秋风扫落叶，一路南下穷追不舍，杀到了益州郡滇池（今天云南昆明）之后，跟诸葛亮胜利会师了。李恢东与牂牁接连，西跟诸葛亮会合，以一人之力，收复了大半个南中，功勋卓著。

牂牁地区的罗鬼诸部落在酋长火济的率领下，也自发起来，为诸葛亮的大军穿凿山路，开通了一条运粮大道，诸葛亮大喜，赐封火济为罗甸国王，资助粮草，让他一起为南中平叛作出贡献。

就这样，不到一个月，叛军接连失利，内讧不断，终于发生了火并。高定逃入益州郡后，就跟雍闿干上了。结果雍闿被杀，蛮王孟获又把高定赶出益州郡，吞并了雍闿的部众。

高定走投无路，带着两千残部，决定北上跟诸葛亮拼个你死我活。高定的两千老弱病残根本就不是诸葛亮的对手，如飞蛾扑火，全部被消灭在崇山峻岭之中，高定也成了阶下囚。诸葛亮想起了马谡的攻心策略，一度想把他释放了。但看到高定那副凶残的嘴脸，留在世间，终究是祸害，最后把高定杀了。

经过了一个月的征战，诸葛亮的三路大军，就像三辆巨大的推土机，把战线从长江向南推进一千多里，行军作战速度之快，令人惊叹。一直到了泸水（金沙江）北岸，望着深不可测的江水，大军笼罩在恐惧之中，诸葛亮这才戛然而止。此时已经是炎夏五月了。

泸水，因为水色黑，所以上古时代称为黑水。《山海经》里也叫绳水。三国时候才叫泸水，那是由于泸在蛮夷人的话中，就是黑色的意思。南中地区，本是瘴疠之区。这里原始森林茂密，湿热蒸郁，动植物腐烂之后，形成了毒气。诸葛亮的大军来此之后，大量士兵受到了瘴气的感染，恶性疟疾横行，战斗力急速下降。诸葛亮还算运气不错，如果是三四月来到泸水一带，那恐怕大军是有来无回了。

所幸的是，诸葛亮从当地人那边获知有一种韭叶芸香草，专治山岚瘴气，不服水土。燃烧之后，吸取烟雾，就可以解水毒、去疮毒。于是诸葛亮的大军就成了中国历史上最早的一批烟民。

解了瘴毒之后，士兵们精神抖擞，又听到李恢已经在朱提境内顺利突围的消息，正日夜不停地直奔益州郡而去。诸葛亮决定，渡过泸水，打到滇池去。此时，孟获的蛮夷大军，还有雍闿的旧部，正在泸水南岸严阵以待。

蛮王孟获,何许人也?有两个说法。一说是建宁郡(大致范围东起云南曲靖,西到禄丰,北自武定金沙江岸,南达杞麓)人。这片地区正是叟族部落的聚集地,孟获应当是叟人的酋长。而叟人是今天彝族的先人,所以孟获可算是彝族的老祖宗。另一说是汉人,孟获本是南中大姓之一。而南中大姓都是汉族移民的后代,是拥有武装力量的地方实权派。

人们基本上赞同了孟获是叟族大王的这个主张。但是孟获的势力范围超过了建宁郡,已经扩展到中缅边境一带,其影响力甚至远达缅甸中部的密且、木各具,可算是东南亚的一个混世大王。

建宁郡境内的彝族有一个孟获的传说,孟获诞生之时天空中出现了异象,雨点般的陨石从天而降。于是人们都说孟获是天上的星星降落的,日后定会做一个大人物,既统治彝人,也管辖汉人。长大以后,孟获果然虎背熊腰,精通十八般武艺。后来他骑着一花斑猛虎,带领三万部众,攻陷滇池,声名远播,四方臣服,甚至连缅甸的一些部落族长也来朝拜。孟获遂被推举为大头人,住在滇池,既管彝人,又管汉人。

孟获当上大头人不久,就不想继续受到蜀汉的统治了。自己种的庄稼自己食,自己打的野兽自己吃,我的地盘我做主,于是就跟益州郡的地方大姓雍闿抱做一团,竖起反旗,宣告脱离蜀汉朝廷,闹起独立来。

这个孟获可不比雍闿、朱褒和高定,他的野味十足,而且在南中威望甚大,是蛮夷的大头领、大英雄。这样的人物,即使侥幸战胜了,也难以驯服他的野性。诸葛亮想起了临行时马谡的那番话,"攻心为上,攻城为下,心战为上,兵战为下"。心战,心战!要想让一个人放下屠刀、立地成佛,首先你必须荡涤他心中的恶性,如此方能够让他弃恶从善。

南中之战,已经到了最后的阶段,降服孟获一个人,就等于降服千千万万的蛮夷之人。孟获只能服其心,不能杀其身。杀身取祸,只能让蛮夷的怒火越烧越旺,蜀汉就永无安宁之日了。

5.七擒孟获

诸葛亮决定彻底消除孟获心中的魔障,驯化他的野性,让孟获脱胎换骨,变

孟获

成一个知书达理的文明人，如此才能心甘情愿地臣服于朝廷。

据说在渡泸水时，当地夷人告诉诸葛亮必须用人头向神明祈祷，方能求得阴兵相助。诸葛亮认为这样做太残忍了，坚决不同意。他下令以羊肉、猪肉替代，并和了面团，发酵蒸熟隆起之后再画成脑袋的模样，作为祭品，这就是馒头的由来。

用馒头祭拜之后，诸葛亮的大军有如神灵相助，安然无恙地渡过泸水，直扑向青蛉（今云南大姚）、弄栋（今云南姚安），大破孟获的夷汉联军。

孟获向东溃，企图退保老巢味县。可是走到了半路，突然杀出李恢的中路军，像一把巨大的铡刀，铡断了孟获的所有退路。孟获鼠蹿不成，被诸葛亮和李恢的大军合围在洱海以南狭窄的白崖一地。诸葛亮下令慢慢收拢包围圈，孟获走投无路，最后被诸葛亮生擒了。

抓到孟获之后，诸葛亮马上向他展示了威武王师的强大力量。诸葛亮陪着他在军营里绕一圈，士兵们全都秀出黑黝黝的肌肉，排着整齐的队列，在孟获面前走来走去。

诸葛亮得意地盯着孟获，孟老大有什么感想啊？

不料孟获的回答让诸葛亮大跌眼镜，这一回战败只是因为不了解你们的虚实而已，现在我看到贵军的真正战斗力，实在是不堪一击啊！要想打败你们，简直比喝水还要容易！

诸葛亮笑了笑，拍拍孟获的肩膀，孟老弟啊，要是不服气我们可以再比试比试，如何？

于是有了诸葛亮七擒孟获的传说。后来经过罗贯中《三国演义》的竭力渲染，这个传说演变成一个荒诞不经、却又脍炙人口的故事，流传至今。

清代的冯苏在《滇考》中还考证出七擒孟获的详细地点，让这个故事更加有鼻子有眼，不由得人不信。

七擒孟获

白崖之战为第一次擒获孟获，第二次是在邓州以东二三十里的银坑豪猪洞。

豪猪洞异常险峻，峭壁高达数千仞，下有深潭，称之为龙潭。孟获就在豪猪洞上筑起了一道石头墙，企图凭险顽抗。诸葛亮扎营于豪猪洞以南，派遣一队敢死之士，很快就把孟获堵在豪猪洞里。即使是豪猪也要吃东西的，孟获饿得实在不行，只好出来找吃的，于是被诸葛亮擒获了。

诸葛亮问孟获，这回服不服？

孟获摇摇头，是我自陷死地，不服！还打！

诸葛亮二话没说，立即把孟获放了。

孟获这次学乖了，跑到邓州以北的佛光寨。佛光寨比豪猪洞还要陡峭，几乎无路可上。诸葛亮屡攻不下，就暗地里派兵溯着漾濞川北上，遇到了一口毒泉，结果很多人中毒了。诸葛亮让人采来解毒的药草，解毒之后，偷袭的队伍绕到佛光寨的侧后，犹如天兵天将，突然发动袭击。孟获措手不及，第三次被擒。

第四次战斗是在大理点苍山。点苍山以北的浪渠有一座老虎形状的山头，经常有老虎跑出来吃人。诸葛亮就驻军在点苍山上，孟获躲进了虎山。诸葛亮兵分三路，进山围剿。山头那么小，怎么藏身？搜山不久，孟获的行踪败露。战鼓还没有敲响，一队士兵奔过去，就把孟获按倒在地，五花八绑，送到诸葛亮帐下。

四战四擒，孟获仍然不服。诸葛亮也很干脆，不服就再打吧。

孟获逃走之后，南逃到庆甸去(今天的云南凤庆)，那里有自己的同乡党羽。诸葛亮穷追不舍，但是很快就陷入困境。由于长途跋涉，路途艰辛难行，粮草又断绝了。在这关键时刻，擎州夷送来了荞麦和大豆。庆甸的人痛恨孟获作乱，违抗天命，引来祸水，于是敞开大门，让蜀汉大军蜂拥而入。孟获第五次被擒拿。

这一回是诸葛亮主动把孟获释放了，理由是孟获是被亲戚朋友所出卖，自己胜得一点也不光彩。

孟获捡了条命之后，逃到哀牢去请求援兵。哀牢本来是滇西、缅北的古国。开国之王云隆，据说是哀牢山下一个叫沙壶的妇女与化作木头的神龙交配产下的。东汉时内附，设置了永昌郡管辖哀牢旧地。

孟获在前面猛跑，诸葛亮在后头紧追。庆甸一攻克，就打开通往永昌郡的大道。在不韦县苦苦撑了十多年的吕凯、王伉终于复见天日，跟诸葛亮热烈地拥抱。

十多年啊！吕凯、王伉竟然在这么一个鸟不拉屎的绝世小城支撑了十多年之久，期间击退了雍闿、高定的无数次进犯。他们对蜀汉朝廷的忠心日月可昭，天地可鉴！诸葛亮唏嘘不已，立即授予吕凯云南太守的职务，赐封阳迁亭侯。王伉为永昌太守，也封为亭侯。

在民国时期李根源编纂的《永昌府文征》中，提到诸葛亮在永昌时发明了一个阴损之招。说的是永昌的土著卡人向诸葛亮求种子，诸葛亮故意将谷种蒸熟后拿给卡人，结果都没有长出芽。于是卡人又跑去问诸葛亮。诸葛亮就欺骗他们说，一定要用人头来祭祀谷神，才能够长出芽苗。

卡人杀了族人祭神之后，诸葛亮再给他们新鲜的谷种，当年就大丰收。从此杀人祭祀的习俗就沿袭下来。诸葛亮走后，卡人这才意识到是诸葛亮耍弄的阴招，目的让族人相互残杀。

这是一个少见贬损诸葛亮的传说，完全颠倒是非，就连诸葛亮有没有到过永昌都成问题了。即使到了永昌，以诸葛亮秉持攻心战的策略来看，势必会向落后的蛮夷传播先进的耕作技术，绝不会出如此的狠招。

实际上，看到永昌民风这么淳厚，夷人对国家这么忠诚，诸葛亮不胜感动，下令排下八阵图，屯兵休战。把中原的铁器、牛耕传授给永昌的夷人。得道多助，失道寡助。夷人感激万分，都站在诸葛亮这一边。孟获几乎得不到永昌人的同情，只好灰溜溜地跑到骠国（缅甸伊洛瓦底江流域的佛教古国），借来了一支象兽大军。诸葛亮早已摆出狮子、老虎形状装饰物，再施以火攻计，把那些大象吓得四处逃散，反而将孟获的队伍踩踏成一堆烂泥。这就是六擒孟获。

最后一次生擒孟获，已经进入了缅甸境内。孟获用重金贿赂缅夷国、木鹿国的国主，借来了一支凶悍的安都鲁兵。他们头戴藤帽，身穿藤甲，坚韧程度堪比中原的铁盔铁甲，刀枪不入。

诸葛亮遇到了南征以来最顽强的抵抗，那些武装到牙齿的安都鲁兵挥舞着大刀恶狠狠地扑过来，如入无人之地，杀得蜀汉大军丢盔弃甲，狼狈而逃。最后诸葛亮不得不施计将安都鲁兵诱入怒江之蹯蛇谷，纵火焚烧，才一举全歼了敌人。

逮住了孟获之后，诸葛亮问道，还打不？

此时孟获黔驴技穷，已经变成了一只无处可栖的野鸟。孟获再也不愿意跟诸葛亮这样的仁义君子作对了，于是吧嗒一声，跪下磕头，诸葛丞相天威所至，战无不胜！服了你！从今之后，我等蛮夷之人永远不会再造反了！

如此一来，诸葛亮的大军不但打到八莫城，而且深入缅甸七八百里的蒲甘地区。凯旋之时，还在蒲甘立了南征纪念碑。

这一些就是《滇考》中对诸葛亮七擒孟获的记载，跟罗贯中的《三国演义》大同小异。

6.孔明阿公

有关七擒孟获的事实，大多数人都予否定，认为纯属民间夸大其词的传说。而诸葛亮远征缅甸，更是天方夜谭，唯有付诸一笑。

实际上，诸葛亮七擒孟获，甚至打入缅甸，也不是没有可能的。

首先是诸葛亮自己的证词，在《前出师表》中有句话，"五月渡泸，深入不毛"。这里的不毛，并非指贫瘠、野蛮、未开垦的南中地区。南中四郡人口接近三百万，地大物博，资源丰富，又有通往东南亚的重要商路，怎么可以称为不毛之地呢？历史学家认为不毛有另一种解释，指的是缅甸北部的边陲重镇八莫（Bhamo）。

乾隆五十年三月，大清的属国缅甸人贡表文，自称孟陨，也就是孟获遗民的意思，可见缅甸自己承认是孟获的后裔了。

中国的旅行家们在缅甸看到许许多多武侯庙，听到不少有关诸葛亮的传说。

宋代赵汝适在《诸藩志·蒲甘》中提到，国有诸葛武侯庙。

明代的《西南夷风土记》云："普坎城中有武侯南征碑，缅人称为汉人地方。"

清代黄协埙《锄经书舍零墨》卷二载，陆次云云：缅甸有孟获城，城中建武侯祠堂。相传武侯擒孟获于此，名其曰剩村，因勒石纪事，今残碑犹屹立阶下也。又木邦国有武侯碑云："异日皇帝过此。"后明末永历投荒，造应其诚。

中国的马可·波罗——清代的旅行家谢清高竟然在缅甸南部的勃固城（仰光附近）也看到了孔明城。

缅甸人不但对诸葛亮非常膜拜，而且还给他取了一个缅味十足的名字——吴巴蒂（巴蒂老先生）。

最典型的是中原演戏，诸葛亮七擒孟获。缅甸演戏，却是孟获七擒诸葛亮。

如此之多的记载，还有传说、风俗，我们只能承认，诸葛亮真的去过缅甸。

至于有人质疑，诸葛亮七擒七纵，或者打到缅甸去，从云南滇池到缅甸八莫，有一千二三百里，路途艰辛遥远，时间是不容许的。

但别忘了，诸葛亮是五月渡泸，冬天才北归，十二月回到成都。那么自青蛉、弄栋渡过泸水之后，有五六个月的时间，诸葛亮在益州郡都干了些什么事？大军南征，成都一片空虚，北伐的准备工作还未完成，诸葛亮绝对没有心情待在云南四处兜风游逛，或者到南中各个地方去体察民情。

只有一个可能，那就是跟孟获打了一场长达半年之久的艰辛战争。诸葛亮跟孟获从云南的洱海一直打到永昌，甚至打过怒江，进入缅甸的八莫城。七擒七纵孟获也许太浪漫了点，但连续打了七次战役，那是有可能的。

此外，建议那些质疑七擒孟获的人去读一读司马光的《资治通鉴》。这是一部价值连城的不朽巨著。史料充实，考证稽详。以司马光的著书态度，凡是认为不可信的一律不予采纳，所以诸葛亮的空城计不见于该书。但是对诸葛亮七擒孟获，司马光一点也不含糊，一字不改地引用《汉晋春秋》的记载。可见，司马光也是认可这段史实的。

孟获臣服之后，南中的蛮夷各部无不扶老携幼，箪食壶浆，纷纷前来向诸葛亮表忠诚。至此，南中完全平定。

为了有效地管辖南中，诸葛亮实行夷汉并治双轨制，任命孟获为御史中丞，另一个蛮王张龙佑那为渠帅。他们两个是南中特别行政区的最高长官。

同时重新划分政区，将庲降都督移到孟获的老家味县。改益州郡为建宁郡，新增兴古郡、云南郡。又改犍为属国为朱提郡，形成新的南中七郡。任命吕凯为云南郡太守，王伉为永昌郡太守，马忠为牂牁郡太守，龚禄为越嶲郡太守。

其余建宁、兴古、朱提三郡的太守职位暂时空缺。应该是诸葛亮实行夷人治夷的策略，让建宁的蛮王爨习、朱提的蛮王孟琰去管理自己的地盘。此外，凡是降服的大大小小的蛮王、酋长，全部都委以相应的职务，让他们尝一尝当家做主的真正滋味。

对此，许多人都有意见。打了大半年，流了这么多人的鲜血，最后还是将南中还给了那些野蛮子。这岂不是前功尽弃？为什么不留下外人在此做官，管理南中的各项事务？

诸葛亮耐心解释说，这个方案在我心中不知酝酿了多少年！留外人驻守南中做官有三个难处。首先，留外人做官，同时也要留兵镇守。可是那些阿兵哥要吃些什么呢？其次，蛮夷各部已经被我们打残了，不是老爹死去就是兄弟丧生，如果只留外人做官，不留兵镇守，早晚会成大害。最后，蛮夷不知干下了多少伤天害理的事，他们自知罪孽深重，决不会信任外人的。我以夷治夷，如此则无须留下一个兵、运输一粒米，就可以让南中安定井然，夷、汉人民和睦相处！

话说到这里，无须再说下去了，这是历史上最好的民族统治政策。

一切都安排妥当之后，诸葛亮这才心安理得地凯旋而归。是年冬天，诸葛亮取道汉阳（今天贵州威宁），由僰道向北而去。年底十二月回到成都，精彩的南中大战至此完美地收官了。

南中大战的完美在于该地区丰富的矿产资源、战略物资得以源源不断地输送到成都去，为诸葛亮日后的北伐事业奠定了无比坚实的物质基础。诸如耕牛、战马、金银、犀革、丹漆、铜铁，为诸葛亮振兴蜀汉的军国经济注入源源不断的新活力。

南中大战的完美还在于确立了诸葛亮在蛮夷心目中无比崇高的地位。千百年来，在西南地区各族看来，诸葛亮简直就是天上的日月，家中的老祖宗。云南佤佤族人尊称诸葛亮为"孔明阿公"，意思就是孔明老爷爷。德宏的景颇族举行祭典大礼时，把祭祀"孔明老爹"排在了所有神灵的第一位。甚至在近代，那些无孔不入的西方传教士，向傈僳族推销耶稣教时，也得借用诸葛亮的崇高威望，编造谎言称上帝生有二子，长子就是诸葛亮，次子才是耶稣。一千多年来都是诸葛亮在管事，现在他老人家累了，已经退休了，把大权交给弟弟耶稣。所以诸葛亮要世人信奉耶稣，结果这个美丽的谎言骗过了很多傈僳人。

第十章 | 功亏一篑

曹、孙、刘各忙各的
司马懿的闪电战
初出祁山
磕书虫马谡
伤悲谁人知
陈仓攻防战
曹真的反击

1.曹、孙、刘各忙各的

南和夷越之后，国家机器马上就要朝着北伐的方向运转了。但是诸葛亮一回到成都，立即就被一个人搞得心烦意乱。两个丞相的副官(丞相掾)李邵、蒋琬密报，长水校尉廖立公然诽谤朝廷，扰乱政务。

这个廖立本来是荆州的一个奇才，未满三十岁，就被刘备任用为长沙太守。当年刘备入川，诸葛亮镇守荆州，孙权派人跟诸葛亮结好。随便问他到底荆襄有哪些人才？诸葛亮立即举出庞统和廖立二人，说他们都是荆楚的

廖 立

良才，足以成就一番大事业。可见诸葛亮是非常赏识廖立的。

后来吕蒙偷袭江陵，廖立弃城而跑，逃到成都去。刘备爱惜廖立的才华，不但没有责怪，反而任命他为巴郡太守。刘备称汉中王后，提拔廖立为侍中，成了刘备的贴身随从。似乎刘备看透了廖立桀骜不逊的个性，虽赏识他的才华，却也没有重用。所以白帝城临终托孤，根本就没有提到这么一个人才，只让李严做诸葛亮的副手。

刘禅继位之后，廖立完全被扔到一边去，只做了个级别为比二千石的长水校尉，负责关中骑兵的高级军官。比二千石是什么概念？那时候朝廷官员的级别是这样排顺序的，最高的万石，之后是中二千石、真二千石、二千石，最后才是比二千石，意思是相当于二千石郡守的级别。

廖立大叫憋屈啊，以自己的才华，做诸葛亮的副手绰绰有余，没想到却让李严这小子捡到了大便宜。所以怨恨不已，大骂朝廷，滥用人才。

廖立碰到李邵、蒋琬两人，唠唠叨叨不停，现在丞相老是念念不忘打仗，南征刚回来，又想北伐。你们一个个都像木头人，只知道阿谀顺从，不加劝阻。过去刘备舍近求远，不趁机攻取了汉中，却跟东吴争抢荆南三郡，可最后呢，还不是竹篮子打水——一场空？让曹操乘隙而入，不但夺走了汉中，还让夏侯渊、张

郐深入巴中，差点儿就把整个益州都夺去了。后来虽然攻下了汉中，却得不偿失。荆州沦陷，关羽被斩，连上庸也失去了，孟达投敌，刘封被杀。这是因为关羽有勇无谋，指挥无方，一味蛮干，惨遭曹操和孙权的暗算。

骂完了死人，廖立又把活着的人批得体无完肤。你们瞧瞧，如今朝中都是哪些人当政？向朗、文恭之辈，不过是凡夫俗子。文恭官居治中，却目无纲纪。向朗最擅长拍马屁，过去常常吹捧马良是圣人，现在又做了丞相长史，当然很合口味了。中郎郭攸之，只会滥竽充数，人云亦云。充其量是一只跟屁虫，却高坐侍中之位。国家正处于弱势，重用这样的三个人，实在是很不恰当。王连更是道德低下，只会搜刮民膏民脂，搞得天怨人怒。

听到了李邰、蒋琬的报告，诸葛亮再也无法保持谦谦君子的风度，当场暴跳如雷，立即给刘禅连续送去两道奏折，痛斥廖立诽谤先帝，诋毁众臣，是可忍孰不可忍？

诸葛亮的话就是老爹的话，刘禅一点儿也不含糊，马上下诏，不但摘去了廖立的官帽，而且还把他流放到益州最西边的汶山郡去。

诸葛亮废了廖立，目的就是为了统一思想，消除朝廷上反对出师北伐的噪音。

现在万事俱备，只欠东风。北伐中原的一切准备工作都做好了，只等时机而已。

正在这时候，好大喜功的曹魏皇帝曹丕亲率十万水军，旌旗飘扬数百里，从曹操的老家谯南下，在涡河渡口进入淮河，十月取道邗沟，抵达扬州广陵故城，准备渡过长江，攻打东吴。

没想到入冬之后，天气大寒，到处都结冰，曹丕又没有破冰船，瞪着长江干着急，跺脚长叹，哎呀！这是老天故意要划分出南北两地！我虽然有骑兵千千万，但是一到长江，都成了没用的蹩脚马！只好悻悻而归。

东吴大将孙韶派遣部下高寿率领五百名敢死士，趁着黑夜抄小路袭击曹丕。曹丕恐慌之中，把乘舆、羽盖都丢了，狼狈逃回。皇帝一跑，曹军群龙无首，数千艘战船都搁浅在邗沟里头。多亏了大谋臣蒋济想出一个办法，双管齐下，一边挖了四五条水渠，一边又阻遏湖水。待战船都聚在一起后，放出湖水，将数千只战船都冲入淮河。曹丕这才于次年（公元 226）正月初十，安然回到洛阳。

这次曹丕南攻失利,曹魏元气大伤,诸葛亮看到时机来临,决定屯兵汉中,准备北伐。他把驻防永安的李严调回江州,镇守大后方。任命征西将军陈到为都督,拱卫永安,归李严统辖。

诸葛瑾对这一调整深表怀疑,给弟弟写信开玩笑说,永安白帝城的驻军这么少,我带领一些人马,把白帝城拿下算了。

诸葛亮呵呵地回应道,老兄啊,你可知道永安守将陈到是什么人?陈到以忠勇著称,是蜀汉的第二个赵子龙,他统帅的白耳兵可是蜀汉最为强悍的部队。当年先帝兵败夷陵,陈到的区区几百白耳兵就挡住了陆逊的数千追兵。你既然嫌白帝城驻兵太弱,那我从江州李严那边再调一部分人马过去如何?

蜀汉和东吴正打得一片火热,曹魏国内却是哀声连连。皇帝曹丕重病缠身,已经开始交代后事了。五月十六日,曹丕召来三大重臣,中军大将军曹真、镇军大将军陈群、抚军大将军司马懿,颁下遗诏要他们辅佐太子曹叡。第二天,曹丕死去,二十二岁的太子曹叡继位,即魏明帝。这个曹叡有点口吃,所以性格内向,沉默寡言。但是在冰冷的表情之下,却有一颗无比睿智的心。他为人深沉,谋略超出老爹曹丕,大类爷爷曹操。同为富二代,都是根正苗红,但是与老实厚道的刘阿斗相比,那是一个在天上,一个在地上,不可同日而语。

曹丕死后,继位的是一个毫无经验的年轻人,不禁让人想入非非。孙权认为曹叡好欺负,于是在八月亲自率兵攻打江夏郡。曹魏太守文聘顽强抵抗,孙权屡攻不下。

这是曹叡上台之后遇到的第一道难题。大臣都纷纷要求发兵增援,曹叡却出奇地镇定,孙权最擅长的是水战,现在敢下船展开地面进攻,一定是想来个出其不意。但是现在却跟文聘胶着不下,已经失去奇袭的机会了。不必增援,战斗即将结束。

曹 叡

果然不出曹叡所料，之前派往慰劳边关的侍御史荀禹到了江夏郡之后，发动所经地方的县兵，以及自己带去的一千骑兵，在各个山头举火击鼓，孙权以为曹军来了援兵，不得不退去。

于此同时，司马懿在襄阳击退了诸葛瑾的进攻，打死东吴将军张霸。曹真也在寻阳大破其他的东吴军队。曹叡谈笑之间，就获取了继位三个月以来的第一次大捷。可见这个小子的见识非同一般。诸葛亮就要面对这样一个跟曹操不相上下的对手，其压力可想而知。

但是诸葛亮矢志不渝，对于自己的理想是绝对不会放弃。他的一生只有一个目标，那就是北伐。

2.司马懿的闪电战

建兴五年（公元227）三月，诸葛亮留下长史张裔、参军蒋琬在成都，料理丞相府内的事务，辅佐阿斗。还把颇有声名的广汉太守姚伷调进丞相府，让他选拔文武人才。诸葛亮自己率军进驻汉中，拉开了六次北伐、七年战争的序幕。

离开成都之前，诸葛亮写了一篇流芳百世的经典文章——《前出师表》。此外还亲笔为刘禅拟写了"为北伐战争告全体曹魏同胞书"——《为后帝伐魏诏》，公布天下，云"有能弃邪从正，箪食壶浆以迎王师者，国有常典，封宠大小，各有品限"，奉劝曹魏的宗室亲族，以及一切相关人员，弃暗投明，避害就利，免得大军一到，玉石俱焚等等。

如此大造舆论声势之后，十万大军浩浩荡荡地向汉中开拔，到达沔北阳平石马之后，就此驻守下来，进行战前动员部属。

曹叡刚刚在荆州击退孙权的进攻，现在又听到诸葛亮屯兵汉中，矛头直对着自己，也不敢大意，准备先发制人，攻打诸葛亮。为此他特意找来贴身顾问、朝中重臣散骑常侍孙资，征求一下他的意见。

这个孙资三岁时父母双亡，由哥哥、嫂子抚养成人。长大以后，入了太学，除掉国贼董卓的司徒王允对他非常赏识。不久哥哥被人所害，孙资杀掉仇家之后远走高飞。后来好友贾逵把他推荐给曹操，曹操的首席军师荀彧见了之后，也是大加赞赏说，本以为北方战乱已久，人才丧失殆尽，没想到今日竟可以见到孙资这样的聪明人！

再之后，孙资跟另一个能人刘放成了曹丕的心腹，积极为篡汉出谋划策。曹丕称帝之后，改组中央行政枢纽，任命刘放为中书监、孙资为中书令，共同执掌朝政大权，开创了中书省长官为宰相的先河。可见孙资在曹魏的显赫地位。

孙资不赞同曹叡先发制人的意图，他认为汉中地形险要，曹操早年征讨张鲁时，差点儿功亏一篑。拿下汉中之后，又赶紧下令把夏侯渊的军队调回来。夏侯渊回去之后，曹操也是很兴奋，常常自言自语地说，汉中这个鬼地方简直就是一个天

孙　资

牢，中间五百里长的斜谷道就是埋葬活人的石穴。曹操生前用兵谨慎，看到刘备躲避在石头堆的后面，又见孙权靠着长江和太湖做掩护，干脆把他们甩在一边，不争一时的得失，避而不战，目的是在等待最有利的战机。如果出兵汉中，攻打诸葛亮，路途艰辛遥远难行。何况现在还有十五六万人马被孙权牵制在长江北岸，征讨诸葛亮，又要兴师动众，闹得老百姓困苦不堪。所以皇上要慎重考虑啊！

最后，孙资给曹叡支招，只要让大将分守险隘，以逸待劳，就足够堵住诸葛亮，稳住前线的形势。如果这样的话，就是前方将士睡得像死猪，国家也会平安无事。你狠，任你狠，我自岿然不动。日子一久，曹魏逐渐强盛起来。东吴和蜀汉玩火自焚，一定会衰败下去。

这个曹叡也是聪明人，觉得孙资的话很有道理，就按兵不动，静观其变。

曹叡按兵不动，诸葛亮却蠢蠢欲动。要想彻底打倒敌人，就必须团结一切可以团结的力量。于是决定策反有强烈回归意愿的蜀汉叛将——驻守上庸的新城太守孟达。

在诸葛亮看来，孟达是一粒极好的棋子。只要孟达一回来，不但解除了北伐的侧背威胁，而且可以牵制大批的魏军。

关羽荆襄大战时，孟达与刘封不和，被迫投降曹魏。曹丕对孟达很是信任，魏国大臣桓阶、夏侯尚也是孟达的好友。但是随着曹丕、桓阶、夏侯尚等人的死去，孟达在魏国中的地位很尴尬，时不时就有人对他抛冷眼。孟达就决定回娘家，暗中跟诸葛亮秘密来往。

诸葛亮很兴奋，给孟达写了一封充满温情的信，前年远征南中，直到年末才回来。没想到在汉阳（今贵州威宁）碰到李鸿，得知你的心意。我不甚感叹，以老兄的博大胸怀和高远志气，怎会甘心沦落到为求虚名不惜叛变的地步？哎呀，孟先生！我很清楚当时你的处境，的确是受到了刘封这小子的欺压，不得不背弃刘备而去！我又听李鸿说尽管王冲在你面前胡言乱语，但是你一点也不怀疑我。所以我要向你表明心志，一定要同你结为平生至交，可是我向东方望了望，相隔那么遥远，心中由是惆怅不已，所以给你捎去书信，亟盼佳音。

如此恳切的书信，就是一个铁石心肠的人也会被感化，孟达毫不犹豫地选择了回归。

可是汉中与上庸隔着千重山万道岭，往来不便，诸葛亮就指派在江州的李严全权负责策反孟达的事。

诸葛亮告诉孟达，李严为人敏捷，举止恰当，品行正直，值得信赖，你要回归，可跟他联系。

李严确实很会办事，他也给孟达写了封感情诚挚的信，我跟诸葛丞相都是先帝的托孤大臣，自知肩上责任重大，非常希望能有一个知心的朋友。看得孟达吧嗒吧嗒掉下泪珠，赶紧回归蜀汉吧！

不料孟达的密谋很快就被他的仇家魏兴太守申仪发现了，申仪立即向曹叡打小报告。

至于密谋是怎么泄露出去的，在《晋书》司马懿的传记里有一个说法，说诸葛亮跟孟达之间有着私仇

孟　达

公恨,诸葛亮对孟达是不除不快。

八年之前汉中之战后,刘备派遣孟达从秭归北上,进攻上庸。那时候的新城太守是诸葛亮的大姐夫蒯祺,没想到孟达一点也不顾及诸葛亮的面子,攻下上庸之后,一刀把蒯祺砍了。故而诸葛亮怀恨在心,一直想除掉孟达,为姐姐报仇。再加上孟达首鼠两端,反复无常,狡诈多变,当年关羽败走麦城,就是因为孟达跟刘封见死不救。何况孟达据守在上庸,就像益州头上的一把大刀,随时都可能砍下来。

为了除去孟达,诸葛亮不惜使用借刀杀人之计,让郭模去上庸,假装接应孟达的投降,却故意向魏兴太守申仪告密。终于计谋得逞,让司马懿替自己杀了孟达,既报了私仇,又为蜀汉翦除了一个危险,真可谓是一箭双雕。

《晋书》的这一说法,显然是为了抹黑诸葛亮,以达到抬高司马懿的目的,根本就不足为信。否则,司马懿攻打上庸之时,孙权和诸葛亮就不会派军救援孟达。

不管孟达归降诸葛亮的诚意如何,曹魏朝廷还是得到了申仪的密报。但是包括曹叡和司马懿在内,许多人都不信孟达会叛变。

这时候,司马懿正镇守在南阳,统率着荆州、豫州等地的军队。司马懿就派遣参军梁几前往上庸摸清孟达的底细,又劝孟达去洛阳觐见曹叡。孟达立即意识到自己的意图曝光了,那干脆一不做二不休,立刻造反吧!

可是反旗还没来得及竖起来,司马懿就从南阳送来了一封让孟达头大了的书信。信中说道,过去孟将军弃暗投明,朝廷委以重任,既封太守又赐侯爵,本意是想让孟将军袭取蜀汉。朝廷对你的信赖之心天地可鉴,日月可表。如今蜀汉无论傻瓜还是聪明人,都恨不得将你吃掉。诸葛亮早就想除掉你,所以让郭模泄密于申仪。他的险恶用心难道还不清楚吗?

现在孟达是痛苦得要死,降也不是,诸葛亮要杀他;不降也不是,曹叡已经在猜忌自己了。

正当孟达心中煎熬似的一片纠结之时,司马懿已经秘密离开南阳了。

要不要讨伐孟达,众将意见不一。有人认为,孟达私通蜀、吴,当静观其变,而后行动。

司马懿却认为,在孟达的字典里全然没有信义这两个字。理应趁其狐疑不定时,尽快将他解决了。于是下令全军,以最快的速度直扑向上庸。

　　脑袋就要落地了，孟达还沉浸在异想天开之中，他告诉诸葛亮，南阳离洛阳有八百里（实际上直线距离不到四百里），离上庸也有一千二百里（实际上直线距离不到六百里）。司马懿听到我起兵的消息，报告曹叡之后，来来回回，最少也得一个月。那时候上庸城早已固若金汤，司马懿肯定不敢来。如果派其他人来，我高枕无忧也！

　　孟达麻痹，诸葛亮却一点也不麻痹。他赶紧通知孙权，一起去拯救孟达啊！于是蜀汉和东吴分别向西城安桥（陕西安康西南）、木阑塞（陕西旬阳东北）派去援兵。

　　可惜远水解不了近渴，孟达起兵才八天，司马懿就出现在上庸城外，孟达吓得昏了脑袋，这只死蚂蚁怎么来得如此神速？事到如今，只好固守待援了。

　　上庸城三面都是河流，孟达在城外布置了重重木栅，但是司马懿很快就渡过河流，将木栅破坏得七零八落，直逼上庸城下。

　　这时候蜀汉的援兵被申仪堵住了去路，东吴的援兵也被司马懿挡住了。孟达只好硬着头皮，拼命地抵抗。

　　司马懿却毫不留情兵分八路，猛攻了十六天，次年（公元228）正月，孟达的外甥邓贤、部将李辅开门投降，司马懿挥兵一拥而入，马上将孟达剁成肉酱。俘获一万多人，又将孟达余部七千多人赶到遥远的幽州去了。

　　上庸之战，司马懿以迅雷不及掩耳之势，为曹叡果断地割去了一颗毒瘤。其料事之准，行军之快，完全超乎想象，堪称兵贵神速的一个经典案例！

　　孟达的失败，也是吴蜀联盟的一次重大战略失利，更为诸葛亮即将进行的北伐战争平添了一道阴影。因为它预示着诸葛亮除了曹叡之外，还将增加一个异常强劲的对手——司马懿。

　　但是诸葛亮已经顾不了这么多了，就在司马懿击杀孟达的同时，诸葛亮在汉中振臂一呼，北伐开始，对曹叡宣战！

3.初出祁山

　　北伐曹魏，从汉中到关中有四条大道，从东到西依次是：洋洲与长安之间的子午道，全长八百四十里。洋洲与周至之间的傥骆道，全长四百八十里，此道最快捷,但也最险峻。南郑与郿县之间的褒斜道,全长九百四十里。勉县与陈仓之间的陈仓道,全长八百八十里。

从汉中到陇地有两条,一条出阳平关,经故道、散关,进入陇东。另一条出阳平关,穿越山石险峻、悬崖峭壁的陇南山地,从武都沮县顺着漕运而上,行五百里到达祁山。

当前诸葛亮的主要敌人有两个,一是驻扎在郿县的雍凉都督、镇西将军曹真,二是驻扎在长安的关中都督、安西将军夏侯楙。

曹真是曹操的族子,也算得上曹魏的老

曹 真

牌将军,前后效劳于曹操、曹丕父子,几乎参加过所有的战役。汉中战刘备,江南打孙权,功勋赫赫。曹叡继位之后,曹真被封为邵陵侯,升任大将军,在宗室中的地位仅次于曹操的"千里驹"——大司马曹休。

夏侯楙是根正苗红的官二代,他的老爹就是曹操的名将夏侯惇。曹操很器重夏侯惇,就把女儿清河公主许配给夏侯楙。夏侯楙从小跟曹丕关系不错,所以曹丕即位之后,给予极高的待遇,赐封夏侯楙为安西将军,让他镇守长安,继承老爹的地位。

曹真和夏侯楙,要先拿谁开刀?在由诸葛亮主持的军事会议上,大将魏延主张拣比较弱的夏侯楙下手。这个夏侯楙虽然地位尊贵,却像供养在花盆里的鲜花,从小娇生惯养,从未经历过任何战斗,缺乏实战经验。

夏侯楙

如何攻打夏侯楙呢?魏延提出了一个奇袭的作战方案。拨出五千精兵给魏延,配足十天的口粮——五千斛(五万斗)的大米,从褒中出发,沿着秦岭向东,然后穿越子午道,直取长安。估计不需要十天的时间,就可以到达长安城下。夏侯楙畏战如鼠,魏延突然间杀奔出来,一定可以把他吓跑的。夏侯楙一逃,长安城内就只剩下督军御史和京兆太守了。拿下长安之后，魏延就可以因粮于敌，打开横门的粮仓，搜集民间散粮，填饱肚子绰绰有余。魏军要反扑，光征调军队就要二十多天。那时候，诸葛亮亲率大军，早已通过褒斜道，与魏延胜利会师了。如此一来，关中大片领土唾手可得。

乍一看，魏延的奇袭方案非常有吸引力，而且可操作性很强，是一个极佳的作战方案。但是高收益必有高风险，这个方案要想取得预期效果，必须同时具备三个条件，缺一不可。

第一个条件，魏延必须在十天之内到达长安，因为军粮只带上五千斛。超过十天，魏延的五千奇兵就得饿肚子。但是日后的实践证明，这个条件实现的概率极低。两年之后，曹真也穿越子午道，结果花了一个多月，才走完一半的子午道。

第二个条件，诸葛亮必须用二十天左右的时间穿过褒斜道。这个实现的概率更低。六年之后，诸葛亮走褒斜道，足足用了两个月才走出斜谷。

第三个条件，夏侯楙必须是一个窝囊废，一见到魏延就得弃城而逃，把粮仓都无条件地留给了魏延。这个条件成功的概率只有五成。不错，正像魏延所说，夏侯楙是个十足的笨蛋。《魏略》说他根本就不懂得打仗，不喜欢上战场，却喜欢上女人，专门研究阴阳采补之术。所以在镇守长安期间，夏侯楙背着老婆，偷偷养了很多女人。结果清河公主闹着要离婚，曹叡一气之下，差点儿砍了他的脑袋。所以要是魏延突然杀到，夏侯楙就是不逃跑也会吓得魂不附体。但万一长安城内的御史啊，太守啊什么的，来个坚壁清野，先把仓库里的粮食都烧了。魏延找不到吃的，还不是照样饿肚子？

所以说魏延的美好愿望完全是建立在虚无缥缈的假设之上，三个环节都可能出现问题，奇袭长安无疑是一场非常危险的赌博，所压的赌注就是诸葛亮

魏　延

的北伐大计。这是力求稳扎稳打的诸葛亮万万不能接受的,于是断然拒绝了魏延的建议。对此魏延心中一直耿耿于怀,除了一个赵云之外,我就是蜀汉的老大了,什么样的战斗没有经历过?以至于对诸葛亮心存芥蒂。

诸葛亮却不理会别人的感受,他的心中只有一个信念,就是北伐无论如何要成功。

诸葛亮有自己的北伐路线,那就是来一个长途大迂回,由阳平关出发,西经武都、建威,再掉转方向,北上祁山,直取天水,攻占陇右、陇上,然后在此开辟根据地,从西侧背后包抄关中。虽然路途较为遥远,但是地势平坦,有利于大规模地作战和后勤补给。如此一来北伐就变成了东征,避开难于上青天的蜀道,便可稳步向东推进。

于是诸葛亮声东击西,扬言要穿过褒斜道袭击郿县的曹真,让镇东将军赵云、扬武将军邓芝,占据了褒斜道南谷口附近的要隘箕谷,虚张声势,以扰乱曹军的判断。而自己亲率北伐大军的主力部队,向西迂回了六七百里,最后出现在陇南的祁山。祁山距离沮县有五百里,海拔最高不超过两百五十米,蜿蜒起伏五十余里,就像一面飘扬的大旗,控扼住西川与陇地的交通要道。但是居民万户,村墟密迩,并非荒凉之地。

诸葛亮的大军就在祁山以北数里的西县(今甘肃礼县)扎下大营,整齐划一,气势壮观,号令严明。诸葛亮准备以优势兵力直插陇右。这里是曹魏的软肋,守军最为薄弱。根本抵挡不了蜀汉大军的进攻,很快地天水、南安、安定的城头就插上了蜀汉的战旗。诸葛亮趁热打铁,派兵继续进攻广魏、陇西,准备把整个陇右都收归囊中。

进军陇右不久,诸葛亮还有一个意外的收获,那就是得到了一个帅才——天水冀县的姜维。此人雅号幼麒,他的老爹姜冏做过天水郡的功曹,在征剿西北羌族暴乱的战场上,为国捐躯,算得上一个忠烈之士。

姜维与母亲相依为命,长大之后精心研习郑玄儒学,梦想有朝一日自己能当上大将军,建功立业。后来姜维做了天水郡的上计掾,不久又被提拔为雍州的从事。由于他的老爹死得太悲壮了,人们一看到姜维就不禁泪流满面,总觉得官府欠了他什么似的。于是就给了姜维一个中郎的职务,让他做一个雍州的军事参谋人员。

诸葛亮进军祁山之时，天水太守马遵带领姜维和功曹梁绪、主簿尹赏、主记梁虔等人，跟随着雍州刺史郭淮，视察军情。一伙人刚走到冀县，就传来了祁山已经完全沦陷的坏消息。郭淮心中有点儿恐惧，抛出了一句话，来者不善！没等马遵反应过来，郭淮就匆匆忙忙离开了天水，往东回上邽去了。

郭淮一走，马遵瞧了瞧冀县，实在是偏僻，又靠近祁山。一旦诸葛亮的大军来了，冀县首当其冲。所以就拉上姜维，紧跟在郭淮的屁股后面，准备趁夜一同回上邽了。

姜维舍弃不下冀县家中的老母亲，反而挡住了马遵的去路，请太守打道回府吧！

这时候诸葛亮声威大震，雍州风雨飘摇，人心浮动。曹魏官员纷纷叛逃，谁也不相信谁，说不定一夜之间，今天身边的亲密战友就成了诸葛亮的部下。马遵疑心大起，姜维劝我留在冀县，莫非想割下我的脑袋送给诸葛亮当见面礼？这么一想，吓得他赶紧逃到上邽去了。

姜维迫不得已，只好追到上邽。可一到上邽，却吃了个闭门羹。马遵说他是叛贼，不让进。姜维只好悻悻地回到冀县，孰料又成了一个最不受欢迎的人，谁都不敢开门接纳姜维。

姜维无家可归，只好扯上另一个天水郡的小吏上官子修，一起投奔了诸葛亮。诸葛亮早就听到姜维的大名，如今自动找上门来，那可是求之不得啊！俗话说，千军易得，一将难求。益州领军人物日益凋谢，再加上蜀汉国民缺乏尚武精神，堪称上将的人是凤毛麟角。山中无老虎，猴子称大王。那些本来看不起眼的二、三流军官，诸如王平、吴懿、李盛、高翔、黄袭之类，现在都成了北伐大军的中流砥柱。姜维的意外加盟，对诸葛亮来说不啻于雪中送炭。

收了姜维这么一个极具名将潜力的幼麟，让诸葛亮兴奋不已。拿下祁山、西县之后，接下去就要夺取陇右的天水、南安、安定三郡。按照预先的规划，占领了这三郡之后，首要任务就是精耕细作，确保到手的胜利果实。而要保住陇右三郡，就必须切断关中通往陇右的道路。诸葛亮打开地图一看，不由得一阵大喜。长达四五百里的陇山（六盘山），就像一道坚固的铁门纵贯南北，只要堵住了陇山中部的一个缺口要隘——街亭（今秦安县陇城镇），那么曹魏大军根本就无法逾越高达两千五百米的陇山。

诸葛亮收伏姜维

4. 嗑书虫马谡

但是诸葛亮的意图很快就被曹叡识破了。

自刘备死后，关中一带沉寂得可怕。曹魏的守军一连数年，都是在悠闲之中度过了每一天。将领们每天饮酒作乐，士兵们则扔掉手中的兵器，安心地睡大觉。大家都以为，刘备死了，蜀汉从此一蹶不振。再加上国家那么贫穷，理应休养生息，所以根本就不会在汉中挑起战端。

没想到诸葛亮突然发动北伐，而且进军路线更是出人意料，绕过汉中天险，向西取道祁山。然后就像决堤的大水，哗啦啦地流下，眨眼之间陇右三郡就变了天。犹如沉闷的天空蓦然炸响一记惊雷，震得曹魏朝廷摇摇晃晃，波澜轰动。仿若天塌了似的，弄得人人自危。

大家都紧张得要命，曹叡却镇定自若，骂道：慌什么慌？诸葛亮还在千里之外的祁山呢。他很快就发现诸葛亮犯了一个大错误，如果诸葛亮凭险据守，魏国对蜀汉根本就无可奈何。可现在却放弃了有利的地形，自动跑出来，准备在关中平原挑战强大的曹魏。那就是扬短避长，以卵击石，只有死路一条。《孙子兵法》说过，"凡先处战地而待敌者佚，后处战地而趋战者劳。故善战者，致人而不致于人。"诸葛亮是远道而来，我们要以逸待劳，早晚会把他赶回四川去的。

曹叡立即下令，大将军曹真驻守郿县，不管赵云是真打还是假打，都要把他挡在箕谷，不要让他穿过褒斜道。调派驻守荆州的虎将张郃加官特进，让他统率五万大军前往陇右迎战诸葛亮。二月十七日，曹叡亲自坐镇长安督战。

张郃率部从长安出发，沿着关陇大道，飞奔五六百里，很快就到达陇山的东侧。

这时候诸葛亮已经攻克了天水、南安、安定三郡，但是陇西、广魏两郡却久攻不下。陇西太守游楚告诉诸葛亮，你还是别再让人来打了，只要你能够顶住曹叡的大军一个月以上，我们就服了你，自动投降。

诸葛亮也听到张郃杀来的消息，立即把目光盯在街亭这个要害之处。一旦张郃拿下街亭，曹军就会源源不断地翻越六盘山，进入陇右。那时候不要说陇西、广魏两郡不服，就连天水、南安、安定三郡也保不住了，北伐的大业立马夭折。

但要派谁去挡住张郃呢？他可是曹魏五子良将的唯一幸存者，用兵灵活多变，最擅长因地制形，曾经是让刘备最为头疼的曹魏大将。

诸葛亮看了看帐下诸将，连连摇头，魏延虽说勇猛，但是冒险主义倾向严重，恐怕不是张郃的对手，而王平、吴懿等人就是给张郃提尿壶都不配。姜维虽然足智多谋，但刚刚过来就让他率军打仗，谁肯服从他的指挥？诸葛亮最后又瞧了瞧身边的参军马谡，此人虽手无缚鸡之力，但是熟读兵书，胸中自有韬略。打仗首先就是脑容量的比赛，然后才是胳膊与大腿的较劲。只要让马谡历练历练，日后必能成大器，也好做自己的接班人。

于是诸葛亮毫不犹豫地把守街亭的重任交到马谡手中，马参军，这次北伐的成败就靠你了！你对战胜张郃可有把握？

马谡一点也不含糊地接过任务，摇头晃脑，口中念念有词，三句不离《孙子兵法》，"夫未战而庙算胜者，得算多也；未战而庙算不胜者，得算少也。多算胜少算，而况于无算乎！吾以此观之，胜负见矣。"我凭险据守，以逸待劳，就是十个张郃来了，我也不怕！

诸葛亮赶紧让他打住，马参军不要再背兵书了，我知道你的能耐。只要在街亭顶住张郃一个月，北伐第一功就属于你了。

从《三国志》中"亮违众拔谡，统大众在前，与魏将张郃战于街亭"这句话可以看出，诸葛亮任命马谡为先锋，其用意并不仅仅在于防守街亭一地，而是要他击败张郃，然后继续向东，为诸葛亮的后续部队杀出一条东征长安的大道。张郃的兵力有五万，所以马谡最少也得有四万以上的人马。

此外同去的还有神将王平、将军李盛、黄袭等人。并让将军高翔占领街亭以南三百里的列柳城（陕西宝鸡凤县双石铺），以牵制张郃。

值得一提的是，王平手握一支为数一千人的特种部队——无当飞军。无当飞军是诸葛亮征服南中之后，从勇猛善战的青衣羌人中精选出的一万名剽悍士卒，分为五部。他们最擅长山地战，战斗力在蜀汉排名第一，甚至超越了担负防守入川门户——白帝城重任的精锐部队、悍将陈到统领的白耳兵。那些青羌士卒身配弓箭，力大无比，而且在险山峻岭之中疾走如飞，根本就没有人能够挡得住，所以人称无当飞军。

王平本来是益州巴西宕渠人，后来跟随賨族酋长杜濩和朴胡去了洛阳，归顺曹操。又跟随曹操远征汉中,结果王平想念老家,就投降了刘备。刘备对这个巴人猛将大为赏识,提拔为牙门将、裨将军。牙门将军都是虎贲之士,像赵云、魏延也曾经担任过。可见王平的勇猛程度不亚于赵云和魏延。

王平是个大老粗,不会写字,甚至认识的字也不超过十几个。但是王平思维很清晰,常常口授让他人代笔文书,非常有逻辑。要是别人把《史记》、《汉书》那些诘屈难懂、深奥的文字读给他听,王平大致可以听得懂,偶尔发一发评论也是很有说服力的。

王平为人严肃,一整天就板着脸,从来不开玩笑。从早到晚就是那样动也不动地呆坐,就连身子的姿态也不会改变。但他训练刻苦,遵守法纪,是一个标准的军人形象。让一个令人望而生畏的巴族军官来指挥无当飞军这支特种部队,再合适不过了。

诸葛亮把王牌部队投到街亭去,可以看出他对此战志在必得。因为街亭一战,关系到陇右的得失,关系到整个北伐大局,非同寻常啊!

马谡的行军速度也很快,一路上几乎不做停留,就直奔街亭而去,终于抢在张郃之前,把这个咽喉要地占据了。但是怎样防守好街亭,马谡跟王平意见不一。

争议的焦点就在街亭大道旁的一座山丘,马谡迫不及待地翻开随身所带的《孙子兵法》,在《地形篇》找到了答案,"险形者,我先居之,必居高阳以待敌;若敌先居之,引而去之,勿从也"。意思是说,碰到险要的地形,我们一定要抢先占领,然后占领制高点,等待着敌人前来进攻。如果制高点被敌人占据了,那就不要打了,早早放弃吧。

马谡很兴奋,照兵书上面说的去做绝对不会出问题的,所以主张把几万大军都拉到那座山丘上去,张郃要想进攻,那得排起队伍仰攻,我军居高临下,以逸待劳,哪有不胜的道理?

王平虽然没有读过什么孙子兵法、儿子兵法,但是他很懂得打仗的道理。把队伍都驻扎在山丘上,那岂不是让开街亭大道,任凭张郃来去自由?万一张郃四面团团围住山丘,又断绝了山下的水源,我军就饥渴不堪,陷入了死地,马上就会崩溃。不如几万大军都在大道路口安营扎寨,掐住张郃进入陇右的咽喉。张郃要想过街亭,那得必须从我们的头上飞过去。如此一来,别说一个月了,就是守他个一年半载的也没问题。

马谡根本就瞧不起王平这个大老粗，他说的越多，马谡就越生气。目不识丁的家伙，竟敢与我争论起兵法了，我且问你"王平"这两个字你会不会写？

在这生死关头，王平绝对没有心思去理会马谡的嘲笑，反而苦口婆心地劝说，马参军啊，出发前丞相再三嘱托我们，一定要当道扎营。不可违背了丞相的意思啊！

一听到王平把诸葛亮抬出来，马谡就哈哈大笑，他拍了拍王平的肩膀，老弟啊，你知道丞相跟马某是什么关系吗？平时丞相有什么困惑，总要向我请教老半天，然后再做决定。南中之战，我提出了个攻心为上的策略，丞相才有大胜的结果。

马谡又翻开《孙子兵法》的《九地篇》，找出"投之亡地然后存，陷之死地然后生"这句话，得意地盯着王平，看得懂吗？要不要帮你解释？一旦张郃掐断了水源，我们就陷入了死地，大家都是要活命，哪有不拼死一战的道理？行军打仗不读点儿兵法，怎么打胜仗？

论起口才，王平绝对说不过马谡，再加上同行的两个将军，李盛和黄袭很会拍马溜须，他们也瞧不起王平，拉了拉马谡的袖子，我们上山去吧，跟这个白痴还有什么好说的？

马谡就把王平甩在一旁，带着几万大军哗啦啦地上了山。王平委屈地看着手下那支无当飞军，无奈之下，只好在街亭大道的旁边找了一个地方驻扎下来。

马谡的大军刚爬到山丘上，张郃的五万大军就风尘滚滚而来。听说马谡的大军抢先占据了街亭，立刻泄了气。可是一见到大道旁的山丘上"马"字大旗迎风飘扬，立刻又乐翻了天。这哪里是在拦住自己的去路？分明是马谡摊开双手，热情欢迎，请过去吧！

张郃毫不客气将山下的水源断绝得一滴不流，几天过后山上的蜀军别说架锅做饭，就是蘸点水润润嘴唇也成了最大的奢望。

士兵们渴死的渴死，投降的投降，没几天就去了大半。马谡拼命地摇晃着小旗，声音沙哑地下命令，弟兄们，给我往下冲！可是士兵们既没有勇气，也没有力气，军心涣散，一下子土崩瓦解了。

马谡只好满头大汗地找遍整本《孙子兵法》，结果什么招法也没找到。气得他把兵书撕成碎片，恨恨地破口大骂，什么烂兵书，到关键时刻就不显灵了。把我害惨了！

更惨的还在后头，张郃大手一挥，手下的魏军如猛虎上山，把山上的蜀军杀得片甲不留，纷纷作鸟兽散。街亭道旁的王平率领的千余无当飞军危难之际露峥嵘，他们敲锣打鼓，虚张声势。张郃早就听说无当飞军的威名，深怕中了埋伏，不敢进逼。王平这才召集马谡的残兵败将，在无当飞军的掩护之下，安然退回祁山。

但是最惨的是诸葛亮，街亭一失去，曹魏大军随时都可以拥入陇东。再加上本来带来的十万大军，除了马谡的三四万人马已经不复存在之外，之前分出一两万给赵云、邓芝做疑军，之后再分出一些围攻天水、南安、安定等城池。诸葛亮手头的军队不到四万人，根本就无法抵挡住张郃的五万大军。诸葛亮只好带上姜维，还有西县的一千余户居民，灰头土脸地回到了汉中。至于诸葛亮巧妙地利用空城计，弹一首曲子就让司马懿的十五万大军狼狈而逃，此故事纯属虚构，在这儿就不提了。

与此同时，赵云和邓芝也在箕谷被曹真击败。幸亏赵云久经沙场，一见大势不妙，赶紧收拢兵力，亲自断后，烧掉赤崖以北的栈道、木桥，安然退回汉中，除了军用物资丢弃了一些之外，基本上没有人员伤亡。轰轰烈烈的第一次北伐就此落下帷幕。

5.伤悲谁人知

马谡跟李盛、黄袭，还有史学家陈寿的老爹混在乱军之中，侥幸冲下山之后，逃回祁山大营。马谡再也不敢去见诸葛亮，于是躲在好友巴西太守向朗的营帐中，偷偷地溜回汉中。但是很快就被揪出来，投入监狱。

诸葛亮气得都要呕血，这么好的局面就被一个只会纸上谈兵的教条主义者破坏得一塌糊涂。在追究战败责任时，诸葛亮做了如下处分：

马谡和李盛斩首示众，黄袭夺职。

向朗隐瞒不报，夺职为民。

王平凭借着无当飞军的威力，收容马谡的余部，把损失减到最少，故而虽败

街亭

马谡

王平

磕书虫马谡与大老粗王平

犹胜,加拜参军,统五部兼当营事,简称无当监,成了诸葛亮最精锐的特种部队——无当飞军的第一任司令官。后来又擢升为讨寇将军,封亭侯,从此跟赵云、魏延班序同列,正式成为蜀汉大军的中坚力量。

赵云败于曹真之手,也被贬为镇军将军,这或许是他数十年征战生涯的少有失利吧!但诸葛亮听了邓芝的汇报之后,对赵云的智勇双全赞叹不已,让他把剩下的物资、绢布都赏给部下。

当然,第一次北伐的失败最主要的责任人还是诸葛亮自己,违背了任人唯贤的原则,起用言过其实的亲信马谡,犯下了严重的用人过失。此外诸葛亮四面开花,攻城略地,极大地分散了兵力,导致在街亭失守后无法组织反攻,不得不狼狈撤军。于是诸葛亮上书给阿斗,要求自贬三等。阿斗一向很尊敬诸葛亮,就遵照诸葛亮的意思,把他贬为右将军,暂时代理丞相的职务。实际上只是走过场,诸葛亮的权威无人可以撼动。

幼麒姜维则授官仓曹掾(名义上是主管粮仓的长官,实际上参与军事大计),加封奉义将军,封当阳亭侯,时年二十七岁。两年后又升迁中监军、征西将军,逐渐迈入了蜀汉集团的领导核心阶层。

一招失误,满盘皆输。错用了马谡,葬送了第一次北伐的大好局面,诸葛亮对此悔恨不已。而关在大牢里的马谡对自己的愚蠢行为更是痛不欲生,他自知死罪难免,就给诸葛亮写了一封遗书,说什么丞相待马谡如亲生儿子,马谡看丞相也是亲生父亲,希望丞相深思当年虞舜杀鲧之后,起用其子禹的故事,也不亏了我们的平生交情。如此马谡就可以了无遗憾地直奔黄泉而去。

至于马谡的结局,绝对不是被诸葛亮挥泪斩首。陈寿在《三国志》中提到"谡下狱物故",表明马谡是死在监狱中的。不管是自裁(可能性很大)还是病死,总之马谡并未被砍头。

马谡临死之前,诸葛亮既恨又怜,更不愿去见他最后一面。所以,在电视剧里出现的马谡被处决之前,诸葛亮为其洗脚,马谡抱着诸葛亮痛哭流涕的场面,完全是虚构。

得到马谡死在牢狱的消息,又看到他的遗书,诸葛亮感慨颇多。

马谡死的时候三十九岁,而他的哥哥白眉马良死在夷陵之战时才三十六岁,兄弟俩年纪轻轻就这么一前一后去了,诸葛亮心中一阵悲哀。

刘备生前已经看出了诸葛亮有重用马谡之意，所以在临终时告诫诸葛亮，马谡言过其实，不可大用。诸葛亮却为私情所困，完全把刘备的忠告抛在脑后，最终酿就大祸，诸葛亮心中一阵后悔。

南征之时，马谡"攻心为上"一度成为诸葛亮的行军打仗原则，结果证明对于降服南蛮非常有效，足见马谡还是挺有谋略的，诸葛亮心中一阵可惜。

但是诸葛亮错误地摆放了马谡的位置，赶鸭子上架，硬是逼着一个参谋人员去带兵作战，导致街亭惨败，北伐夭折，诸葛亮心中一阵痛恨。

各种感触交织在一起，诸葛亮再也忍不住了，于是他亲自去吊慰马谡的魂灵。正是自己将马谡推入万劫不复的深渊，诸葛亮痛心疾首，在祭奠时拼命地大哭一场，让十万大军陪着掉泪。

对马谡的遗孤，诸葛亮百般抚育，甚至比马谡生前还要恩厚。

蒋琬也认为马谡是一个不可多得的人才，为此叹息不已，春秋时期，城濮惨败之后，楚成王逼得臣引咎自杀，对手晋文公幸灾乐祸。如今天下未定，一个智谋之士就这么死了，岂不可惜？

诸葛亮心中更是悲痛，回答蒋琬的话说，孙武之所以能够横扫天下，就是因为执法严明，不徇私情。所以晋悼公的弟弟扬干胡作非为，司马魏绛就把扬干的下人杀掉。现在天下四分五裂，战争才刚刚开始，如果随意乱了法纪，以后还怎么打仗？

诸葛亮仔细反思了第一次北伐失败的教训，认为并不败在军队数量上。当时出兵祁山、箕谷两路时，总数超过十万人，远远多于曹魏的守军，可是最后还是以惨败收场，实在是匪夷所思，可见兵在精而不在多。于是诸葛亮开展大练兵运动，讲习兵法，着眼于培养蜀汉民众的尚武精神，以图日后东山再起。

回到成都，诸葛亮家中还增添了一件大喜事，就在去年率军进驻汉中之后四个月，建兴五年(公元228)七月，儿子诸葛瞻诞生了。诸葛亮即将半百之际，天赐麒麟，喜得一子。此时黄氏也年过四十了，诸葛瞻应该是诸葛亮的小妾所生。诸葛亮在给李严的一封书信中，提过自己纳妾的事，说他自己的生活俭朴，阿斗赏赐的八十万斛粮食，如今消耗得差不多了。家中钱财也不多，就连小妾换身的衣服也没有。(吾受赐八十万斛，今蓄财无余，妾无副服。)

而诸葛谨过继给自己的儿子诸葛乔也有二十四了，至于生下诸葛瞻之后，

有没有考虑把他还给诸葛瑾？不得而
知。诸葛瑾对诸葛乔还是挺关心的，怎
么说也是自己的亲生儿子，所以时不时
就写信过来询问情况。

此时诸葛乔已经是蜀汉的驸马都
尉，至于诸葛乔有没有娶刘备的女儿，无
从考证。那个时候的驸马都尉也就是掌
管皇帝出巡时的马车夫，薪俸二千石就
相当可观了，通常由皇室贵族子弟担任。

但诸葛亮对诸葛乔寄予厚望，决不
会让他整天陪着阿斗四处闲逛。为此，
诸葛亮让诸葛乔跟那些蜀汉官二代、富
二代们去艰苦的环境接受锻炼。诸葛亮

诸葛乔

北伐时，也把诸葛乔带在身边。即使诸葛亮回成都了，仍然让诸葛乔督领五六百
人，穿梭在崎岖不平的蜀道上，来回不停地搬运粮食。

经过一系列的整顿之后，蜀汉又慢慢恢复了元气，第一次北伐失利的伤痕
也渐渐愈合了，老百姓似乎都忘记了还有街亭之败。诸葛亮雄心再起，耐心地静
待良机，准备二次出征曹魏。

6.陈仓攻防战

诸葛亮第一次北伐屯兵祁山之时，没有忘记在东线还有一个自己的盟
友——东吴孙权。如果能邀请孙权也出兵北进，曹魏陷入两面作战，势必首尾不
顾，那么北伐胜利的可能性大增。于是诸葛亮给孙权写了封书信，大汉帝国很不
幸，纲纪沦丧，虽被曹贼所篡逆，一直到了现在。天下忠义之士都想推翻曹魏暴
政，可惜未能联手起来。诸葛亮深受刘备生前的嘱托，哪里敢不竭力尽忠？如今
大军云集祁山，旌旗飘扬，那些疯狂的贼寇即将葬身于渭水。亟盼东吴念及同盟
者的义务，派兵北伐，一起灭了曹魏，共同扶起倾覆的大汉帝国。

孙权接到诸葛亮的信件之后，深为他的忠诚决心所感动。现在诸葛亮正在

万里之遥的祁山闹得天翻地覆，身为同
盟军，都知道唇亡齿寒的道理，怎么可
以忍心待在一旁看热闹呢？于是孙权让
鄱阳太守周鲂，向魏大司马、扬州牧曹
休诈降，声称得罪了孙权，无法在东吴
待下去了，准备投降曹魏，希望曹大司
马南下鄱阳湖接应。

这个周鲂虽然鲜为人知，但是他的
儿子周处除三害的故事那可是千古流
传。曹休接到周鲂的密信后，赶紧上报
洛阳的曹叡。曹叡也一时头脑发热，那
就赶紧过去接应吧。周鲂一降，鄱阳湖
就落入曹魏的手中，马上可以将东吴拦
腰斩断，这是削弱东吴的难得契机啊！

周鲂

于是曹叡下令兵分三路，南下迎接周鲂的投降。曹休为东路，率十万步骑
兵，由寿春南下皖城；贾逵为中路，督前将军满宠等由西阳直取东关；司马懿为
西路，由上庸取道襄阳，南攻江陵。

尚书蒋济对曹叡的部署提出异议，一旦曹休深入皖城，跟孙权对峙，在荆州
一带的吴军朱然部就会包抄曹休的后路，随时可以把他包了饺子。

曹叡一瞧地图，果然曹休的态势挺危险的，马上命令司马懿停止前进，随时
准备待命。贾逵也不要取东关了，赶紧向曹休靠拢。

八月，孙权亲自坐镇皖城，任命陆逊为大都督，朱桓、全琮为左右都督，各率
三万人马，迎战曹休。

曹休急冲冲地到了石亭，只见数不清的东吴大军从四面八方杀喊着围拢过
来，曹休这才知道上了周鲂的大当。但他一点也不怕，手里头这么多士兵，孙权
想要蛇吞大象，绝不可能的。

不料局势马上发生了变化，陆逊派出一支奇兵，迂回无强口，绕到石亭侧背
后的夹石，突然间趁夜发起进攻。曹休措手不及，大溃而走，损失一万余人。幸亏
中路的贾逵及时赶到，吴军才迅速撤离。

郝 昭

石亭大战，东吴大获全胜，可惜踏错了节拍，这时候诸葛亮已经从祁山退回益州，曹叡的西线威胁已除，得以从容应付东线的战事，因而此战对诸葛亮并没有起到支援的作用。

九月，曹休在羞愤之中含恨死去。消息传到成都，诸葛亮听说曹休大败于石亭，关中的魏军都抽调到江淮一线，出现了一个大破洞，于是决定第二次北伐。

一出祁山，由于路途过于遥远，最终败北。所以这一次诸葛亮决定穿过陈仓道，直接进攻陈仓城，打一次短、平、快的速决战。但是曹真早已准确地料到诸葛亮的这一计划，所以让大将郝昭、王生守卫陈仓城。郝昭虽然在曹操时期只是一个默默无闻的杂号将军，但是实际上他的膂力惊人，富有谋略，比起曹操的五子良将，一点儿也不逊色。十三年前的逍遥津大战，悍将张辽仅以八百壮士就大破孙权的十万大军，成了三国战争史上以少胜多的战役中双方对比悬殊最大的一次。在这八百壮士当中，就可以看到郝昭的身影。郝昭还亲手宰杀了孙权的偏将军陈武，可见郝昭的确是一个猛男。

十二月，诸葛亮不顾蜀汉群臣的劝阻，给阿斗上了《后出师表》之后，率领数万大军，气势磅礴地走出了散关，把陈仓城围得水泄不通。

诸葛亮听说陈仓的守军只有一千多人，自己的兵力是守军的几十倍，就是每人踢一脚，也可以让陈仓城崩倒。但是兵力相差如此之悬殊，即使攻克了陈仓城，也是胜得不光彩。于是在攻城之前，诸葛亮先礼后兵，派郝昭的一个老乡靳详在陈仓城下劝降，力图和平解决。

郝昭站在城楼上乐呵呵地喊话，魏国的律法，你都会背诵的。我的为人，你比谁都清楚。我深受国家大恩，家门崇隆。你不必再啰嗦了，除了战死，我没有别的选择了。你回去告诉诸葛亮，做人要干脆一点，要攻城就只管派兵来攻吧！

靳详将郝昭的话一字不漏地转达给诸葛亮，诸葛亮还是不死心，又让靳详去招降。

靳详只好硬着头皮,站在陈仓城下大声叫道,郝老兄,你要考虑后果啊! 寡不敌众,只会自取其亡而已!

郝昭有点儿不耐烦了,气冲冲地回话说,我该说的前面都已经说了! 虽然我认识你,但是我的利箭是没有长眼睛的!

靳详只得知趣而退,回去报告诸葛亮。诸葛亮心中有点火了,不投降则死。我的兵力是你的几十倍,长安来的援兵不会一下子就赶到。我二三十个打你一个,还怕不能将陈仓城夷为平地?

战鼓敲得震天响,惨烈的陈仓攻防战开始了。诸葛亮几乎把他的聪明才智发挥得淋漓尽致,从天上、地上发起立体式的进攻。

战斗一展开,诸葛亮就下令架起了高高的云梯,推出了勾援云梯的攻城冲车,杀气腾腾地朝陈仓城而去。蜀汉的士兵们像猴子一般很快地爬满了云梯,而冲车也猛烈地撞在城垣上,发出隆隆的巨声。

郝昭立即下令朝云梯上蜀军射出火箭,烧得蜀军个个皮绽肉开,凄叫着坠落下去摔成肉饼。郝昭又把城中磨面粉的石磨都拉出来,串上绳子,然后投下去,只听见刺耳的碎裂声此起彼伏,那些攻城冲车顷刻之间成了一堆烂木头。

诸葛亮见利用器械直接攻城不成,就发明了高达百尺的井字形木栏,然后让士兵们爬上去,向城中射箭。又搬来土块填塞陈仓城的护城壕沟,准备直接攀援上去。郝昭就在城内又筑起一道城墙,挡住了蜀汉士兵的进攻。

到了最后,战斗从半空转移到地面上,又从地面上转移到地底下。诸葛亮让人挖了长长的纵向地道,准备从地底下突入城中。郝昭就在城内挖了横向地道进行拦截。

无论诸葛亮变出什么千奇百怪的花样,郝昭总是变戏法似的让诸葛亮的花样一个个失效。郝昭成了诸葛亮的大克星,经过二十多天昼夜不停的猛攻,陈仓城依然纹丝不动。这时候,曹真派来的费耀援军也来了,诸葛亮面临着更加严峻的形势。

与此同时,曹叡也把屯守于南阳方城的张郃调到关中去攻打诸葛亮。曹叡还在河南城摆下酒宴为张郃饯行,酒宴上曹叡对陈仓的局势有点担心,这么晚才把你调过去,就怕你还没有到,陈仓就已经是诸葛亮的了。

张郃对诸葛亮的后勤补给情况非常清楚,大军深入七、八百里的陈仓谷道,粮草绝对无法跟得上。他扳着手指头，掐算了几下，满怀信心地说，我到达陈仓时，恐怕诸葛亮早已撤退了。

果然当张郃昼夜兼程，还没有到陈仓时，诸葛亮军中粮草都吃光了，不得不退回汉中。曹军猛将王双率领一支精骑追击，诸葛亮设下埋伏，一举把王双打死。

击毙王双，成了诸葛亮唯一的战果，所以诸葛亮回到汉中之后，在定军山特地让人铸了一个铜鼎，沉埋在汉水河底，以表纪念。

此战，诸葛亮以数万大军，苦熬了二十多天，结果受挫于陈仓城下，最后因为粮尽而退兵，成了诸葛亮一生中最大的军事败笔。史载诸葛亮的养子诸葛乔也在这一年去世，年仅二十五岁。有可能就是在这次北伐之中，在汉中督运粮草时不幸身亡。

第二年（公元229）春天，诸葛亮卷土重来，发起了第三次北伐。将军陈式为先锋，率部出阳平关，进击武都、阴平二郡。曹魏的雍州刺史郭淮紧急援救，诸葛亮亲率大军突然杀到。攻打武都时，魏军在阵地前构筑了多重鹿角，把蜀军突击部队的一千多把大刀都砍卷了，让郭淮得意顺利撤退。诸葛亮也没有捞到什么大便宜，只好凯旋回成都。

不过这一次总算为前两次北伐失利挽回了一点面子，所以阿斗趁机赏赐了诸葛亮，让他官复原职，重新坐上丞相的位置，于是一切又重新回到了起点。

7.曹真的反击

诸葛亮回到成都没几天，孙权就来了一封文书，通告说四月十三日，孙权登上了皇帝位，改年号为黄龙。从此之后，蜀汉与东吴应当并尊二帝，互称陛下，地位平等。

孙权称帝的事立即在成都掀起了轩然大波。本来蜀汉认为自己继承汉室大统，最为正宗，曹魏只不过是篡逆的伪政权，未来天下的统一，一定要统一在蜀汉的旗帜之下。现在孙权又称帝了，而且竟然要跟蜀汉平起平坐，那岂不都乱了套？于是蜀汉的群臣们义愤填膺，曹魏逆贼未除，从半路又杀出一个程咬金。干脆名正言顺，跟孙权断交了事。

诸葛亮冷静地分析了时局形势，耐心地劝导群臣，孙权很早就怀着一颗僭号篡逆之心,我们之所以一忍再忍,就是因为有求于他。如果公开宣布与孙权绝交,必然导致双方关系恶化,我们也不得不加强在东方的防御工作。一旦跟东吴交恶,必须先把它灭了,然后才能谈论北伐中原的事。可现在东吴兵多将广,上下一心,要想平定东吴,那可不是一两天就可以解决的事。但是调兵防备,又分散了我们北伐的兵力,便宜曹魏贼逆,很不划算。现在人们都以为孙权只想安于三足鼎立的现状,不图进取。这样的看法似是而非。

陈震

为什么这么说呢?这是因为孙权的智谋与力量不够,无法跨过长江,只好划江自守,偏安一隅。孙权不过江北伐中原,跟曹魏不渡过汉水南攻益州一样,并非由于他们很笨,看到了好东西不想去拿,实在是因为心有余而力不足。如果我们出兵北伐,最好的是孙权先割占曹魏的疆土再做打算,最糟糕的是孙权趁火打劫,从侧背插我一刀。要是孙权能够按兵不动,跟我们和睦相处。让我们的北伐无东顾之忧,曹魏的大军为了防备东吴,也不能全部调往西线,那就是对我们的最大支持。所以我们万万不能公开谴责孙权僭号篡逆。

于是诸葛亮派遣卫尉陈震到东吴的都城武昌去祝贺孙权登上帝位。在给诸葛瑾的介绍信中,诸葛亮详细地介绍了陈震。他告诉诸葛瑾,虽然这个陈震看起来有点老,但是忠心耿耿,坚贞不二,一定能够竭力促成东、西两国永世的欢乐和合!可见,诸葛亮对蜀吴联盟期待依然颇大。

陈震到东吴之后,很快就跟孙权达成协议,两国消灭了魏国之后均分天下,豫、青、徐、幽四州归东吴,兖、冀、并、凉四州归西蜀。关中之地,则以函谷关为界。

两国订立盟约之后,极大地改善了双方的战略态势,得以专一向北。东吴没必要把防御重心继续放在长江中游荆襄一带,于是在建兴七年(公元 229)九月,孙权第三次迁都,从武昌迁到建业。

建兴七年(公元 229)十二月,诸葛亮也加强了汉中前线的防御态势。他把丞相府营向北推移到汉中南山（陕西南部米仓山）下的平原上，在沔阳筑了汉城，又在城固筑了乐城，跟南郑三点连成一线，形成一道坚不可摧的汉中防御体系。

此后魏蜀两国在汉中形成了长达半年之久的对峙，大家都躲在石头后面，暗中策划着下一场暴风雨式的攻势。

陈　群

魏国的大司马曹真觉得很窝囊，国家这么强盛，兵力这么雄厚，却屡屡遭到诸葛亮的欺凌。于是曹真向曹叡提议先发制人，大军从斜谷兵分几路，同时进击汉中，给诸葛亮一个措手不及，狠狠教训他一顿。

曹叡很欣赏曹真的进取精神，立即批准曹真的作战计划。

建兴八年（公元 230）七月，曹叡下令，驻守荆州的大将军司马懿沿着汉水逆流而上，经西城，从东路进攻汉中。驻守郿县的曹真由褒斜道从中路南攻汉中，跟司马懿会师南郑。陇右的张郃从西路进攻汉中。几路大军分进合击，来势汹汹，似乎有一口就把蜀汉吞下之势。

但司空陈群却竭力反对，以前太祖（曹操）发兵攻打阳平关的张鲁时，预先就准备了许多豆、麦以补充军粮。但是还没有打下阳平关，军粮仍然不足。这次进攻汉中，根本就没有做好任何准备，而且斜谷地势险峻，进退都很困难，运输军粮又容易遭到诸葛亮的截击。如果留下军队防守沿途各处险隘，又会造成兵力分散。不可不慎啊！

陈群是曹丕的三个托孤大臣之一，他的话曹叡不由不信。

眼见自己的计划就要被陈群杯葛了，曹真焦虑万分，又上书曹叡要求出兵子午道。

陈群好像故意要跟曹真作对似的，又在曹叡耳边唧唧歪歪，把曹真的作战计划批得一文不值。

曹叡把陈群的意见书交到曹真手中，让他自己看着办吧。

但这个曹真的脾气也不是闹着玩的，你是托孤大臣，我也是啊！凭什么要把我摆平？气呼呼地把陈群的意见书扔进垃圾堆之后，率领大军风风火火地直奔

李丰

汉中而去。

八月，魏军大举入侵的消息传到汉中。诸葛亮气得直跺脚，我还没有打你，你却先打我了。但这回魏军来势有点凶猛，诸葛亮不敢怠慢，赶紧部署军队迎战。他在南郑东边午道的出口成固、赤坂两城屯下重兵，严阵以待曹真的侵犯。此外，还提拔蒋琬为丞相长史，让他负责筹粮。

吴蜀结盟了，在江州布防简直就是浪费，于是诸葛亮把江州都督李严的两万人调到汉中去。上阵父子兵，江州的防务就交给李严的儿子李丰，一并负责李严的后勤补给。

当然诸葛亮倡导以攻为守，所以绝对不会消极防御的。为了夺回战场的主动权，诸葛亮派两个大将魏延、吴懿率一万精锐骑兵，展开外线进攻，长途奔袭近千里，深入河西走廊的凉州羌中，包抄张郃的陇西大后方。

诸葛亮祭出强有力的攻防组合，一举扭转了战局，显示出了高超的战争谋略，天平开始向诸葛亮倾斜。魏军的攻势被遏制之后，陷入了被动局面。

进入八月之后，滂沱大雨没完没了，连续下了一个多月。不但浇灭了曹真的进攻热情，也把魏军的后勤补给线冲垮了。栈道几乎走不过去，人员伤亡异常严重，粮草损失更是触目惊心，不是坠入山涧深渊，就是被诸葛亮的游击队毁坏了。魏军士卒不得不劈山开路，结果出兵一个月，才走完一半谷道。

曹魏朝廷上开始冒出了强烈的反对声浪。太尉华歆上书曹叡，要他先留心于内政事务，再考虑征伐大事。执政当国理应立足于民，民以衣食为本。只要老百姓填饱了肚子，不愁吃不愁穿，老百姓就会安居乐业。吴、蜀二贼的挑衅必定失败。

华歆

275

　　少府杨阜大骂曹真，天又大雨，士兵们转运粮草，困苦不堪，人力、物力浪费惊人。大军全部受困在穷山恶水之中，进退不得，还打什么鸟仗？

　　散骑常侍王肃也说，古书上说向千里之外的军队运输粮草，士兵们就会饿得面黄肌瘦。做饭前还要上山砍柴，士兵们就吃不饱也得不到休息。这说的还是平地作战的情况。如果是山地战，士兵们还要开凿山路前进，比平地作战艰苦百倍。更何况现在大雨瓢泼，山路陡滑，比登天还难。听说曹真走了一个月，才走了一半的路程。诸葛亮却在前方以逸待劳，等着我们去送死。这样打仗，焉能不败？

　　曹叡听得全身发毛，赶紧在九月下了一道诏书，命令魏军全线撤退。

　　实际上就是曹叡不下诏退兵，魏军也会被诸葛亮赶回去。

　　在西路，魏延等人到达羌中之后，取得了当地的原住民的支持，大肆招兵买马，扩充军力。张郃怕后路被断，急忙退回上邽，并让费耀、郭淮挺进狄道，对魏延和吴懿形成反包围。

　　十一月，魏延在凉州羌中大捞一把之后，准备返回汉中，结果在陇西郡阳谿与魏军费耀、郭淮等部狭路相逢。郭淮的人马下令堵住魏延的退路，并用拒马木将魏延的骑兵团团困住。

　　正在这危急之际，诸葛亮亲率大军从汉中的成固、赤坂直奔陇西而去，出了祁山，突然间出现在阳谿魏军的背后，跟魏延、吴懿内外夹击，蜀军气势大盛，在狭窄的山道上大开杀戒。杀得费耀、郭淮的人马屁滚尿流，不得不撤到狄道，固守待援。不久，张郃率兵来援，但是诸葛亮早已安然退回汉中。

　　孙权听说诸葛亮在西线大获全胜，于是在十二月扬言要进攻合肥。征东将军满宠连忙上书曹叡，请求调派兖州、豫州的军队向合肥方向集结。可是魏军的大部队一到，孙权立马消失得无影无踪。孙权的游击骚扰动作虽然未能取得任何战果，但是牵制了大批的魏军，支持了诸葛亮的北伐行动。

　　曹真偷鸡不成反蚀一把米，第四次北伐至此以魏军的大败而告终，此役诸葛亮总算痛痛快快地扬眉吐气了一回。高兴之余，立即下令大行封赏。封魏延为前军师、征西大将军，假节为南郑侯。封吴懿为左将军、高阳侯。

　　魏延趁机再向诸葛亮提出建议，仿照当年刘邦跟韩信的故事，拨出一万人马给魏延，让他与诸葛亮分路北伐，最后会师于潼关，但仍然被诸葛亮拒绝。魏延自此常常宣称诸葛亮畏敌如鼠，悲叹自己怀才不遇！

第十一章 | 鞠躬尽瘁

司马懿躲猫猫
偷鸡不成蚀把米
战争总动员
死磕五丈原
既是敌人又是知己
留得英名在人间

1.司马懿躲猫猫

击退曹真的入犯之后，诸葛亮似乎看到了战胜曹魏的希望，决定挟大胜之余威，发动第五次北伐。

第二年（公元 231）二月，诸葛亮率领八万大军出征祁山。俗话说大军未动，粮草先行。后勤补给一直是诸葛亮北伐战争的短板，几次北伐都是因为粮草跟不上而被迫退兵。

为了彻底解决粮草问题，诸葛亮从软硬件两方面加大投入。

首先，让李严为中都护，署理丞相府事，专门负责粮草的统筹与转运工作。这个李严跟诸葛亮一道，都是刘备的托孤大臣，他的才干能力值得信赖。所以诸葛亮对他筹运粮草十分放心。李严为了让筹运粮草一路平安顺利，把自己的名字改为李平。孰料改名之后更加不吉利，并给他带来了灭顶之灾，这是后话，此处不赘。

然后就是一件新式的运输利器——木牛问世了。据说木牛跟之后的木牛流马都是诸葛夫人黄氏发明创造的，但是真相不得而知，甚至后人连木牛流马是什么模样也不清楚。现在投放战场的木牛应该是一种前后左右各有一个支脚的独轮车，由人力推送。人每走出两米，木牛就会前进四步。它的运载量很大，可以载运一个人一年的口粮。而且不需要多大的推动力，每天就可以行走二十里，轻盈便捷，堪称古代科技的一大发明。在战争史上的意义完全跟美军研制的战场机器狗相媲美。

最后，在靠近祁山的武都与阴平，建立了北伐大军的前进基地。

这时候魏军的防御态势是，贾栩和魏平守祁山、费耀守上邽、郭淮屯兵狄道、曹真与张郃屯兵于长安城。诸葛亮的进攻对象主要是贾栩和魏平、费耀。为了牵制郭淮，诸葛亮还跟千里的鲜卑部酋长轲比能取得联系，让他率部迁徙到石城（今甘肃皋兰）。可见诸葛亮"西和戎狄"的民族政策还是卓有成效的。

战役还没有开始，魏国的西线统帅曹真就病入膏肓，正在黄泉路上踽步独行着。曹叡紧皱眉头，赶快把荆州的司马懿召到洛阳委以重任，西线的战事正紧着呢，除了司马先生外无人可以信任。

司马懿到了长安不久，曹真就归西了。司马懿从此代替曹真，做了西线魏军的总指挥，一直跟诸葛亮周旋到底。诸葛亮从此也将面对一个崭新的对手。

知彼知己，百战不殆。诸葛亮对司马懿的了解可以说是一片空白，司马懿却早就把诸葛亮行军打仗的特点研究得透透的。司马懿发现，诸葛亮确实很会打仗，跟他直接交手，往往胜少败多。但诸葛亮有一个致命的弱点，那就是粮草补给最多只能撑一个月。这也难怪，蜀道那么难走，就是背着小包旅行也会把你累到吐血，更何况是要解决十万大军的吃喝拉撒。

经过研究，司马懿决定采用当时散骑常侍孙资献给曹叡的战术，这个战术归纳起来只有一句话，你狠任你狠，我自巍然不动。无论诸葛亮怎么厉害，我就躲在石头后面不跟你做任何接触。别人跟你斗智斗勇，我就和你比粮草。你总有把粮草都吃光的那一天，就不信那时你还会赖着不走。兵书上不是说过吗？不战而胜，善之善者。

老将张郃对魏军两头重中间轻哑铃式的兵力部署实在有点儿担忧，东边的长安、西边的陇西重兵云集，可是中间的郿县、陈仓没有几个兵。万一诸葛亮乘隙而入，那岂不是将魏军的防御体系一刀切成两半？于是建议新统帅司马懿分出兵力，驻守雍县、郿国，以掩护大军侧背后。

司马懿当即否决，要是祁山的守军能够挡得住诸葛亮的进攻，那你的部署完全合理。但是兵分三地，很容易被诸葛亮各个击破。

于是司马懿留下费耀、戴陵的四千精兵固守上邽，其余的倾巢而出，西救祁山。

但是司马懿很快就后悔了，原来自己中了诸葛亮围城打援之计。诸葛亮只留下一部分兵力围困祁山的贾栩和魏平，自己亲率大军直扑向东北的上邽。

在狄道的郭淮本来准备去救祁山，现在听到上邽危急，连忙扭转方向，朝上邽而去。还让人跟上邽的守将费耀约定，内外夹击诸葛亮。诸葛亮毫不客气地将郭淮、费耀两人打得鼻青脸肿，灰头土脸而逃，把上邽拱手让出。

诸葛亮攻下上邽之后，正值大麦夏熟，到处都是黄橙橙的一大片。诸葛亮登时眉开眼笑，军中正缺乏粮草，二话没说，下令赶紧把大麦都抢回家。

等蜀军把田里的麦割得只剩下光秃秃的麦秆时，司马懿这才到了祁山附近。又听到上邽陷落的消息，司马懿气得两眼冒烟，只好扔下祁山不救了，掉转马头向西,结果在上邽的东部碰到了诸葛亮的大军。

司马懿还有自知之明,心中很清楚跟诸葛亮直接交手绝对没有好下场,就抢先占据了上邽附近的险要山地,扎下营寨之后,任凭诸葛亮如何挑战,司马懿就是不出战。

相持了数日之后,上邽割来的大麦也所剩无几了,诸葛亮求战不得,只好退回祁山大营。一则缩短战线,二则诱敌出战。

蜀军一退,司马懿果然从乌龟壳里钻出来,尾追到卤城。

张郃对司马懿畏首畏尾的动作有点儿不满,劝说道:诸葛亮远道而来,寻战不得,所以想办法把我们骗出来。但正中我们的下怀啊,祁山的贾栩和魏平知道援兵就在附近,固守的决心更加坚定了。我们正好可以分出一支奇兵,包抄蜀军的后路。现在诸葛亮势单力薄,粮草又吃光了,马上就会退兵。不能就这样畏葸不前,错失了歼灭蜀军的良机,让大家看了心寒。

无论张郃怎么说,司马懿就像一只蚂蚁,慢吞吞的,远远地跟在诸葛亮屁股后面。每前进一步,就要停留大半天。好不容易到了祁山,马上下令全军将士一起动手挖土筑营垒,就此蜗居下来,又是不肯出战。

看得帐下诸将心中直叫憋屈,暗自埋怨曹叡派什么人不好,非派了一个胆小鬼前来统兵作战。贾栩和魏平两个人更是不满,天下哪有不想打仗的将军?又见诸葛亮大营那边人头攒动,旌旗摇晃,很快就要撤军了。贾栩和魏平再也憋不住心中的愤懑,大骂司马懿,你怎么畏敌如虎,一见诸葛亮就躲藏起来?岂不被天下人所耻笑?

司马懿一声不吭,被部将逼急了,干脆把看家的本领拿出来,假装生病,自己关在营帐中。任凭众人在外头大呼小叫,司马懿就是紧紧捂住耳朵,权当没听见。

这下子惹毛了魏军的大大小小将领,他们不分白天昼夜,都围着司马懿,连最难听的话也骂出来了。吵得司马懿不得安宁,再这样恐怕就要兵变了,司马懿只好硬着头皮出战。

五月初十,司马懿兵分两路,一路由张郃率领,抄袭诸葛亮的背后南围阵地。一路自率主力沿着大路,直冲诸葛亮的祁山大营。

诸葛亮听说司马懿出动了,立刻派出魏延、吴班、高翔迎战。蜀军气势如虹,如同猛虎下山，一下子就把司马懿杀得溃不成军。魏军在祁山出现了名副其实的丢盔弃甲，留下三千具尸体，五千副铁甲，三千一百个角弩（魏军的远程射击利器）之后，抱头鼠窜而走。

张郃更是鼻梁碰着锅底灰，倒霉透了，在南围碰到了诸葛亮的特种部队——无当监王平统帅的无当飞军。张郃虽然号称曹魏的悍将，但是从来没有遇到过如此厉害的对手。打山地战正是无当飞军的拿手好戏，那些剽悍的青羌猛士依靠着坚固的阵地，不是射箭就是投掷标枪、扔石块，各个箭无虚发，压得张郃抬不起头来。眼见自己的部下一个个割稻草似的纷纷倒在无当飞军手下，张郃顿时傻了眼，再进攻恐怕连自己的性命都要搭进去了，只好灰溜溜地下令撤军。

这一战把司马懿打惨了，那些叫嚣要狠狠教训诸葛亮的人再也不敢吭声了，只好跟着那只死蚂蚁，乖乖地躲进营帐里，也不敢对诸葛亮有任何非分之想。于是两军又形成了郁闷的对峙。

2.偷鸡不成蚀把米

但是一对峙，诸葛亮就愁眉苦脸，因为军粮真的吃光了。偏偏这时候阴雨不断，负责筹粮的李平派来了参军狐忠、督军成籓来到祁山大营告诉诸葛亮，阿斗下令，粮草不济，丞相立即班师回朝。

本来诸葛亮已经和李平商议好了，此次北伐诸葛亮已经做好了三个应对策略。最好的是切断魏军的粮道，其次是要李平确保汉中粮运顺畅，让诸葛亮能够与司马懿持久对峙，最糟糕的是退回成都，以待良机。

可现在阿斗下达命令了，诸葛亮不得不遵从，只好满眼泪涟涟，望着郁郁葱葱的祁山，连声长叹，退兵吧！

六月，蜀汉大军从祁山缓缓而退。眼见着蜀军一个一个从视线中消失，司马懿这才悟到自己犯了一个大错误，在卤城时如果能听取张郃的建议，也许这时候蜀军的战俘在通往长安的大道上排成长龙，望不到尽头了。司马懿有点心慌了，如果再不有所行动，恐怕自己真的就会成了人们饭后茶余的笑料。

于是司马懿给大将张郃下了一道命令，现在诸葛亮退师，归心似箭，你冲上去胡乱砍一阵，定有斩获，哪怕是抓一两个俘虏回来也好。

张郃吓了一大跳,司马懿到底是哪根脑筋短路了?兵书上说,归师勿遏,围师必阙,穷寇勿追。意思是说,敌人退回去了,你就不要去打扰他,以防冷不丁回过头咬你一口。包围敌人,一定要故意留下一个缺口,这样才会扰乱敌人的军心,让他们觉得有希望突围了,就不会死命抵抗。至于那些已经被逼到墙角的敌人就不要再逼他了,就是兔子被逼急了也会咬人。

司马懿一向对自己的判断很自信,蜀军本来就饿得站不稳身子,现在撤退了都巴不得早点儿回家美餐一顿,哪里还有心思打仗?

他拍了拍张郃的肩膀,儁乂老弟啊!我为了让诸葛亮知难而退,把颜面都丢光了。现在不趁机捞一把,恐怕那些无聊的人还真的会喋喋不休,说什么诸葛亮在祁山大玩猫抓老鼠的游戏,因为老鼠藏匿得太深,抓不到,所以回去了。以后叫我在曹叡面前怎么抬起头来?

司马懿也有难言的苦衷,此时心中正悬着一个山大的鸭梨!

甭说了,张郃心中也是很沉痛的,我去追杀就是了。大不了马革裹尸,殒命沙场!

于是轮到张郃硬着头皮,勉勉强强带上一万骑兵,追赶诸葛亮去了。

这一回真的是司马懿失算了。

张郃追了四五十里,追到了木门道(今天甘肃天水牡丹镇),这里两旁高山夹峙,峡谷窄处只有一条羊肠险道。六十年前,东汉陇上豪杰段颖为了将羌人乱民聚歼于射虎谷,派遣一千人在这里结为木栅,宽只有二十步,长四十里,好像一扇长长的大门,把羌民关在囚笼中,然后纵兵攻击,大获全胜,故称之为木门。

诸葛亮早就料到魏军会追到这里,所以在两侧高山上埋下伏兵。张郃一进木门道,蜀军就搬出了诸葛亮研制的大杀器——连弩。瞬间乱箭齐发,矢如雨下。张郃躲避不及,正射中右大腿,血流如注,气绝而亡。可怜曹魏的一代名将在司马懿的瞎指挥之下,在诸葛亮的强弩之下白白丧命,至此曹操引以为傲的五子良将全上天堂去团聚了。可见司马懿的指挥艺术并不比诸葛亮高明多少!

射死张郃之后,司马懿也吓破了胆子,只好眼睁睁看着蜀军鼓乐齐奏,欢欣鼓舞地回成都去了。

木门道射死张郃

　　没想到在八月抵达成都之后,诸葛亮撞上了一件自出山以来从未见过的大奇事。李平听到诸葛亮撤军了,显得非常惊讶,汉中的军粮堆积如山,丞相为何就这么退兵?

　　李平又想以失职之罪杀掉督粮官岑述,为自己解脱。

　　啥?你说啥?诸葛亮甚至怀疑自己的耳朵听惯了战鼓惊天动地的敲打声,没办法听清楚李平说的人话。他对李平的疯狂行为表示了极大的震惊。难道不是李平派参军狐忠、督军成籓,千里迢迢来到祁山传达阿斗的圣旨,没有粮食了,要诸葛亮马上退兵。

　　诸葛亮进宫去见阿斗时,老实巴交的阿斗乐呵呵地问诸葛亮,相父啊,听说你这次退兵就是为了诱骗司马懿出战。可是怎么退到成都来,该不会是想把司马懿引到益州来吧?

　　诸葛亮哭笑不得,这是哪个家伙告诉你的?

　　阿斗最不会做的事情就是撒谎,况且在诸葛亮面前撒谎那简直就是班门弄斧。所以阿斗实话实说,还不是李平说的吗?

　　想也不用想,这一切全都是李平搞的鬼。

　　诸葛亮就把李平给他送去亲笔手写的文书、奏表通通搬出来。阿斗并不像人们所说那样糊涂,他的智商也蛮高的。不看不知道,一看气炸人。想不到李平这个托孤大臣,骨子里竟然是个十恶不赦的大坏蛋!

　　于是阿斗立即把李平叫来对质,李平一到,顿时瘫软在地,人证物证俱在,你就是有天大的本事也洗脱不了自己的罪名!

　　李平把头磕得震天响,结果还是无济于事。诸葛亮把李平之前的罪恶全都捅了出来,阿斗是百分之百站在诸葛亮这一边,一看相父生气了,阿斗马上显示出比诸葛亮更加生气,二话没说,右手一挥,李平头上的乌纱帽立即落地,所有的爵位一并剥夺,把他赶到梓潼郡思过崖去面壁思过。

　　曾经是刘备的托孤大臣、诸葛亮的副手,为何遭到如此无情的驱逐?诸葛亮向世人详实披露了李平鲜为人知的罪状。

　　建兴三年(公元225)三月,诸葛亮远征南中时,派遣卫尉陈震出使东吴。这个陈震是李平的老乡,南阳人。他在临行前提醒诸葛亮,李平此人很危险。陈震特意引用了南阳乡亲们讽刺李平的一句谚语,"难可狎,李鳞甲"。意思就是说李平身上长着鳄鱼一般厚厚的鳞甲,根本就靠近不得。李平在荆州南阳做官时就是一个酷吏,为了苛刻,只顾着自身的利益,常常跟周围的同事闹得很凶。

但是以刘备的知人善任,为什么会对如此一个小人委以重任,让李平做副丞相?实际上就暗示着刘备对诸葛亮并不是完全放心。刘备很清楚,自己死后,诸葛亮就是蜀汉唯一的巨无霸。刘备内心深处唯恐诸葛亮变成另一个曹操。为了制衡诸葛亮,刘备不得不煞费苦心,在他的身边安插一个反对者,万一诸葛亮出轨了,就会有人站出来替天行道。这个反对者就是天不怕地不怕的李严(现在叫李平)。

李平对自己的使命也心知肚明,所以一直坚守在白帝城——当年刘备升天之处。李平心中很清楚,永安宫就是自己的护身符。只要待在永安,任何人都奈何不了。

诸葛亮也不是傻瓜,跟刘备相处了这么多年,早就摸清了刘备的心理。只要有李平在,诸葛亮就芒刺在背。虽然说诸葛亮并没有篡逆之心,但是一个手握重权之人绝对不会容许身边多了一个碍手碍脚的人,更何况李平身负托孤之重,随时都可以对自己产生威胁。卧榻之侧岂容他人鼾睡,说的就是这个道理。所以诸葛亮早就盘算着如何把李平调离永安,然后逐步削弱他的威望和实力。

于是在建兴四年(公元226),诸葛亮借北伐之机,把驻防永安的李平调回江州,同时提拔征西将军陈到为都督,接手永安防务。四年之后,建兴八年(公元230年)八月,诸葛亮又借口北伐的需要,要把李平的两万部下调到汉中去。实际上是釜底抽薪,趁机解除李平的兵权。

李平是不会甘心任由诸葛亮宰割的,于是想出一条计谋,假惺惺地劝诸葛亮接受九锡,晋爵封王。一旦诸葛亮落入了自己的圈套,李平就可以名正言顺地打出旗号,以讨伐篡逆为名,一举扳倒诸葛亮。

诸葛亮一眼就洞穿了李平这个黄鼠狼给鸡拜年的伎俩,断然拒绝了李平的一片好心。并煞有介事地开玩笑说,如果能够灭掉魏国、斩杀曹叡,奉阿斗还洛阳,那时候跟你们一同受赏,即使给我最高奖赏十命,我也照拿不误,更何况是九锡。(十命可受,况于九邪!)

后人就想当然地误解为诸葛亮一旦北伐成功之后必然称帝,这可极大地冤枉了诸葛亮。实际上诸葛亮说这句话是在警告李平,我已经戳穿你的阴谋,不要再胡作非为了。

李平见一计不成，又生一计。那就是以交换兵权为条件，要求诸葛亮划出五郡，重新设立一个巴州，让自己担任巴州刺史（州治设在李平驻守的江州）。李平的这一分裂行为立即遭到诸葛亮的反对。

最后李平提出仿照魏国陈群、司马懿开府辟召之例，向诸葛亮勒索大权。诸葛亮对李平狮子大开口很是反感，由于北伐迫在眉睫，无心挑起内斗，所以提出了一个交换条件，李平把两万人马拉到汉中去，让他的儿子李丰接任江州都督。

在诸葛亮的紧逼之下，李平毫无还手之力，只好乖乖地离开了江州，再之后连手下的两万兵马也被诸葛亮以北伐为借口带走了，李平怀恨在心，就摆出了一个大乌龙。按诸葛亮的话说，"自度奸露，惧心遂生"，干脆一不做，二不休，先是借口阴雨连绵，筹粮困难，企图拖诸葛亮北伐的后腿。之后又假传阿斗诏令，把诸葛亮骗回成都，破坏了诸葛亮的北伐大计。最后东窗事发，被诸葛亮揪住了辫子，依法重处，贬为庶民。

3. 战争总动员

但是李平是托孤重臣，在蜀汉威望很高。罢免李平是一碟大菜，除了阿斗点头之外，诸葛亮还纠合朝中几乎所有的大臣，诸如刘琰、魏延、吴懿、高翔、吴班、杨仪、邓芝、刘巴、费祎、姜维、胡济等等一起联名上书，在形成强大的舆论之后，才将李平贬到梓潼郡去。

为了把风波控制在最小的范围之内，诸葛亮将李平的儿子李丰提拔为中郎将、参军事，并情真意切、循循诱导，让李丰跟随蒋琬，继续为国家服务。

李平事件之后，诸葛亮似乎受到了极大的震撼，加上连续五次北伐，国内一度陷入萧条。诸葛亮就静下心来，在汉中黄沙平原（陕西勉县）劝课农桑、讲武习兵，并在汉中斜谷建立了一个庞大的补给基地——斜谷邸阁。但运粮耗费惊人，每年所需要的帐篷、竹席就超过十万具以上，于是诸葛亮投入先进的运输工具——木牛流马，将粮食、战备物资源源不断地输往斜谷邸阁。

有关木牛流马的发明权，历来有三说。一说是诸葛亮的夫人黄氏所造。相传诸葛亮还没有出山之前，整天在南阳卧龙岗的草庐中与好友饮酒作乐。一次有个客人远道而来,诸葛亮看他肚子饿得像个瘪球,吩咐老婆,快弄点面条给这位老兄充实一下肚子。黄氏一转身,就端来了一大碗热气腾腾的面条。

诸葛亮很纳闷,这擀面的速度也太吓人了吧!就暗中跟踪黄氏偷看,一瞧吓得诸葛亮差点儿就要晕过去。想不到这小妮子还会"偷养汉子",当然只是几个木头机器人正在飞速地磨着面粉。诸葛亮也不顾什么男子汉大丈夫的尊严,赶紧跪求老婆将制造木头人的专利无偿地转让给自己。再之后经过诸葛亮的改良之后,就成了能够运行自如的木牛流马。

蒲 元

第二个说法是蜀汉的工艺大师蒲元发明的。蒲元曾经担任诸葛亮的西曹掾,精于金属冶炼,尤其擅长制刀术,堪称铸刀业的欧冶子。他曾经为刘备锻造了五千把大刀。诸葛亮北伐之时,因军中缺乏锋利的刀刃而发愁,就让蒲元在斜谷口建立一个兵工厂,专门打造了三千把锐利无比的大刀。刀成之日,再经过一道淬火程序,真正达到了削铁如泥、吹毛断发的程度。为了验证刀的锋利,蒲元亲手做了一个实验。他在竹筒里塞满了铁珠,然后举刀削砍,只听见丝地一声,如割水草一般,竹筒瞬间劈为两半,刀未起而铁珠纷纷落地,令围观者叹为观止,称之为神刀,名噪一时。

蒲元不但造刀技艺精湛,而且通晓各种工艺制造。诸葛亮北伐,苦于蜀道难行,运粮艰辛。蒲元就发明了木牛——独轮小推车,人走六尺,木牛就前进五步。

最后一个说法是诸葛亮让杜睿、胡忠等人在云南景谷县西南二十五里的白马山,按照自己的意思做木牛流马。应该首先运用在南中平蛮的山地战中,日后北伐时在汉中得到推广。

但不管是谁发明的,木牛流马并非永动机——能够自主运行的机器牛、机器马。木牛,就是小推车加个前辕,能够在崎岖的山地上前拉后推,增加载重量。流马,就是独轮小车。

此外,文献中还留下了制造流马各个零部件的详尽尺寸清单,今天就有许多好事者根据这个清单制造出千奇百怪的木牛流马。

诸葛亮在积极准备北伐的同时,还进一步巩固南中的局势。七八年之前,剿平南中孟获叛乱后,基本上安定下来。但是后来任命的南中最高长官——庲降都督张翼滥用刑罚,引发南中蛮夷的强烈不满,当地土豪刘胄又起来闹事。诸葛亮立即招回张翼,派遣曾经做过牂牁太守、参与南中平叛的参军马忠,接任庲降都督,很快就把刘胄叛乱镇压下去,使得南中重获安宁。

张 翼

蜀汉这边紧锣密鼓,正为北伐中原厉兵秣马时,作为同盟国的东吴要相对宁静得多。虽然孙权也跟曹魏发生过冲突,但都是雷声大雨点小,曹叡根本就不当一回事。

面对诸葛亮的咄咄逼人,曹叡采取了东顶西放的策略,把主要的兵力集中在西线。而在东线,除了在边境保持警备力量之外,曹叡基本上处于守势,甚至是被动的消极防御。

此时东吴国内的情况要比蜀汉好得多,由于未经过大规模的战事,所以经济高速发展,实力大增。除了在黄龙二年(公元230)孙权派遣吕岱率兵五万镇压五陵蛮之乱外,没有大的军事行动。甚至还有精力向海外扩展,派卫温、诸葛直统领甲士一万,横渡台湾海峡,远赴台湾岛去掠夺人口。

满 宠

但是平静的三年很快就过去了,黄龙三年,也就是蜀汉后主建兴十一年(公元233),沉寂已久的魏吴边境突然战火又起,孙权带兵偷袭合肥新城。

起因是魏将满宠提议将江淮之间重要的战略据点合肥的驻军,向后退却了三十里,新筑一个合肥新城,依险固守。刚刚开始受到魏国朝臣的大骂,不进反退,搞什么防守?但是颇具战略眼光的曹叡很快就批准了满宠的计划，因为这么做一旦孙权来攻，可以将之诱至平原，然后出动骑兵，抄其后路。实际上这是以退为进。

合肥新城完工之后，孙权很头疼，想拔掉这颗毒牙。但是合肥新城远离长江，所以孙权在江面徘徊了二十多天，不敢下船出击。

满宠料到孙权好大喜功，一定会在岸边耀武扬威，于是暗中在泚水埋伏了六千精兵。果然不出满宠所料，孙权不敢离船远攻合肥新城，所以就在长江岸边举行大规模的军事演习。结果满宠伏兵突然杀到，吴军猝不及防，当场斩首数百，落水而死的不计其数。

合肥新城大败之后，孙权觉得很没面子，又让将军全琮攻打六安，但依旧没有战果。

种种迹象表明，铁板一块的吴蜀联盟似乎正在酝酿着一场大风暴。特别是西线的诸葛亮，已经有三年没有行动了，根据谍报人员的回报，汉中几乎成了一个大兵营，塞满了数不清的士兵和战马，粮草物资堆积如山，每一天都可以听到兵戈相击的声音。

敏感的曹叡判断，诸葛亮很快就要动手了。而这回动手，非比寻常。于是曹叡积极备战，把大量的农民从冀州赶到西部的上邽，开展屯田运动。还下令疏通了关中的成国渠，修建临晋陂水库，灌溉农田数千顷，准备把关中打造成一个巨大的粮食基地，以增强对抗诸葛亮的实力。

看来魏、蜀、吴三国当家的都在认真地准备打大仗、打胜仗。

4. 死磕五丈原

建兴十二年（公元 234）二月，诸葛亮率十万大军，从汉中出发，经过褒斜道，向魏国的郿国发起进攻，拉开了第六次也是最后一次北伐的序幕。

因为魏军已经在陈仓城和祁山构筑了坚固的防御体系，所以诸葛亮决定穿越褒斜道，进袭魏军最薄弱的防区，以达到出其不意、攻其无备的效果。在出斜谷之前，诸葛亮也派人通知孙权，相约同时出兵，以形成两面夹击的有利局面。

两个月之后，诸葛亮走出了八九百里长的褒斜道，到达郿县渭水南岸。司马懿听说诸葛亮杀来了,连忙率领雍州刺史郭淮等诸将,屯兵于渭水之北。

曹叡也听说诸葛亮来了,心里非常担忧,让征蜀将军秦朗率步骑两万,增援司马懿。并给司马懿下达了一条死命令,你务必坚壁不战,挫挫诸葛亮的锐气,让他求战不得,求退也不得。时间一长,诸葛亮的粮草就耗光了,只好撤兵。然后我们浑水摸鱼,必能大获全胜!可见曹叡早就拟定好了应对诸葛亮的策略,司马懿只是忠实的执行者而已。

但是要如何抵挡诸葛亮,军中出现了分歧。大多数将领认为应当在渭水北岸,阻止诸葛亮过河。司马懿却认为,渭水南岸民居密集,一旦诸葛亮占领了,就会如虎添翼,战力倍增。于是挥军直渡渭水,在南岸凭险安营扎寨,背靠渭水,准备跟诸葛亮死磕到底。

对诸葛亮下一步行动司马懿做了一番预测,如果诸葛亮离开渭水南岸,越过郿县东边的武功,循着太白山向长安而去,那我们就有麻烦了。要是诸葛亮直接西上五丈原,那大家就高枕无忧了。

听司马懿这么一说,诸将都把心提到嗓子眼上。不久斥候来报,诸葛亮在五丈原筑下营垒,就此驻扎下来。魏军诸将这才松了一口气。

五丈原位于八百里秦川的西段,高约六百五十米,南北长七里,东西宽三里,前阔后狭,最窄处仅有五丈,故名五丈原。五丈原就像一只琵琶竖立在秦岭上,头上顶着渭水,东西两侧都是深沟。

前几次北伐,诸葛亮的作战方针是速战速决,尽管多次深入魏国境内,却因为粮草不足,不得不主动放弃各个桥头堡,退回汉中,结果劳而无功。但现在经过三年的精心准备,军中粮草完全足够支撑打一场持久战。于是诸葛亮改变了作战方针,先求得在渭水站稳脚跟,在魏国境内打入一个楔子,切断关中通往陇右的大道,而后再徐徐向关中扩张。

所以司马懿对诸葛亮的战略意图判断出现了偏差,未免高兴得太早了。雍州刺史郭淮却看穿了诸葛亮的计划,忧心忡忡地告诉司马懿,接下去诸葛亮一定会跨过渭水,抢夺北原。我们赶紧先发制人,先把北原占了。

魏军诸将不以为然,我们挡住他东进的去路,就是把北原白白送给诸葛亮,他又能如何?

郭淮哭笑不得,各位老兄啊,如果诸葛亮占据了北原,他的双脚就牢牢地踏在渭水南北两岸，切断了关陇要道。陇右地处偏远的西陲，那里的夷狄不服朝廷，早就有叛逆之心。诸葛亮就是看到这一点，整天高喊着西和诸戎的口号。所以三番五次兵出祁山。他的目的就是侵占陇右之后，拉长我军的战线，积小胜为大胜，最后攻取长安。所以一旦北原失陷，夷狄就会闻风而叛，那对我们可是有百害而无一利！

郭　淮

这个郭淮确实很有眼光，看到了就是司马懿这样的高人也未能看到的地方。

郭淮这么一说，司马懿也很着急，那你赶快过去把北原拿下了吧！

郭淮刚到了北原，连防御工事都没有筑好，士兵们就哇哇大叫，诸葛亮派大军来抢夺阵地了！郭淮赶紧下令堵截，经过了一番激烈的战斗之后，总算把诸葛亮的进攻部队打退了，北原保住了。

跨据渭水南北两岸的计划落空了，诸葛亮只好在五丈原挖深沟、筑壁垒，与司马懿形成了对峙，同时派兵西取散关等地。此外，诸葛亮还让虎步监孟琰带领一支精锐的步兵，去占领武功小河以东十里一个叫马冢的高地，以保护五丈原大营侧翼的安全。

这时候魏军又慌张了，诸葛亮突破渭水不成，一定是改变了进攻方向，取陇右去了。但是足智多谋的郭淮马上又识破了诸葛亮的计谋，这是他的声东击西之计，想把我们都骗到西边去，然后乘机进攻渭水北岸的阳遂。

司马懿一听，郭淮说得还真有理！于是又派郭淮、胡遵去守阳遂。当夜，蜀军果然前来袭击阳遂，但魏军早有准备，又是无功而回。

诸葛亮这才长声感叹道，魏国的人才实在是太多了！不但做皇帝的英明，底下的谋臣、战将个个都是深藏不露！

春季大雨连连，渭水暴涨，武功水以东马冢上的孟琰回不去了，于是司马懿在三月二十日派出精锐骑兵一万余人，把马冢高地围得铁桶一般。诸葛亮连忙

假痴不癫司马懿

制造车桥，架在武功水上，然后派兵援救。蜀军过去之后，朝着魏军没头没脑地乱射箭，掩护孟琰顺利地撤回五丈原。

这时候又传来山阳公——汉献帝刘协在三月初六病死了。诸葛亮虽然从未跟刘协谋过一面，但是这位同龄人一度是飘扬在心中的一面旗帜。诸葛亮无比同情刘协的遭遇，为了将他从许都的牢笼里解救出来，诸葛亮曾经跟着刘备东奔西走，不辞辛劳，乃至于乐此不疲。如今这面大旗倒下了，诸葛亮感到无比的惆怅与无奈，兴复汉室之路，何其遥远，何其艰辛啊！

由于战局一时无法打开，诸葛亮只好做最坏的打算，那就是分兵屯田，以为长久之计。你既然想打持久战，我舍命陪君子，就跟你耗到底！

于是让一部分士兵脱下军装，转业成农民，拿起锄头，在渭水沿岸与当地的居民一起耕作。军民之间井水不犯河水，和谐相处，老百姓倒也安居乐业。

这一招倒让曹叡和司马懿等人始料不及，但既然到了这个地步，那大家只好死磕到底，看谁撑得久？正在这时候，从东线传来了坏消息，孙权与西线的诸葛亮遥相呼应，兵分三路，全线发起总攻。

孙权亲自率领号称十万大军，进攻合肥新城。

陆逊、诸葛瑾率兵一万，从江夏、沔口进攻襄阳。打虎亲兄弟，这下子可热闹了，诸葛兄弟两人同仇敌忾，携手共赴沙场，可惜谁也没有料到，这是最后一次合作了。

孙韶、张承进至淮县，进攻广陵、淮阴。

曹叡陷入了两面作战，但是他一点也不慌张。西线的司马懿和诸葛亮正进入胶着相持阶段，正好为东线反攻孙权提供了契机。于是曹叡一改过去东顶西放的策略，变为东攻西守。一边命令司马懿务必牢牢盯住诸葛亮，一边又亲率大军南下迎击孙权。

六月，魏将满宠准备救援合肥新城。殄夷将军田豫劝说，孙权进攻新城，图的并非蝇头小利，实际上是在放长线钓

田　豫

大鱼。新城这么坚固，我们就让他攻好了。孙权攻不下，自然泄气而去。所以我们不要出动援兵，以免掉进孙权挖好的坑。

于是满宠重金招募敢死士，绕到孙权的背后，把吴军的攻城器械全都烧毁了，还射死了孙权的侄儿孙泰。这时候吴军已经连续作战了两三个月，军中出现瘟疫，再听到曹叡南下的消息，只好下令撤退。除了陆逊、诸葛瑾进攻襄阳，斩获一千多人之外，吴军并未取得预期的效果。

东线的吴军一跑，西线的诸葛亮就有压力了。司马懿严格遵照曹叡的命令，无论诸葛亮如何挑衅，就是坚守不战。因为过去双方的交战经验告诉司马懿，跟诸葛亮短兵相接，是绝对打不过他的。打赢诸葛亮只有一个办法，那就是拖。蜀汉毕竟只是一个小国，诸葛亮倾国而出，总有把国库挥霍一空的那一天。而那一天，就是诸葛亮的战败日。于是从五月份对峙到八月份，一直拖了一百多天。魏军大营门口天天就悬挂着一张免战牌，好像五丈原上面的诸葛亮根本就不存在似的。

一个人最怕的就是别人对你熟视无睹，没把你放在心上，让你首先就输掉了心理上的优势。而高手之间的对决，心战为先。谁占据了心理上的制高点，谁就是胜利者。

诸葛亮似乎觉察到已经在心理战中输给了司马懿，他不像司马懿那样心无杂念。在司马懿的背后，站立的是一个英明果断的曹叡，更有一个强盛的国家。即使打倒了一个司马懿，曹魏仍然屹立不倒。可是诸葛亮是蜀汉的最后一道屏障，更是蜀汉的擎天柱。诸葛亮的左肩上站立着一个阿斗，厚道有余，果断不足，根本就不是曹叡的对手。诸葛亮的右肩上站立着千百个官吏，勤勉有余，才干不足，根本就不是司马懿、郭淮等人的对手。如果诸葛亮倒下了，蜀汉的天也就崩塌了！

形势比人强，纵然自己有通天彻地之才，恐怕也是无力回天。诸葛亮很清楚，一旦曹叡和司马懿祭出了"拖字诀"这个法宝，自己必输无疑。与司马懿对峙的一百多天里，每一天都是在焦虑不堪中度过。诸葛亮很想撤退，但这一回不能再撤了。年复一年，日复一日，已经五十四岁了，过度的操劳早已把诸葛亮变成八十岁的老头。诸葛亮已经退无可退了！难道要等到自己白发苍苍，拄着拐杖，步履蹒跚地走到祁山，再进行北伐吗？

5.既是敌人又是知己

尽管司马懿是个可恨的敌人，但是诸葛亮并没有觉得司马懿很可恶。可恨跟可恶完全是两码事，诸葛亮恨司马懿，恨他对自己了解得太深，简直就是心有灵犀一点通。如果这个世界上只有一个知己，那也许就是司马懿。知己可以是朋友，也可以是敌人。但既然是知己，那就不应该觉得可恶。

于是相持的一百多天中，诸葛亮和司马懿既是敌人，又成了一对奇特的朋友。英雄惜英雄，两个人彼此视为知音，却不得不冷眼相对，都恨不得把对方置于死地。事实上，就是有血海深仇的两个人，一旦平静地相处一百多天，也会化敌为友的。

所以司马懿觉得诸葛亮很可敬，诸葛亮觉得司马懿很可亲。两人都爱好音律，如果不是战争残忍的割裂，也许诸葛亮和司马懿会并肩坐在一起，温馨地抚琴奏乐。

在五丈原的那段日子里，诸葛亮觉得很寂寞，不由地想起南阳卧龙岗时期的美好时光。五六个好友相邀月下，毫无拘束地谈天论地。诸葛亮忆起了徐庶，忆起了石韬，忆起了孟建。当他知道徐庶跟石韬北投曹魏之后，徐庶官做到了御史中丞，石韬也成了一个郡守。诸葛亮不由地感慨万分，魏国真是邪门，连徐元直和石广元这样的大才也混得不尽人意！

而那位患得患失，老是有思乡情绪的孟建，也做了凉州刺史、征东将军。诸葛亮特别想念他，虽然凉州就在陇西的北面，在第四次北伐期间，魏延一度深入羌中，逼近凉州。但是各为其主，诸葛亮并不想去骚扰这个老朋友。

时光飞逝，一晃就是三四十年了，恐怕就是在沙场上刀枪相见，自己也未必认得出孟建其人。诸葛亮实在想啊，于是委托司马懿，让他的军师杜袭替自己去问候一下孟建！

虽然结果不得而知，但是诸葛亮能以私事相托，可见对司马懿这个冤家对手的信赖非同一般。

但是公事归公事，私事归私事，诸葛亮绝不可能跟司马懿握手言和的。这个老对手即使再可亲可爱，还是要将他打倒的。于是诸葛亮想尽了所有的办法，司马懿仍然是死猪不怕开水烫，厚着脸皮，就是不出战。

诸葛亮没辙了，只好给司马懿送去一套漂亮的女人服饰，吩咐使者告诉司马懿，这是诸葛丞相特意按照司马懿身材的尺寸定做的，绝对合身，望他欢心收下。

司马懿当然不高兴，比收到一大桶毒酒还要生气。而帐下的诸将更是暴跳如雷，埋怨司马懿，就是因为你怯战、避战，故而被诸葛亮所鄙视，现在欺负到头上来了。一个堂堂的统帅，竟然沦落到与妇人为伍的地步！

魏军大营犹如平地起雷，顿时人声鼎沸，那些将领们咆哮着要冲出大营，跟诸葛亮拼个你死我活。

司马懿也是异常激动，涨得脸都发紫了。既然大家都想打仗，那我立刻禀告皇帝，批准我们痛痛快快地杀一场。

司马懿就向曹叡送去了请战书，说是被诸葛亮所辱，现在是群情激愤，要求一战。曹叡接到请战书，很是纳闷，司马懿到底在搞什么鬼？我不是下过诏书，在诸葛亮粮尽退兵之前不许出战？

曹叡还真是怕司马懿一时忍不住，破坏了既定"坚壁不战"的策略，就让卫尉辛毗，一个德高望重的老人，拿着曹叡御赐的拐杖，来到了司马懿的大营中。

据诸葛亮派去的间谍回来报告，曹军大营沸沸扬扬的，那些将领像老虎一样争着要冲出大营，没想到一到门口，就被一个白发老头儿横着手中的拐杖挡住了去路。

诸葛亮说道，一定是辛毗这个老家伙了！手中拿着的可不是拐杖，那是皇帝御赐的黄金斧头！

护军姜维感到很不妙，糟糕啦！辛老头儿一来，司马懿更不会出战了！

诸葛亮苦笑说，司马懿本来就不想出战，因为被部下逼急了，所以向曹叡强烈求战。把主子抬出去，压一压沉不住气的那些人。兵书上说，将在外，君令有所不受。假如司马懿真的可以把我们致于死地，何苦千里求战？

辛　毗

姜维一副苦瓜脸，如此说来，我们当真拿司马懿没办法了。

诸葛亮说道，没有办法就是最好的办法。我们就在这里扎根下来，跟老百姓一起屯田。同时利用木牛流马，加紧运粮。司马懿能熬多长时间，我们就陪他熬多长时间。

司马懿也是狡猾的很，每次诸葛亮的使者一到魏营，司马懿就盛情款待，跟他热乎乎地聊天拉家常。当然不是想套取军事情报的，一个下等人绝对不会知道诸葛亮的核心秘密。司马懿跟他交谈，都是那些无聊的杂事碎事，什么诸葛亮每天几点睡觉啊，一次吃几碗饭啊什么什么的。

使者告诉他，诸葛亮根本就没有时间休息，军中大事小事无不一手抓。凡是受罚二十大板以上的案件，诸葛亮都要审问、阅览案宗。每天吃的也很少，不过几升而已（一升大概二三十克，诸葛亮一天三顿食量不过半斤）。

好了，就谈到这里！司马懿对身边的人说，诸葛亮吃得少干得多，他还能撑多久？

司马懿在给弟弟司马孚的信中对战胜诸葛亮非常有信心，诸葛亮虽然志向高远，但是不注意细节问题。诸葛亮虽然足智多谋，但是缺乏果断。诸葛亮虽然喜欢用兵，但是不懂得应变。虽然率兵十万，却早已中了我的圈套，必败无疑。（亮志大而不见机，多谋而少决，好兵而无权，虽提卒十万，已堕吾画中，破之必矣。）

司马懿不愧为诸葛亮的知己。自进军五丈原以来，诸葛亮几乎变成了一台永动机，日夜不停地做高速运转。不仅已经处在高负荷状态，更可怕的是由于没有注加足够的燃料，甚至连润滑剂也没有抹上，所以这台机器已经伤痕累累，现在除了吱嘎吱嘎响之外，马上就要停止运作了。

诸葛亮过度劳累，已经吞咽不下更多的米汤了，身体健康一落千丈，各种毛病纷至沓来。但比生病更加痛苦的还是精神上的摧残。诸葛亮只觉得眼前不停地晃动着无数人的身影，刘备、关羽、张飞、赵云，还有庞统等等，他们正用无比期待的目光盯着自己，那种目光甚至有点可怜，令人不忍对视。最让诸葛亮揪心的是幼主阿斗，虽然憨厚，也不乏聪明，但是离英明的君主还有十万八千里之遥。而且临世经验不足，很容易在大风大浪中倾覆。

至于家事，诸葛亮也顾不得许多了。儿子诸葛瞻已经八岁了，长得是八面玲珑,聪颖异常,四书五经,无不精读。无论是谁,见了诸葛瞻之后,都纷纷竖起大拇指,果然是有其父必有其子啊,把诸葛瞻捧得比天高。诸葛亮却忧心忡忡,不久之前曾经写信告诉哥哥诸葛瑾,瞻儿聪慧可爱,固然可喜,但是如此早成,恐怕难成大器啊!刀锋磨得太快太锋利,砍起东西来虽然顺手,但也容易折断的。

诸葛瞻

子孙自有子孙福,宁留子孙一破书,不留子孙万两金。诸葛亮在给后主阿斗的遗书中写道:

成都有桑八百株,薄田十五顷,子弟衣食,自有馀饶。至于臣在外任,无别调度,随身衣食,悉仰于官,不别治生,以长尺寸。若臣死之日,不使内有余帛,外有赢财,以负陛下。

语句简单朴实,蕴含的感情却无比丰富,令人读了不禁潸然泪下。更让人不忍心去翻译成俗气的白话文,那简直就是糟踏。

这一次北伐恐怕是一生中的最后一战了,无论胜败,就此做一个了结。胜固然可喜,败的代价却万万承受不起。经历了这么多年的征战,早已搞得蜀汉民生凋敝,国库几乎一空,但换来的却是一次又一次的失败。国人渐已不堪,军心已遭动摇,再也无法忍受失败之痛。

但可恨的司马懿就是那样躲得深深的,宁可穿上妇女的衣服,也不愿出战。别说跟他交手,就是骂他几句出口恶气也做不到。眼见自己的身体每况愈下,胜利却越来越遥远。失眠、厌食、焦虑,还有各种疼痛,既有身上的,也有心上的,就像挥之不去的魔魇,紧紧缠绕着自己,令人呼吸窒息。

就这样,曾经坚强如钢铁一般的诸葛亮终于累垮了,垮在五丈原上的秋风萧索之中。

到了八月中下旬,诸葛亮仿佛一盏欲灭的油灯,忽明忽暗。阿斗听说诸葛亮病得奄奄一息,连忙派尚书仆射(尚书令的副官)李福过去探望,顺便问一下国家大事。但是李福到了五丈原之后,看到诸葛亮憔悴不堪的模样,实在不忍心跟

蒋琬

诸葛亮提起身后事。于是草草地问了几句之后,就匆匆忙忙地离开了。但是几天之后,李福又来了,站在诸葛亮的病榻前,蠕动着嘴唇,若有所言。

诸葛亮虽然病体沉沉,但是心中犹如澄澈的溪流一般,清亮如镜。这个时候李福去而复来肯定有问题,诸葛亮却什么也不问,就直接把问题的答案说出来,我知道李先生回来的意思,前几天唠唠叨叨了许多,话还是没有说完吧。所以今天一定要把话说清楚,是吧?李先生所问的那个人就是蒋琬。

李福吓了一大跳,几乎就要哭出来,前几天一直不敢请教,正是想问丞相百年之后谁可以做接班人?不料丞相未卜先知,那我又想问,蒋琬之后,该轮到谁呢?

诸葛亮轻声回答,费祎吧!

李福兴奋不已,这个诸葛亮还真神,干脆打破沙锅问到底,那费祎之后呢?

李福

结果让李福很失望,不知道是觉得蜀汉气数已尽,还是已经没有力气说话了,总之诸葛亮紧闭双眼,一个字也没有说。

6.留得英名在人间

指定好了接班人之后,诸葛亮仍然不安心。十万北伐大军,那些可都是蜀汉的子弟兵。可悲的是亲自带来了,却无法看着他们平平安安地回家。他们面临的敌人将有两个,一个是司马懿,另一个就是自己。司马懿也许甩得掉,但是自身内部的矛盾将比司马懿更可怕。它不但会让十万大军分崩离析,更会危及到蜀汉的生死存亡。

眼下最急迫的任务就是如何让十万蜀军安全地退回汉中。诸葛亮在生命的最后时刻,仍然将他的智谋表现得淋漓尽致。

摆脱司马懿的纠缠很简单,只要诸葛亮死后,蜀军秘不发丧,缓缓退去,自然无事。但是要摆脱自身的问题,那确实得耗费心思了。

蜀军内部最大的问题是魏延和杨仪两个人。魏延勇猛过人,在军中无人能敌。但是他有个毛病,傲慢无比,自以为老子天下第一。曾经多次向诸葛亮伸手要兵,要像当年的韩信一样,与诸葛亮分路北伐。但是设想过于疯狂,都被诸葛亮否决,因而魏延心里暗恨诸葛亮。如果只有一个魏延那倒容易解决,虽说魏延有点自大,但对国家还是挺忠诚的。和气生财嘛,只要大家让一让他,也就过去了。

要命的是谁都对魏延恭恭敬敬,只有一个杨仪根本就与魏延水火不相容,两个人早已结下很深的私怨,整天吵吵闹闹,就连诸葛亮也为之头疼,恨不得把他们都废了。但是蜀汉是人才沙漠,不管黑猫白猫,抓住耗子就是好猫,所以诸葛亮舍不得将魏延和杨仪处理掉。

于是在临终前,诸葛亮下达了一条退军遗令,让丞相长史杨仪、丞相司马费祎指挥大军走在前头,后面是内定的三军司令——幼麒姜维,最后才是最勇猛的战将魏延。

诸葛亮警告魏延,我死之后,给我老实一点,不得胡来。同时秘密吩咐姜维和杨仪,要是魏延不听话,你们就自个儿行动。

诸葛亮就像往常那样,把所有的大事小事都交代清楚之后,这才闭上疲惫的双眼,安心睡去,再也没有睁开来。

建兴十二年(公元234)八月二十八日(诸葛亮后裔的说法),诸葛亮病逝于五丈原郭氏坞,享年五十四岁。那一夜,有一颗赤红色的流星,从东北飞向西南,坠落在诸葛亮的营帐之前。可是令人惊讶的是,那颗天外流星一碰到地面立刻又飞起来,又马上掉下去。如此折腾了三次,忽大忽小,忽明忽暗,最后才消失在茫茫的黑夜之中。消失的那一刻,也把诸葛亮的英魂带到天上去了。

奇哉!怪哉!哀哉!痛哉!

有关诸葛亮的忌日还有一说，在《张文端公忠武志》书中记载，汉中勉县的老百姓每年从诸葛亮的忌日，也就是八月二十三日起，都会隆重地祭祀他。

诸葛亮病卒之后，长史杨仪统率大军退出军营时，一如诸葛亮生前所教，整齐划一，看不到任何慌乱的样子。附近的老百姓们都跑去报告司马懿，诸葛亮死了。

司马懿立刻冲出大营去追赶蜀军，眼看就要追到了，姜维忽然让杨仪掉转大旗，把战鼓敲得震天响，摆出一副拼死一搏的架势。至于后人所说的姜维推出了诸葛亮生前雕刻的木像，吓跑了司马懿，那完全是虚构。实际上是姜维和杨仪按照诸葛亮的吩咐，在撤退的道路上撒满了铁蒺藜，以迟滞司马懿的追击。

司马懿仍然是那么谨慎，无法确定诸葛亮的生死，只好鸣金收兵而去。姜维、杨仪等人安然退入褒斜谷，而后发丧，宣告诸葛亮已经归天。司马懿这才大摇大摆地出击，可已经来不及了。司马懿怕诸葛亮怕到这个程度，从此之后就成了一个千古笑料，民间又多了一句谚语，"死诸葛走生仲达"。

司马懿顿时颜面无存，再不为自己解脱，恐怕将永远被后人所耻笑，就说道，我的神机妙算只对大活人有效，对一个死人完全无效。（吾能料生，不能料死，故也。）

简直就是自欺欺人，但是司马懿一点儿也不脸红。

司马懿察看了诸葛亮生前的驻军遗址，营垒、井灶、茅厕、藩篱、障塞等各种设施一应俱全，洁净崭新，排列工整，浑然为一体，都是用绳墨、直尺弹画出来的，这哪里是十万大军的住所，分明是一座治理有方的小城镇。司马懿连声赞叹，此乃古今罕见的奇才也！追到赤崖之后，哪里见到一个蜀军的人影，司马懿就回去了。

司马懿这边的危险是神不知鬼

杨　仪

费祎

不觉地被甩掉了，但是诸葛亮最担忧的内部矛盾还是爆发了，杨仪和魏延都辜负了诸葛亮的期待。

诸葛亮固然对魏延有猜忌，但是对杨仪狭隘自私的人品也不放心，暗中给阿斗上了一道密表，杨仪性急而且自私，小肚鸡肠、锱铢必较，万一我有个三长两短，就让蒋琬来代替我吧！

诸葛亮死后，杨仪派费祎去摸清魏延的底细。魏延显得不可一世，丞相虽然走了，但我还在啊。让丞相府里的官吏、家属回去治丧吧，我率大军出征魏国。怎能以一人之死，就耽误了国家大事？况且魏某是何等人物，怎么会甘心受杨仪那小子的指手画脚，让我做一个断后将军？

于是魏延自作主张，跟费祎一起决定该走的和不该走的人的名单，并要求费祎签字，然后发布全军。费祎也绝不是好糊弄的，他骗魏延说，我回去给杨仪通融一下。杨仪是个文官，很少干预军事的，肯定会听我的话。

费祎一出大门，魏延就后悔了，想把费祎找回来。但是费祎早就骑上一匹快马溜得无影无踪了。魏延就派人偷窥杨仪的情况，结果发现他已经带上各个大营悄悄地回去了。

魏延气得快要发疯了，于是失去理性，率部抢先南归，沿途所经，把结实的栈道都烧毁了。然后派人向阿斗告发，杨仪想造反。

阿斗接到魏延的文书，还没有看完，杨仪的文书又来了，揭发魏延的罪恶，并说魏延造反了。一天之中，杨仪和魏延的文书你来我往，都是互骂对方，弄得成都人心惶惶。阿斗不知真相，被搞糊涂了。于是把侍中董允和长史蒋琬叫来，两人一致担保杨仪忠心耿耿，痛斥魏延图谋不轨。

阿斗吓坏了，如今诸葛亮不在，一旦魏延造反，那将是一场可怕的浩劫。赶紧调派成都的警卫军，让蒋琬统率，北上截击魏延。可见阿斗的反应还是挺灵敏的。

栈道被魏延烧毁之后，杨仪只好下令砍伐木材，不分昼夜地在悬崖峭壁上搭起了临时的栈桥，总算走过了褒斜道。但是魏延抢先占据了南谷口，拦住了杨仪的去路。

一时间风云突变，眼见惨不忍睹的大杀戮就要发生。在这千钧一发的时候，无当监王平统率的特种部队——无当飞军再次发挥其关键作用。只要有无当飞军在，魏延就不敢轻举妄动。

王平痛骂魏延等人，丞相刚走，尸骨都未寒啊，你们就这么造反了！

魏延的人马立刻都跑光了，只剩下魏延和几个儿子仓皇逃回汉中去，结果被杨仪派去的马岱追到了，咔嚓一刀，魏延人头落地。马岱提着魏延的人头去见杨仪，杨仪气愤不过，把魏延的脑袋瓜踩成稀巴烂，嘴巴里还骂道，狗奴才，看你现在还敢作乱吗？（庸奴！复能作恶不？）但是一年之后，轮到杨仪倒霉了。因为与费祎争权，竟然说出了要投降曹魏这样大逆不道的话，被废为草民，贬到汉嘉郡去。杨仪最后神经错乱，自杀而亡。

蒋琬率领着警卫军，向北还没有走几十里，就传来了魏延被杀的消息，于是就回去报告阿斗。阿斗立即下令，魏延谋反，叛投贼寇，诛杀三族。

但其实魏延并无叛蜀投魏之意，要不然他就不会往南走。魏延只想杀掉杨仪，而后独揽军权。

诸葛亮一死，蜀汉又摊上这么一件大事，勾心斗角、自相残杀，从此江河日下，一蹶不振。

但是后人对诸葛亮寄予无限的哀思，蜀汉举国震恸，如丧考妣。两位废人廖立和李平本希望诸葛亮能够原谅他们的罪过，如今一切都完了。被赶到汶山去的廖立哭哭啼啼，从此之后成了一个披头散发、左扣衣襟的野人了！在梓潼郡的李平更是想不开，大病一场之后，也死了。

蜀汉按照诸葛亮的遗愿，将他简陋地安葬在定军山。只在山上凿了一个坑洼，刚刚容纳得下诸葛亮的灵柩。不像历史上那些荣耀一时的人物，诸葛亮的墓葬根本就没有什么陪葬物。光溜溜而来，赤条条而去，诸葛亮堪称齐家治国的楷模。

蜀汉的老百姓无比怀念这个好领导，就在各个地方祭祀诸葛亮，农田边，道路边，城门边，甚至自己的家中。要求为诸葛亮立庙的呼声此起彼伏，景耀六年

马岱斩杀魏延

（公元 263）春，阿斗下诏，在沔阳建立了诸葛亮庙，让人们来追思这位千古奇人。但是这一年的十月，魏国名将邓艾偷越阴平关，阿斗投降，蜀汉立国四十二年终告消亡。此时距诸葛亮之死有二十九年。

史学家陈寿是这样评价的："诸葛亮之为相国，可谓识治之良才，管、萧之亚匹矣。然连年动众，未能成功，盖应变将略，非其所长欤！"此言充分肯定了诸葛亮的政治才华，但却贬低了诸葛亮的军事才能。

但是后人并不买陈寿的账，人们还是高度评价诸葛亮的战争艺术。杜甫写诗赞叹诸葛亮说："伯仲之间见伊吕，指挥若定失萧曹。运移汉祚终难复，志决身歼军务劳。"

世人最喜欢从一个极端走向另一个极端。有人盛赞诸葛亮用兵如神，也有人鄙视诸葛亮是用兵庸才。过去把诸葛亮的对手司马懿批得体无完肤，如今又把他吹到云端里去。

诸葛亮真的是被司马懿打败的吗？非也！六次北伐，只有最后两次司马懿才出现在西线的战场上。而且与诸葛亮的交手之中，司马懿屡战屡败，甚至连名将张郃也惨死在司马懿的瞎指挥之下。根本就看不到司马懿有什么超水准的军事才干，倒是一个叫郭淮的人多次识破了诸葛亮的计谋。

要是硬说谁打败了诸葛亮，那只能说是魏明帝曹叡，那个说话有点儿磕巴的皇帝。是他找出了战胜诸葛亮的秘诀——坚壁不战，以时间来换取胜利。一旦前线的统帅领会并贯彻了曹叡的意图，不管是司马懿，还是郭淮、张郃，甚至懂得战争的将领，都能够轻松击败诸葛亮。

但实际上打败诸葛亮的也不是曹叡，更不是司马懿，而是他自己的名言"鞠躬尽瘁，死而后已"。

以蜀汉尴尬的实力，要想击败曹魏这个超级大国，以实现天下的一统，无异于海底捞月亮，天上摘星辰。

诸葛亮明知不可为而为之，正是"鞠躬尽瘁，死而后已"这八个字给了诸葛亮无穷的力量之源。让他义无反顾地勇往直前，不达目的至死不休。这是典型的士大夫性情，忠诚于国家，始终追求统一。

而司马懿是个截然不同的反面人物。他擅长权谋机变，阴险狡诈。司马懿和他的子孙们不择手段，巧取豪夺，以邪恶和卑鄙的手段登上了统治地位。跟诸葛亮

"鞠躬尽瘁,死而后已"的浩然正气,分别处于善恶的两端,根本就不能相提并论。

凭借诈谋夺取政权注定是不会长治久安的,曹魏如此,司马氏更是如此。西晋实现统一之后,立朝仅仅三十七年,就经历了贾南风之乱、八王之乱、五胡之乱,其后便是长达三百多年的大黑暗时代。生灵涂炭,惨绝人寰,中华民族陷入了空前的大灾难、大浩劫。

这么说来还真应该去诅咒司马懿和他的子孙们。这样的阴谋家也只有在尔虞我诈的时代才被歌颂。在清明的法治社会应当被鞭挞、被批判,甚至应该列入甲级战犯的名单,决不容许为他们树碑立传。而"鞠躬尽瘁,死而后已"的诸葛式精神,则应当永远为历史所记住,也不容被忘却。